JOURNAL OF INTERNATIONAL TRADE LAW

国际贸易法论丛

第 9 卷

主编◎张庆麟 殷 敏

中国政法大学出版社

2020·北京

图书在版编目（ＣＩＰ）数据

国际贸易法论丛. 第9卷/张庆麟，殷敏主编. —北京：中国政法大学出版社，2020.4
ISBN 978-7-5620-9521-7

Ⅰ.①国…　　Ⅱ.①张…　②殷…　　Ⅲ.①国际贸易－贸易法－研究　　Ⅳ.①D996.1

中国版本图书馆CIP数据核字(2020)第054856号

出　版　者　　中国政法大学出版社

地　　　址　　北京市海淀区西土城路 25 号

邮寄地址　　北京 100088 信箱 8034 分箱　邮编 100088

网　　　址　　http://www.cuplpress.com (网络实名：中国政法大学出版社)

电　　　话　　010-58908289(编辑部) 58908334(邮购部)

承　　　印　　北京九州迅驰传媒文化有限公司

开　　　本　　720mm×960mm　1/16

印　　　张　　14.75

字　　　数　　215 千字

版　　　次　　2020 年 4 月第 1 版

印　　　次　　2020 年 4 月第 1 次印刷

定　　　价　　62.00 元

序言 PREFACE

　　《国际贸易法论丛》是上海对外经贸大学法学院、国际贸易法研究中心共同主办的国际贸易法学专业学术论丛。它收录了国内外知名学者、优秀博士研究生在国际贸易法研究方面的理论与实务性著作，研究范围覆盖国际贸易法的各个领域，是国际贸易法学专业优秀学术著述的汇辑。《国际贸易法论丛》由中国政法大学出版社每年出版一卷，至今已经是第九个年头了。当前的全球贸易发展出现了新变化，随着中美贸易摩擦的继续、中国国际进口博览会的顺利召开，中国国际贸易在世界急流中蓬勃发展。本卷《国际贸易法论丛》设置了自贸区与自由贸易协定、贸易战与国际贸易法、现代国际商法和与贸易有关的法律问题四个专题，共收录了12篇热点前沿文章。

　　在自贸区与自由贸易协定专题中，吉林大学法学院何志鹏教授及学生侯婉秋在《中外BITs在港澳特区适用问题探析》一文中，通过研究中国与外国缔结的双边投资协定，提出了中外

BITs 在港澳特区适用问题的现状和弊端，现今中国与外国签订的双边投资条款一般默认不包括香港和澳门，中外 BITs 在港澳适用方面的约定不明容易导致港澳投资者的权益可能得不到 BITs 保护以及中国司法主权受到冲击。他们通过对中外 BITs 文本的条款本身进行解读，反思了中外 BITs 的空间范围是否应该囊括香港和澳门特别行政区的问题，同时结合领土条款、"一国两制"下中央与特区对外缔约权的关系，以及 VCLT 第 29 条条约的空间适用范围进一步分析了中外 BITs 是否包含港澳特区，并在文章结尾针对中外 BITs 是否包含港澳特区这一模糊问题提出了建设性的对策和建议。

随着贸易自由化日益深刻地影响各国的国内社会及其国际关系，越来越多的利益群体开始质疑其公平性。以美国为首的发达国家纷纷在自由贸易协定中写入劳工标准等"社会条款"，并力主以公平贸易来取代自由贸易，使得多边贸易体制面临史无前例的挑战。福州大学法学院李春林教授基于对自由贸易公平性之争历史演变的厘清，在《自由贸易的公平性：历史演变与维度分析》一文中，从国家之间、国际社会、国内社会和人类命运共同体等维度来全面展示自由贸易的公平性，并证明自由贸易比所谓的公平贸易更具公平性。为了推动人类命运共同体的构建，我们应当努力捍卫自由贸易及其国际制度安排。

在贸易战与国际贸易法专题中，复旦大学法学院何力教授在《贸易战的国际法律机理》一文中以国际法律规制为视角分析了 19 世纪和 20 世纪的自由贸易体制、两次世界大战期间的贸易战、GATT 时代的贸易战和 WTO 时代的贸易战及其相关的法律机理，并从中归纳总结了若干经验教训，有利于中国在清醒客观地认识中美贸易战的实质及其法律问题焦点的基础上，采取正确的应对方略。他认为，如果 WTO 的改革能够取得重大进展，美国和其他成员方及经济体之间若能达成新的妥协，WTO 的机能也会得到恢复。中国、美国、欧盟、日本以及其他国家和经济体在WTO 机制下共存互利，才是未来国际经济的理想状态。

大连海事大学法学院王淑敏教授及学生张小涵在《联合国〈建立国际贸易单一窗口的法律框架〉的启示及中国对策》一文中，提到了《建立国际贸易单一窗口的法律框架》的合理性和实用性对世界海关组织（WCO）、世界贸易组织（WTO）等出台的国际法文件起到了拾遗补缺的作用。由于《建立国际贸易单一窗口的法律框架》的国际软法性质，需要与国际硬法——WTO 的《贸易便利化协定》（TFA）进行对接、予以实施。该《建立国际贸易单一窗口的法律框架》通过国家间签订双边及多边协定互相承认了电子签名效力、制定了相关的电子签名法实施细则、以承认不同电子服务认证机构间交叉认证的方式和引入授权机制、建议制定《电子签名法实施细则》、纳入电子存档程序和"审计追踪"两项机制，提出了利用替代性争议解决机制实现更加紧密的诉调对接和诉仲对接等一系列措施，对于中国探索单一窗口法律建设有着重要的启迪作用。

特朗普政府在国际经贸领域的举措呈现"泛安全化"的趋势，在此背景下，北京外国语大学陈若鸿副教授以美国 2018 年三起 232 措施为切入点，在《"安全之幕"下的例外状态治理——特朗普政府 232 措施的意图及合法性》中指出，"国家安全威胁"话语是特朗普政府面对国际国内形势的一种政治建构，其目的是在"安全之幕"掩盖之下实现阿甘本所称的"例外状态的治理"，对外悬置 WTO 法，推动特朗普式的国际贸易秩序；对内助推美国再工业化进程，并在复杂的国内治理情境下强化政府权力。通过分析特朗普政府几起 232 措施在 WTO 体系下的合法性，呼吁各国应清醒地看到这套国家安全话语背后的意图，在话语上正本清源、在行动上联合抵制，从而防止特朗普政府将经贸领域的例外状态普遍化。

2018 年，日本对《商法典》中的运输、海商部分进行了较大范围的修订，《商法及国际海上货物运输法的部分改正法律案》正式订立。实际上，日本一直以来并没有单行的海商法，有关海上运输的法律关系由日本《商法典》中"海商"编进行调整，有关国际海上货物运输的相关问题具体规定在日本的《国际海上货物运输法》中。华东政法大学国际法学院马得懿教授及其学生周明园在《日本〈商法典〉下海上货物运输规则修订述评——以责任与海运单据为核心》一文中评述了本次修订中有关海上货物运输的几个部分，主要包括：承运人的适航担保义务、免责条款、再运输合同下船舶所有人的责任以及海运单据等问题。修订后与《国际海上货物运输法》的规定相统一，符合航运实务的发展，且基本实现日本运输法制和海商法制的统一规范，具有一定的积极作用，同时日本在此次修订中的一些进步对我国完善运输法也有一些启迪。

作为区域性多边开发银行的新成员，亚洲基础设施投资银行对于"一带一路"沿线国家及地区的基础设施建设起着十分重要的推动作用。然而，亚投行框架协议中对于投资争端解决的规制较为模糊、法律适用难度较大，制约了亚投行的投资争端解决能力。上海政法学院张继红教授及其学生顾郡雯在《亚投行之投资争端解决机制的法律完善》一文中对于多边区域开发银行框架协议下的争端解决机制进行了比较，并阐述了在亚投行争端解决机制中调解机制的适用。同时对于亚投行投资争端解决提出了相关完善建议：根据亚投行基础协定，再结合其他多边银行的既有经验，亚投行宜采用"替代性"争端解决机制，通过框架协议实现自力救济，并采用与非政府组织合作协商的模式，形成统一的多元化争端解决机制。鉴于"一带一路"沿线国家及地区特殊的政治和社会环境，亚投行可采取前置咨询程序，在提出争端解决诉求之前通过专门的咨询机构事先调解。如果调解不成，再根据法律规定，采用诉讼或仲裁等其他争端解决方式，以促使投资争端能够得以高效解决。

在现代国际商法专题中，上海对外经贸大学法学院研究生杨鹏飞同学在《独立保函欺诈例外类型化的中国司法认定》一文中提到，虽然《最高人民法院关于审理独立保函纠纷案件若干问题的规定》以"列举+概括"的方式将独立保函欺诈情形类型化为无真实交易、单据欺诈和明显滥用付款请求权三类，同时规定了中国法院认定存在独立保函欺诈情形、作出终局止付判决必须要达到排除合理怀疑的证明标准。但是中国司法现今对于独立保函欺诈例外规则的规定仅限于司法解释，效力层级较低，法院对于基础合同违约与独立保函索赔欺诈之间认定不清，同时排除合理怀疑的证明标准给予法院的自由裁量权较大，难以把握。他提出可以从在《中华人民共和国民法典》债的担保部分将独立保函予以纳入、深刻理解独立保函的独立性，区分基础合同违约与索赔欺诈、明确排除合理怀疑的证明标准要求，规范自由裁量权的行使三个方面来进行完善。

近年来，国际投资仲裁领域的第三方资助成为热议话题，ICSID 于 2013 年审理的投资仲裁案件中，至少有 2/3 的案件涉及第三方资助。中国政法大学国际法学院张丽英教授及其学生李晶晶在《ICSID 仲裁规则修订稿对第三方资助披露义务的完善与建议》一文中提到，第三方资助仲裁一方面解决了争议一方因缺乏资金而在选择仲裁解决途径上望而却步的问题，有其积极意义；但另一方面，也存在资助者与仲裁员之间可能产生利益冲突的风险，影响到仲裁员的中立性，当事人还有可能因获得了第三方资助而任意夸大仲裁请求的金额。为此，第三方资助亟待相关规则进行规制。2018 年 8 月新公布的《关于修改 ICSID 规则的建议稿工作文件》第 21 条首次对 ICSID 实践中大量存在的第三方资助行为的披露要求作出了具体规定，明确了第三方资助的含义以及披露的主体、范围、内容等，填补了投资仲裁领域第三方资助规制的空白，对以往 ICSID 的相关裁决进行了总结和回应。2019 年 2 月 1 日香港新修订的《仲裁条例》正式实施，其对于商事仲裁中第三方资助披露作了详尽规定。该文主要阐释了该领域的最新发展，指出投资仲裁有着不同于商事仲裁的特征，投资仲裁的第三方资助行为亟待规范。此外，《关于修改 ICSID 规则的建议稿工作文件》第 21 条也存在许多尚需完善的不足之处，仍需继续对第三方资助行为作出更加严密周到的规定，这不仅有利于降低第三方资助在投资仲裁领域的风险，更有利于促进投资仲裁的规范化。

数字经济的发展给世界经济发展提供了强大的动力，带来了技术创新。数字经济涵盖面广泛，与各领域各行业结合，产生了新的经济增长点。各国在数字经济的大趋势下都开始重视相关的立法和规则制定，全球不同的利益相关方也在数字经济领域达成诸多的合作发展共识。西南政法大学国际法学院杨丽艳教授及其学生张颖在《比较分析视角下的数字经济立法》一文中提到，数字经济正成为全球经济中日益重要的一部分，原来的国际贸易和投资制度显然已经不能适应这种新型的经济形式。我国在全球数字经济快速发展的大环境中，应积极推进数字经济发展的立法进程，以完备的法律规则来应对数字经济中的各种挑战，并妥善处理数字化的法律问题。为了支撑我国在全球化数字经济体系竞争中保持优势，并维护经济社会的稳定与安全，理当建立起符合我国数字化发展的多边数字经济模式，尽快推动数字法律制度的建立和调整，增强法律的可操作性。在数字经济的国际规则制定方面，要充分利用我国数字经济优势领域，积极参与对外谈判，借鉴国外数字经济立法经验，结合我国国内安全和国家利益的实际，协调区域关系，推动多边发展，完善国际规则。

同济大学法学院师华教授及其学生白莹莹在《FIDIC 合同框架下国

际工程分包合同争议解决机制研究——兼论"一带一路"基础设施建设中的中国应对》一文中指出，工程分包是国际工程承包中普遍采用的做法，其基本性质为"第三人代为履行"。在 FIDIC 合同框架下，分包合同有一套特殊的多级化争议解决机制可以很好地解决争议，主要包括争议裁决委员会（DAB）、友好协商以及仲裁。在"一带一路"倡议的推动下，中国企业对外承包工程数量迅速增长，法律关系的复杂性和法律依据的多样性导致分包合同争议频发，争议尤其集中在管辖、分包合同的成立与效力、分包合同的变更和解除、分包合同的履行以及域外证据的审查与认定等问题上。针对这些问题，国家之间、企业之间要加强沟通，防范争议发生；要因地制宜，创新解决方式，对于那些与"一带一路"国家国情存在脱节的合同条款，当事人可以进行舍弃或修改后适用。此外，还要完善立法，努力实现国家"标准"国际化。

吉林大学法学院那力教授在《WTO 与直接税》一文中指出，所得税是一种直接税，直接税的突出特点是纳税人直接承担税负；而间接税的每一道税负都体现在商品价格中，最终会转移给消费者，纳税人不是直接而是间接承担税负。直接税既包括经营所得，也包括资本所得。包括所得税在内的直接税是否是 WTO 的管辖对象，起初有争论，现在很清楚。而国际税法作为国际经济法的一个分支，一个部门法，一直有自己独特的业务领域、管辖范围和适用规则。近年来国际税收与强大的 WTO 相遇，相互之间发生了纠结问题，其中比较突出的是所得税问题，更确切地说，是各种形式的涉及出口产品乃至企业的所得税优惠、减免，是否构成 WTO 规则所禁止的补贴，从而被禁止、被叫停、被要求修改法律；对服务贸易是否适用、怎样适用；还有 WTO 规则与国际税收不当竞争问题。在以上问题的基础上，WTO 要不要包含乃至发展明确的涉税规则，要不要直接处理税收事务，特别是要不要在其争端解决机制中直接处理所得税问题，有许多不同意见和争论。

《国际贸易法论丛》一直致力于为国际贸易法学界同仁提供思考、交流的平台，为读者提供广阔的学习空间，期望能透视未来人类贸易规则的演化轨迹。《国际贸易法论丛》在执行主编上海对外经贸大学法学院殷敏副教授及其带领的编辑团队的努力下，学术影响力正逐步加强。目前《国际贸易法论丛》所刊载的文章已经纳入"中国知网"这一网络平台，使我们有机会能在更广大的范围内进行学术交流。另外，《国际贸易法论丛》还建立了专属的微信讨论平台，集聚业界同行专家及优秀的博士、硕士研究生，共同参与国际贸易法研究，共同讨论国际贸易法热点问题，共同建设《国际贸易法论丛》这本年轻但满怀使命感的辑刊！

《国际贸易法论丛》编辑部

2019 年 10 月

CONTENTS

目录

序 言·001

一、自贸区与自由贸易协定

中外 BITs 在港澳特区适用问题探析 / 何志鹏 侯婉秋·003

自由贸易的公平性：历史演变与维度分析 / 李春林·030

二、贸易战与国际贸易法

贸易战的国际法律机理 / 何 力·057

联合国《建立国际贸易单一窗口的法律框架》的启示及

中国对策 / 王淑敏 张小函·072

"安全之幕"下的例外状态治理

——特朗普政府 232 措施的意图及合法性 / 陈若鸿·090

三、现代国际商法

日本《商法典》下海上货物运输规则修订述评

——以责任与海运单据为核心 / 马得懿 周明园·119

亚投行之投资争端解决机制的法律完善 / 张继红 顾郡雯·136

独立保函欺诈例外类型化的中国司法认定 / 杨鹏飞·151

四、与贸易有关的法律问题

ICSID 仲裁规则修订稿对第三方资助披露义务的

　　完善与建议 / 张丽英　李晶晶・173

比较分析视角下的数字经济立法 / 杨丽艳　张　颖・188

FIDIC 合同框架下国际工程分包合同争议解决机制研究

　　——兼论"一带一路"基础设施建设中的中国

　　应对 / 师　华　白莹莹・202

WTO 与直接税 / 那　力・214

一、自贸区与自由贸易协定

中外 BITs 在港澳特区适用问题探析[*]

何志鹏^{**}　侯婉秋^{***}

一般而言，国家是作为整体参与条约缔结的。但由于我国"一国两制"的特殊体制，在研究中国与外国缔结的双边投资协定（Bilateral Investment Treaties，以下简称 BITs）时，其中必须要解决的问题就是与我国特别行政区有关的投资问题——在特区没有同某些国家订立 BITs 而中央政府有同该国签订的 BITs 时，"对于来自香港和澳门特别行政区的投资者，是否可以援引中央政府同该外国所签署的双边投资条约，进而主张保护其投资权利"，以及"在香港和澳门特别行政区投资的外国投资者，是否可以援引中央政府与其母国签署的双边投资条约以对抗香港或者澳门特别行政区政府的行为"。鉴于特别行政区在我国的特殊地位，此问题引发了很大的争议。虽然香港、澳门特别行政区是中华人民共和国的领土无可非议，但是由于"一国两制"体制，中央授权两特区在某些领域以"缔约权"，上述问题便复杂且存在争议。

2007 年"香港谢业深诉秘鲁政府案"（以下简称"香港谢业深案"）是中国涉国际解决投资争端中心（The International Center for Settlement of Investment Disputes，以下简称 ICSID）的第一案，同时也是使"中外 BITs 在港

---

　　* 本文研究受到国家社科基金研究项目（17VHQ006）、教育部人文社会科学重点研究基地重大项目（16JJD820010）的支持，特致谢意。
　　** "2011 计划·司法文明协同创新中心"研究人员，吉林大学理论法学研究中心、法学院教授。
　　*** 吉林大学法学院国际法专业研究生。

澳特区适用问题"这个潜在问题浮出水面的一案。仲裁庭于 2009 年 6 月 19 日作出享有管辖权的裁决,认定香港居民属于中国公民,故而适用中国政府签订的双边协定。[1] 秘鲁政府抗辩 ICSID 的管辖权,提出了四项理由,其中第一点就主张"中国实行'一国两制',香港作为特别行政区具有独立的对外签订 BITs 的缔约权。故而,《中国—秘鲁 BITs》并不适用于香港居民"。仲裁庭回避探讨秘鲁政府提出的中国的特殊情况,认定香港居民属于中国公民,应当适用中国政府签订的 BITs,故而 ICSID 具有管辖权。[2] 无独有偶,2013 年在澳门世能公司依据《中国—老挝 BITs》将老挝政府诉到海牙常设仲裁法庭,同样是一件特区投资者援引中央政府同外国所签署的 BITs 以主张权利的案件。2013 年 12 月 13 日,仲裁庭作出管辖裁决认为澳门世能公司属于《中国—老挝 BITs》的投资者,可以适用《中国—老挝 BITs》;2014 年老挝政府向新加坡高等法院请求撤销仲裁裁决,并提交两封中国外交部信函作为澳门特区不应适用《中国—老挝 BITs》的证据;2015 年新加坡高等法院认为澳门特区不适用《中国—老挝 BITs》并撤销"澳门世能诉老挝政府案"(以下简称"澳门世能案")的裁决;2016 年新加坡最高法院撤销高等法院判决,再次认为《中国—老挝 BITs》应当适用于澳门特区投资者。

香港和澳门作为中国的特别行政区在一些领域具有独立对外缔约权,这点在国际上已经进行了众多实践,并且已经得到各国的认可。因此,在特区政府同中央政府均同外国有 BITs 的情况下,应选择适用特区 BITs,而不援用中央政府同外国的 BITs,[3] 此种情形在实践中并不会发生特区 BITs 和中外 BITs 冲突的情况,但是,在中央政府同某外国有 BITs,而特区政府同该国并没有单独的 BITs 的情况下,特区的投资者能否自动受到中外 BITs 的保

---

〔1〕 Italaw, "Señor Tza Yap Shum v. The Republic of Peru, ICSID Case No. ARB/07/6", last modified March 11, 2019, available at https://www.italaw.com/cases/1126, last visited on March 11, 2019.

〔2〕 Sr. Tza Yap Shum c. Republica del Peru, 19 de junio de 2009, Caso CIADI No. ARB/07/6.

〔3〕 关于特区独立缔约权的实践以及法律依据等具体分析,参见曾华群:《港外经济协定的实践及其法律依据》,载《厦门大学学报(哲学社会科学版)》2009 年第 2 期;曾华群:《论香港双边投资条约实践》,载《国际经济法学刊》2012 年第 3 期;尹文强:《论地方实体的缔约能力问题》,载《外交评论》2006 年第 3 期;曾华群:《略论 WTO 体制的"一国四席"》,载《厦门大学学报(哲学社会科学版)》2002 年第 5 期。

护？外国投资者在特区的投资能否援引其母国同中央政府的 BITs 来主张权利？反之，由于特区具有高度自治权，在投资方面有单独对外缔约的权利，那么是否能够以此为由直接排除中外 BITs 对特区投资者的适用？能否直接拒绝在特区投资的外国投资者基于中外 BITs 的权益主张？

对上述问题持肯定意见的学者认为《中华人民共和国政府和大不列颠及北爱尔兰联合王国政府关于香港问题的联合声明》（以下简称《中英联合声明》）和《中华人民共和国香港特别行政区基本法》（以下简称《香港基本法》）都已经对国际条约的适用作出了具体规定，在未履行条约扩大适用至特区的手续之前，中央政府签订的国际条约不适用于香港。[4]而持反对意见的学者认为：首先，根据《中华人民共和国国籍法》（以下简称《国籍法》），香港投资者具有中国国籍；其次，大部分中外 BITs 并没有排除对香港居民适用；再次，香港对外签约权的理由不充分，因为香港允许多重国籍，其对外签约权可视为对其具有不同国籍的居民的特殊保护；最后，依据条约的继承规则，中外 BITs 应当自动适用于港澳特区。[5]还有学者从"香港谢业深案"和"澳门世能案"入手分析非议形成原因，从而提出中外 BITs 的改进建议。[6]

---

〔4〕 陈安：《对香港居民谢业深诉秘鲁政府案 ICSID 管辖权裁定的四项质疑——〈中国—秘鲁 BIT〉适用于"一国两制"下的中国香港特别行政区吗》，载《国际经济法学刊》2010 年第 1 期；陈辉萍：《ICSID 仲裁庭扩大管辖权之实践剖析——兼评"谢业深案"》，载《国际经济法学刊》2010 年第 3 期；乔慧娟：《港澳投资者适用中外双边投资保护协定问题之探讨——以谢亚深案和世能公司案为视角》，载《河南财经政法大学学报》2017 年第 5 期；戴瑞君：《双边国际条约适用于港澳的挑战》，载《中国社会科学报》2018 年 1 月 10 日，戴瑞君：《中国缔结的双边条约在特别行政区的适用问题——兼评"世能诉老挝案"上诉判决》，载《环球法律评论》2017 年第 5 期；王海浪：《谢业深诉秘鲁政府案管辖权决定书简评——香港居民直接援用〈中国—秘鲁 BIT〉的法律依据》，载《国际经济法学刊》2010 年第 1 期；朱炎生：《双边投资条约对 ICSID 管辖权"同意"的认定——兼评"谢业深案"仲裁庭对"同意"认定的谬误》，载《国际经济法学刊》2010 年第 3 期。

〔5〕 何志鹏、刘力瑜：《中外 BITs 对香港、澳门特别行政区适用问题研究——从"谢业深案""世能案"引起的国际法思考》，载《国际经济法学刊》2015 年第 2 期；Wei Shen, "The Good, the Bad or the Ugly? A Critique of the Decision on Jurisdiction and Competence in Tza Yap Shum v. The Republic of Peru", *Chinese Journal of International Law*, 2011, pp. 55–95.

〔6〕 易在成、朱怡：《港澳投资者适用中外 BITs 问题研究——以"谢业深案"与"世能案"为视角》，载《国际商务研究》2018 年第 2 期；漆彤、蒋志诚：《论中外 BITs 在港澳特区的适用——以"谢业深案"与"世能案"为视角》，载《福建江夏学院学报》2016 年第 4 期。

本文建立在对中外 BITs、特区 BITs 的文本措辞的分析上，对《维也纳条约法公约》（Vienna Convention on the Law of Treaty，以下简称 VCLT），《中英联合声明》，《中华人民共和国政府和葡萄牙共和国政府关于澳门问题的联合声明》（以下简称《中葡声明》），《中华人民共和国宪法》（以下简称《宪法》），《香港基本法》，《中华人民共和国澳门特别行政区基本法》（以下简称《澳门基本法》），《国籍法》等一系列法律、政策文件的解读上，在内心没有预先倾向性答案的情况下，对这一问题可能涉及的法律问题进行多角度的思考，逐步探析。首先，从最表面的中外 BITs、特区 BITs 文本本身的措辞入手，分别对有关 BITs 中的"投资者定义"条款和涉及"领土"的条款进行解读；其次，更进一步探究产生这一问题的根本原因——特区的独立缔约权的内涵，以及特区缔约权的范围，尝试厘清中央政府同特区政府缔约权各自的界限、权限范围，以尝试明晰中外 BITs 在特区的适用问题；最后，跳出中外 BITs 文本本身的局限，在条约的适用层面，对条约的空间适用范围、条约的时间适用范围、条约的解释，以及对条约继承等问题进行思考。笔者综合上述角度的考量，得出中外 BITs 不应当直接在港澳特区适用的结论，这一否定结论虽然是明确的，但得出结论所依据的规则和证据却不直接、不明晰，因而存在诸多弊端，进而笔者结合当前特区以及内地的经济发展、中外 BITs 文本变革等情况提出建议，认为应当适时尝试将中外 BITs 延及港澳特区适用。

一、从解读中外 BITs 条款本身的角度探析中外 BITs 在港澳特区适用

首先澄清两个概念：一是"来自香港和澳门特别行政区的投资者去外国投资，是否可以援引中央政府同该国所签署的 BITs 以主张保护其投资权利"；二是"在香港和澳门投资的外国投资者，是否可以援引中央政府与其母国签署的 BITs 以对抗香港或者澳门特别行政区政府"。笔者认为，这两种表述有联系的同时也有很大区别。当面对第一个问题的时候，我们要解决的是判定该香港或者澳门的投资者是否是中央政府同该国 BITs 下的适格投资者，多数情况下就是判定投资者是否具有"中国国籍"。"香港谢业深案"和"澳门世能案"均表明，中外 BITs 所采取的投资者定义基本是考虑"是

否拥有中国国籍"这个唯一的因素,〔7〕港澳居民是否应当被排除于中外 BITs 中, 就是判断港澳居民是否拥有"中国国籍", 这是投资者认定的问题。而第二个问题, 焦点在于判断中央政府所签订的 BITs 是否延及港澳地区, 这是判断"一国两制"体制下, 在发生未明确排除港澳特区的情形时, 条约所覆盖的空间是否延伸至港澳特区, 这是条约的空间适用范围的问题, 也是 BITs 中"领土条款"可能涉及的问题。虽然这两个问题均与香港和澳门特区在中国的地位以及"一国两制"体制下授权于特别行政区的"高度自治权"有关, 但是为什么说这是两个不同的问题呢? 笔者举一个例子即可说明: 2006 年《中国—俄罗斯 BITs 的议定书》第 1 条阐明"除非缔约双方另行商定, 本协定不适用于中华人民共和国香港特别行政区和澳门特别行政区"。这就是完全符合 VCLT 第 29 条"另经确定"部分的条款。〔8〕但是, 我们只能说这一条非常明确地排除了在香港和澳门特别行政区范围内的俄罗斯投资。那么问题是, 来自香港和澳门特区的投资者在俄罗斯地区的投资有被《中国—俄罗斯 BITs 的议定书》排除吗? 答案却是否定的。对此, 有学者在分析新加坡高院对世能诉老挝政府案件的判决时指出, "法院裁决的关键点在于'中老'之间的双边投资条约的领土范围是否延伸到澳门, 而裁决的真正关键应当在于判定投资者的国籍, 法院裁决的重点偏离。"〔9〕由于香港和澳门的独特历史以及中国施行"一国两制"的特殊体制, 在法律上分析港澳投资者是否具有中外 BITs 所提及的中国国籍, 和港澳特区是否被包含在中外 BITs 适用的空间范围内, 是有着不对等的内涵的。这样区分的意义在于, 当意欲排除港澳适用时, 可以清晰认识到在 BITs 中调整"投资者条款"和"领土延伸条款"可能产生的不同后果。

---

〔7〕 也有少数中外 BITs 采用永久居住标准, 如 1988 年 7 月 1 日《中国—澳大利亚 BITs》第 1 条第 1 款第 4 项规定"缔约一方的'国民'系指依照缔约一方法律为其公民或永久居民的自然人, 或公司"。2002 年《中国—波黑 BITs》和 2012 年《中国—加拿大 BITs》也是如此规定的。

〔8〕 VCLT 第 29 条"条约之领土范围"规定:"除条约表示不同意思, 或另经确定外, 条约对每一当事国之拘束力及于其全部领土。"

〔9〕 See Naomi Hart and Sriram Srikumar, "Investor-State Arbitration before the High Court of Singapore: Territoriality, Nationality and Arbitrability", 4:1 *Cambridge Journal of International and Comparative Law* (2015), p. 191.

（一）"投资者"定义条款

1. 自然人投资者

港澳特区居民的国籍问题是历史的遗留问题，自我国特别行政区制度创设以来，中国的国籍问题就复杂且微妙。中外 BITs 文本中的"投资者定义"条款在措辞上近年虽然发生了一些转变，[10] 但是绝大多数的中外 BITs 一般仍然采用"国籍标准"来确定投资者身份。例如，1994 年《中国—秘鲁BITs》第 1 条规定："……'投资者'一词在中华人民共和国方面系指：①依照中华人民共和国法律拥有国籍的自然人……"再如 1993 年《中国—老挝BITs》规定："'投资者'对缔约国双方，系指：①具有缔约方国任何一方国籍的自然人……"而从港澳特区单独同外国签订的 BITs 中可以看出，确定港澳投资者身份的核心因素是"居住"，或者"永久居民"，如 2008 年《澳门—荷兰 BITs》第 1 条规定："'投资者'一词包括……②在澳门特别行政区方面是指具有居民身份证的自然人……"再如 2000 年《澳门—葡萄牙 BITs》第 1 条第 3 款规定："……中华人民共和国澳门特别行政区方面：①根据实施于澳门特别行政区的法律，持有澳门居民身份证而不具有葡萄牙国籍之自然人……"1993 年《香港—澳大利亚 BITs》第 1 条规定："（己）'投资者'：①在香港方面，系指（甲）在其地区内有居住权的自然人……"2016 年《香港—加拿大 BITs》第 1 条规定："……在香港特别行政区方面是指香港特别行政区的永久居民"。根据上述 BITs 的措辞，受中外 BITs 保护的投资者指"拥有中国国籍的自然人"，港澳特区投资者是指"特区的居民"。所以，在无特区 BITs 时，判定香港和澳门特别行政区的投资者是否可以援引中央政府同该国所签署的 BITs 以主张保护其投资权利，就是要判定"特区的居民"和"拥有中国国籍的自然人"之间的关系，即"拥有中国国籍的自然人"是否包含"特区的居民"？若"特区的居民"被包含在"拥有中国国籍的自然人"中，那么香港和澳门特区的投资者自然可以援引中央政府同该国所签署的 BITs 以主张权利；若"特区的居民"不在或者不完全在"拥有中国国籍

---

〔10〕 根据外交部条约数据库已公布的中外 BITs 文本，在 2012 年谈判的、2014 年生效的《中国—加拿大 BITs》对投资者的认定标准不再单一，转变为"公民或者永久居民"。

的自然人"的范围中，那么特区投资者援引中央政府同该国所签署的 BITs
以主张权利就会受到质疑。

（1）"拥有中国国籍的自然人"。国际公法中存在两个关于国籍问题的
公认原则：其一，国籍问题原则上属于每个国家的主权事项，由一国国内法
来决定，每个国家有权自己决定谁是它的国民；其二，国内法对国籍问题的
规定不得违背国际法、不能与国际人权法的规定相冲突。[11] 我国有关国籍的
规定主要在《宪法》和《国籍法》中。《宪法》第 33 条是我国有关国籍问
题的一般规定，"凡具有中华人民共和国国籍的人都是中华人民共和国公
民"。《国籍法》则原则性地阐明了哪些情况下自然人拥有中国国籍，包括
原始国籍的赋予上强调以血统主义为主，出生地主义为辅；并且在国籍身份
的取舍上强调自愿原则。[12]

（2）"特区居民"。《香港基本法》第 24 条规定，有资格成为香港永久
居民的人员大致分成两种：一是符合法定条件的中国公民，包括在香港出生
的中国公民、在香港通常居住连续 7 年以上的和本人出生前父母双方或者一
方已经取得香港永久居住权的中国公民；二是符合法定条件的非中国籍人士
和无国籍人士，条件是连续居住 7 年以上且作为永久居住地。[13]《澳门基本
法》第 24 条是有关澳门特别行政区居民的规定，[14] 同《香港基本法》的规

---

〔11〕 何志鹏主编：《国际法入门笔记》，法律出版社 2018 年版，第 78~86 页。

〔12〕 具体分析参见宋锡祥：《论中国〈国籍法〉的发展与完善——兼论港澳居民的国籍问题》，
载《政治与法律》2008 年第 1 期。

〔13〕 1997 年《香港基本法》第 24 条规定：香港特别行政区居民，简称香港居民，包括永久居
民和非永久性居民。香港特别行政区永久性居民为：①在香港特别行政区成立以前或以后在香港出
生的中国公民；②在香港特别行政区成立以前或以后在香港通常居住连续 7 年以上的中国公民；
③第 1、2 两项所列居民在香港以外所生的中国籍子女；④在香港特别行政区成立以前或以后持有效
旅行证件进入香港、在香港通常居住连续 7 年以上并以香港为永久居住地的非中国籍的人；⑤在香
港特别行政区成立以前或以后第 4 项所列居民在香港所生的未满 21 周岁的子女；⑥第 1 至 5 所列
居民以外在香港特别行政区成立以前只在香港有居留权的人。以上居民在香港特别行政区享有居留
权和有资格依照香港特别行政区法律取得载明其居留权的永久性居民身份证。

〔14〕 1999 年《澳门基本法》第 24 条规定：澳门特别行政区居民，简称澳门居民，包括永久性
居民和非永久性居民。澳门特别行政区永久性居民为：①在澳门特别行政区成立以前或以后在澳门
出生的中国公民及其在澳门以外所生的中国籍子女；②在澳门特别行政区成立以前或以后在澳门通
常居住连续 7 年以上的中国公民及在其成为永久性居民后在澳门以外所生的中国籍子女；③在澳门特

定大体一致。根据《国籍法》《全国人民代表大会常务委员会关于〈中华人民共和国国籍法〉在香港特别行政区实施的几个问题的解释》,[15]居住在香港和澳门地区的一部分人拥有中国国籍。所以,国籍不是确定香港、澳门居民身份的最重要依据,确定香港、澳门居民身份的最重要依据是住所。但住所也不是决定港澳居民的唯一因素,因为根据《香港基本法》《澳门基本法》的规定和两地现行的《入境条例》和《核准入境、逗留及居留许可规章》,当事人的国籍、血统和出生地都可能成为取得香港、澳门居民身份的重要条件。[16]

(3) "拥有中国国籍的自然人"和"特区居民"的关系。在香港和澳门相继回归后,《关于〈国籍法〉在香港特别行政区实施的几个问题的解释》和《关于〈国籍法〉在澳门特别行政区实施的几个问题的解释》在不违反《国籍法》基本原则的前提下,进一步解释了港澳特区居民的国籍问题。概括起来大体是:其一,《国籍法》在赋予原始国籍上采取血统主义和出生地主

别行政区成立以前或以后在澳门出生并以澳门为永久居住地的葡萄牙人;④在澳门特别行政区成立以前或以后在澳门通常居住连续 7 年以上并以澳门为永久居住地的葡萄牙人;⑤在澳门特别行政区成立以前或以后在澳门通常居住连续 7 年以上并以澳门为永久居住地其他人;⑥第 5 项所列永久性居民在澳门特别行政区成立以前或以后在澳门出生的未满 18 周岁的子女。以上居民在澳门特别行政区享有居留权并有资格领取澳门特别行政区永久性居民身份证。澳门特别行政区非永久性居民为:有资格依照澳门特别行政区法律领取澳门居民身份证,但没有居留权的人。

〔15〕 《全国人民代表大会常务委员会关于〈中华人民共和国国籍法〉在香港特别行政区实施的几个问题的解释》:①凡具有中国血统的香港居民,本人出生在中国领土(含香港)者,以及其他符合《中华人民共和国国籍法》规定的具有中国国籍的条件者,都是中国公民。②所有香港中国同胞,不论其是否持有"英国属土公民护照"或者"英国国民(海外)护照",都是中国公民。自 1997 年7 月 1 日起,上述中国公民可继续使用英国政府签发的有效旅行证件去其他国家或地区旅行,但在香港特别行政区和中华人民共和国其他地区不得因持有上述英国旅行证件而享有英国的领事保护的权利。③任何在香港的中国公民,因英国政府的"居英权计划"而获得的英国公民身份,根据《中华人民共和国国籍法》不予承认。这类人仍为中国公民,在香港特别行政区和中华人民共和国其他地区不得享有英国的领事保护的权利。④在外国有居留权的香港特别行政区的中国公民,可使用外国政府签发的有关证件去其他国家或地区旅行,但在香港特别行政区和中华人民共和国其他地区不得因持有上述证件而享有外国领事保护的权利。⑤香港特别行政区的中国公民的国籍发生变更,可凭有效证件向香港特别行政区受理国籍申请的机关申报。⑥授权香港特别行政区政府指定其入境事务处为香港特别行政区受理国籍申请的机关,香港特别行政区入境事务处根据《中华人民共和国国籍法》和以上规定对所有国籍申请事宜作出处理。

〔16〕 焦洪昌主编:《港澳基本法》,北京大学出版社 2007 年版,第 114 页。

义相结合的原则同样适用于香港和澳门；所有香港和澳门同胞都是中国公民；香港和澳门居民绝大多数都具有中国血统并出生在中国领土上，他们应当具有中国国籍。其二，不承认包括香港、澳门同胞在内的中国公民具有双重国籍。其三，具有中国血统的香港或澳门居民，如自愿加入外国国籍，欲以外国公民身份在香港或澳门定居，可随时凭有效证件向特别行政区机关提出变更国籍申请。[17] 由此可知，不论是从全国人大常委会已经对香港居民的中国国籍问题进行的解释，还是从特区居民的实际组成来看，香港或者澳门特区内的居民不等同于拥有中国国籍的自然人。这也就是说，由于历史的原因，在香港、澳门的居民中既有具有中国国籍的人，也有具有外国国籍的人，还有具有双重国籍甚至无国籍的人。

因此，笔者认为中外 BITs 下的"具有中国国籍投资者"和"来自香港、澳门特区的投资者"并不是前者完全包含后者的关系，而是交叉关系。换句话说，中外 BITs 下的自然人投资者不能完全涵盖来自香港、澳门特区的自然人投资者。那是不是意味着只要港澳居民中那些能够证明自己拥有中国国籍的人的海外投资就可以援引中外 BITs 呢？即一部分港澳居民可以适用中外 BITs，另一部分不能适用呢？可否将共同居住在特区领土上的居民分别对待？这也与《宪法》《香港基本法》《澳门基本法》的规定不一致。所以，从自然人投资者定义的角度分析并不能得出中外 BITs 中的"投资者定义"条款的内涵是否包含港澳特区投资者的明确结论。故而，不能依据中外 BITs 中的"投资者"条款明确回答中外 BITs 在港澳特区适用的问题。

2. 法人投资者

中外 BITs 中的"法人投资者"是否包含港澳特区"法人投资者"，这是判断法人的国籍的问题。法人国籍的判断历来有多种定义方式，但是本段旨在对比中外 BITs 和特区 BITs 采取的法人投资者定义的模式，进而分析出二者的关系。

在中外 BITs 中多将法人投资者定义为"依照中国法律设立的企业"，如

---

[17] 宋锡祥：《论中国〈国籍法〉的发展与完善——兼论港澳居民的国籍问题》，载《政治与法律》2008 年第 1 期。

1993 年《中国—老挝 BITs》规定，"……②依照缔约国任何一方法律、法规设立的经济组织……"再如 2014 年《中国—加拿大 BITs》规定，"企业是指，依据一方法律组成或组织的任何实体，例如公共机构、公司……"此处的企业就是指依据《中华人民共和国公司法》等法律法规设立的企业。

在特区 BITs 中，将法人投资者定义为"依照特区的法律设立的企业等"，例如，2016 年《香港—加拿大 BITs》规定"企业，指根据适用法律组成或者组织实体，不论是否以盈利为目的，亦不论私人拥有或政府拥有，包括法团、信托、合伙、独资经营、合营企业或其他社团以及任何此类试题的分支机构……"再如 2008 年《澳门—荷兰 BITs》规定"投资者是指……按澳门特别行政区的法律设立的法人"。此处的特区投资者指的就是依照特区相关的民商法律设立的企业等法人机构。

法人是依据一国国内法拟制的法律主体，中外 BITs 中法人设立所依据的法律指的是中国公司法等一系列法律法规；而特区 BITs 的法人投资者得以设立的依据是特区的商法体系。由于我国"一国两制"的体制，内地和香港、澳门特区实行的是两套法律制度，除了仅有的少数法律如《国籍法》等法律同样适用于特区，其他的法律适用的是完全不同的两套法律体系与制度。因此，中外 BITs 中的"法律依据"和特区设立法人的"法律依据"是并列关系，中外 BITs 中的"法人投资者"和特区 BITs 中的"法人投资者"是两个法律制度下诞生的完全不同的"法人投资者"。所以，中外 BITs 中的法人投资者不包括港澳特区法人投资者，二者地位相同且并列存在。因此，港澳特区的法人投资者当然不能直接依据中外 BITs 的"投资者条款"主张权益。

综上所述，在自然人的问题上，关键在于香港居民是否等于拥有中国国籍的人；在法人的问题上，关键在于中国内地与特区之间民商事法律的关系。后者判定较易，因为两套法律制度下二者有着根本的不同；而自然人判断的难处在于，根据现有规范和实践，"特区居民"和"拥有中国国籍的自然人"存在交叉关系，不能精确回答中外 BITs 在港澳特区适用的问题。

（二）"领土"条款

在早期的中外 BITs 中，并没有独立的涉及领土适用范围的条款，例如

1993 年《中国—老挝 BITs》中只在"投资"定义条款中涉及领土的字样，认定"'投资'一词系指缔约国一方投资者依照缔约国另一方的法律和法规在后者领土内投资的各种财产……"而在近几年的中外 BITs 中，则出现了专门的"领土条款"，如 2014 年《中国—加拿大 BITs》规定"……领土，对于中国而言，系指：中国的领土，包括领陆、内水、领海、领空，以及根据国际法和国内法，中国对水域、海床、底土及其自然资源行使主权或者管辖权的领海以内的海域"。在特区同外国签订的 BITs 中并没有采用"领土"一词，而是用了"地区"一词，例如，2016 年《香港—加拿大 BITs》规定"本协定内，'地区'，（甲）在香港特别行政区方面，指中华人民共和国国务院令第 221 号表示的香港特别行政区，包括香港岛、九龙和'新界'……"再如 2008 年《澳门—荷兰 BITs》规定"……地区一词是指，……在中华人民共和国澳门特别行政区方面，系指澳门半岛、凼仔岛和路环岛"。可以看出，中外 BITs 的措辞是"中国领土"。在所涉中外 BITs 中没有例外规定时，"中国领土"当然包括香港、澳门特区的领土，这是没有异议的。因此有的学者认为，香港、澳门特区作为中国无可争议的领土组成部分，自然在中外 BITs 的效力范围之内。笔者认为这样的思考是片面的。香港、澳门地区具有高度自治权，在国际经济贸易领域一直以"中国香港"和"中国澳门"的名义单独行为，与此同时，中国内地同样以"中国"的名义行为，并没有特意注明排除特区，如在 WTO 体制中，中国以"一国四席"的形式存在。所以，"中国""中国香港""中国澳门"这种形式是存在的，相关的实践也是存在的，且这种实践得到国际社会的认可，因而，即便在字面语义上"中国领土"当然包含"特区领土"，也不能直接断定在中外 BITs 的适用上就包含特区，这种情况也是特区拥有"高度自治权"下独立的对外缔约权的必然体现。但是，在国际双边投资条约中，没有像 WTO 体制明确言明允许"一国四席"的情形下，是否依旧可以将领土条款自动进行相应解释？是否可以认为由于特区高度自治性质，在中外 BITs 的领土条款中无需考量特区领土是不言自明的？上述问题需要结合条约的解释和"一国两制"体制下特区"独立缔约权"的界限与范围问题一同思考，将在下文详述。

（三）排除适用条款

自 1982 年中国签订第一个中外 BITs 以来，在中外 BITs 的文本或者议定书中几乎没有单独地排除某空间范围的条款，仅 2006 年签订的《中国—俄罗斯 BITs 的议定书》第 1 条规定，"除非缔约双方另行商定，本协定不适用于中华人民共和国香港特别行政区和澳门特别行政区。"因此，有学者认为，既然中国曾有过在条约中明确排除香港和澳门特区的实践，就可以证明在其他没有明确排除的中外 BITs 中，中央政府的意图就是包含港澳地区。笔者不赞同此种观点，因为双边条约由于其"双边"的特性，面对每一双边条约的对方缔约国我们都有着不同的考量，而且每一双边条约的条款都是经过双方激烈讨论、一轮又一轮讨价还价的结果，甚至还有一番外交上的折冲，最后才达成的双方都满意的权利义务平衡的结果，[18] 所以双边条约之间是不能随意比较的。

综上所述，基于对中外 BITs 文本条款措辞的分析，针对自然人投资者，在没有明确排除条款时，不能依据中外 BITs 中的"投资者"条款得出中外 BITs 在港澳特区是否适用的确切结论；针对法人投资者，由于"一国两制"制度，港澳特区的法人投资者不能直接援引中外 BITs 主张权益。虽然港澳特区属中国领土毋庸置疑，但中外 BITs 的适用是否包含特区适用却存在疑问，需结合缔约权的分析和条约解释的规则予以探讨。

二、从特区缔约权与中央缔约权关系的角度考量中外 BITs 在港澳特区适用

香港和澳门特别行政区根据《宪法》和两特区基本法的规定，在某些事项上，有以"中国香港""中国澳门"的名义独立对外缔约的权力。[19] 在中央政府已经授予缔约权的情况下，中央政府对外签订的 BITs 是否仍然包括

---

〔18〕 李浩培：《条约法概论》（第 2 版），法律出版社 2003 年版，第 58 页。

〔19〕 《香港基本法》第 151 条规定："香港特别行政区可在经济、贸易、金融、航运、通讯、旅游、文化、体育等领域以'中国香港'的名义，单独地同世界各国、各地区及有关国际组织保持和发展关系，签订和履行有关协议。"《澳门基本法》第 136 条规定："澳门特别行政区可在经济、贸易、金融、航运、通讯、旅游、文化、科技、体育等适当领域以'中国澳门'的名义，单独地同世界各国、各地区及有关国际组织保持和发展关系，签订和履行有关协议。"

香港和澳门特区？是否意味着这些中外 BITs 的适用应当自动排除香港和澳门特区？要解释这些问题，就应当厘清中央政府与香港和澳门特区的关系，厘清它们各自的缔约权之间的关系以及各自的权限范围。

在国际法上，条约缔结包括缔约能力和缔约权。[20] 香港和澳门特别行政区是地区，不是政治实体，不能以国家的名义参与国际关系，没有缔约能力，但是它们被有缔约能力的中央政府授予了缔约权。所以中央与特区是授权与被授权的关系。既然是授权与被授权的关系，实质是权力关系，[21] 那么就不是平行的、并列的、平等的关系。中央应当且必须在特区行使法定权力，这与其所处的地位是相适应的。[22] 所以不能因为港澳特区享有高度自治权而否认或者排斥中央对香港和澳门特别行政区行使权力，不能将二者割裂开来、对立起来。[23] 在起草《基本法》时，对中央与特区关系的争议主要有三种学说：一是"剩余权力说"；二是灰色地带或者界定权力说；三是"零总和分配规律说"。[24] 然而这三种学说对于我国提出的"一国两制"来说都是错误的。[25] 在"一国两制"方针政策的引导下，《基本法》对中央与特别行政区权力的划分，是根据事项的性质来进行的。根据事项本身的性质和特点，依据《宪法》和"一国两制"的精神，《基本法》对权力的划分可以分为以下几种情况：一是有些权力完全由中央行使，如防务；二是有些权力归中央行使，但是中央在行使这些权力时，充分保障特别行政区的参与，如对《基本法》的解释权；三是有些权力归中央，但是中央不行使，而是授权特别行政区行使，中央监督这些权力的行使，如中央在外交事务上有全权，但是授权特别行政区以法定的名义、方式自主处理对外经贸关系，中央对此实施监督；四是有些权力归特别行政区行使，中央只用备案的形式进行监督，如立法权归特别行政区行使，中央只发挥监督作用；五是有些权力完

---

〔20〕 梁淑英：《浅析条约在香港的适用》，载《政法论坛》1999 年第 1 期。
〔21〕 焦洪昌主编：《港澳基本法》，北京大学出版社 2007 年版，第 58 页。
〔22〕 焦洪昌主编：《港澳基本法》，北京大学出版社 2007 年版，第 58 页。
〔23〕 焦洪昌主编：《港澳基本法》，北京大学出版社 2007 年版，第 58~60 页。
〔24〕 焦洪昌主编：《港澳基本法》，北京大学出版社 2007 年版，第 58~60 页。
〔25〕 焦洪昌主编：《港澳基本法》，北京大学出版社 2007 年版，第 59~60 页。

全归特别行政区行使，如司法权和终审权、管理金融贸易的权力等。[26]

由此可以看出，中央对于赋予港澳特区的缔约权应当属于前述第三种情形，即"权力归中央，但是中央不行使，而是授权特别行政区行使，中央监督这些权力的行使"，也就是说，对授予港澳特区的缔约权，中央采取的并非是不干预、完全由特区行使的做法（如前述第五种情形），而是授权的同时中央要负起责任。我国的特别行政区具有单独的缔约能力及经中央政府授权的缔约能力，这种缔约能力受到《基本法》的限定，也受中央政府授权的控制。[27] 徐崇利老师对此问题进行了解释：《香港基本法》第151条规定，在经济领域香港享有缔约权，但是这种缔约权不是绝对的，其行使必然受到中央的监督，原因在于：一方面，香港特别行政区对外签订的有关国际经济条约可能会牵涉到国家外交和防务等主权事宜，根据《香港基本法》第13、14条的规定，应由中央政府负责处理；另一方面，经中央政府审查后，可以保证香港特别行政区政府对外缔结的国际条约在程序上正确，还可防止条约的内容侵害第三者的利益。[28]

自香港和澳门回归祖国以来，两特区独立对外缔约实践十分丰富，尤其是香港，在很多领域以"中国香港"的名义进行了诸多双、多边对外缔约实践。有学者对几乎所有的涉及香港的双多边条约进行了统计，并且进行了明确的列举与分类。通过列举以及按照条约的领域进行分类，总结出了香港独立缔结之条约的特征：中央缔结的双边条约中明确延伸适用于香港特区的主要是领事协定，而中央专门为香港缔结并仅适用于香港的双边条约也主要是关于在香港特区设立国际机构、设立或者保留总领事馆的协定。[29] 由此可以看出，中央不仅授权香港特区在经济、贸易、金融、航运、通讯、旅游、文化、体育等领域单独对外签订双边协议，而且在这些领域中央也尽量避免干

---

〔26〕 焦洪昌主编：《港澳基本法》，北京大学出版社2007年版，第61页。

〔27〕 尹文强：《论地方实体的缔约能力问题》，载《外交评论》2006年第3期。

〔28〕 徐崇利：《"九七"之后国际经济条约如何继续适用于香港》，载《中外法学》1997年第1期。

〔29〕 具体数据参见徐树、李浩然：《论香港特别行政区参与国际条约的理论与实践》，载《甘肃政法学院学报》2012年第6期。

涉香港的对外缔约权，而只在外交、领事等涉及国家主权的领域保留和行使自身的专属缔约权。[30] 尽管香港特区有权根据《香港基本法》第 151 条的授权，单独地同其他国家签订特定领域的条约，但这并没有排除中央政府缔结该特定领域的条约并决定适用于香港的权限。所以，这就意味着在一般情形下中央政府对港澳同其他经济体在经济、贸易、金融、航运、通讯、旅游、文化、体育等领域事务上的缔约"不插手"，但是却"注视着"。

因此，中央政府和港澳特区的缔约权的关系是：香港特区在《香港基本法》第 151 条下的权限来源于中央的授权。[31] 港澳特区的缔约权是中央享有的，与中央政府的权力并存，但是一般情况下中央不行使，而是授权特别行政区行使，但是中央政府监督这些权力的行使，对其负有责任，即"维护国家的统一和领土完整，保持香港的繁荣和稳定"[32] 的责任，因此，中央政府对外签订的 BITs 一般不考虑香港和澳门特区，但中央政府要承担起保护港澳特区的责任。

三、从条约解释角度探究中外 BITs 在港澳特区的适用

（一）基于 VCLT 第 29 条"空间适用范围"

在中央已经授权两特区以单独的缔约权，两特区可以与任何其他国家签订 BITs 的情形下，中外 BITs 是否仍然包括香港和澳门这两个地区，这本质上是条约的空间效力范围的问题。所以，除了分析缔约权的分配，还有一个角度就是对条约适用的范围进行探讨。有关条约之空间适用范围规定在 VCLT 第 29 条，所以本段先对 VCLT 第 29 条进行分析，再结合条约相关文件分析中外 BITs 的适用范围，探究中外 BITs 的适用范围是否包含两个

---

〔30〕 参见徐树、李浩然：《论香港特别行政区参与国际条约的理论与实践》，载《甘肃政法学院学报》2012 年第 6 期。

〔31〕 徐树、李浩然：《论香港特别行政区参与国际条约的理论与实践》，载《甘肃政法学报》2012 年第 6 期。

〔32〕《香港基本法》序言："……为了维护国家的统一和领土完整，保持香港的繁荣和稳定，并考虑到香港的历史和现实情况，国家决定，在对香港恢复行使主权时，根据中华人民共和国宪法第 31 条的规定，设立香港特别行政区，并按照'一个国家，两种制度'的方针，不在香港实行社会主义的制度和政策……"

特区。

关于条约之空间适用范围，VCLT 只在第 29 条作出规定："除条约表示不同意思，或另经确定外，条约对每一当事国之拘束力及于其全部领土。"[33] 在国际法上，一个国家只享有一个国际法主体资格，不论它是单一制国家还是复合制国家，不论它是单一法制国家还是多元法制国家。最开始由于各个有海外殖民地的国家在签订条约时对于是否适用于其殖民地的实践不一，1945 年以后"殖民地条款"便经常在国家之间签订的条约中适用。[34] 而 VCLT 第 29 条可以追溯到 1964 年 Waldock Report III 用"国家负有国际责任的领地"或者"疆界之外的条约适用范围"替代"殖民地条款"。[35] 并且在 VCLT 草案的讨论会上，国际法委员会指出"国家之间一般不会再单独为那些没有包括在条约内的领地，比如领海、领空等单独订立条约了"[36]，因而参与讨论的国家认为在当时的情形下明确条约适用范围的确很有必要。所以在 1966 年，VCLT 第 29 条以 97：0 通过。[37] 由此可见，VCLT 注意到了并考虑了联邦制国家和有自治区域的单一制国家在对外缔结时存在的国内法上的困难，使其在缔约或者参加条约时对领土范围有所选择。[38] 因此许多条约的订立都有 VCLT 第 29 条所规定的领土适用条款，目的在于使条约的缔约国可以限定条约适用的领土范围。但当条约中没有这一条款时，对外缔结公约的国家自然可以在签字、批准或者加入时宣布公约是否扩大适用至全部法域或者仅适用其中一个或者数个法域，[39] 当然国家以后也可以按照条约的规定撤回。[40] 在私法方面，自 1985 年 7 月 1 日在海牙订

---

[33] 李浩培：《条约法概论》（第 2 版），法律出版社 2003 年版，第 308 页。

[34] See Mark E. Villiger, *Commentary on the 1969 Vienna Convention on the Law of Treaties*, Leiden-Boston, Martinus Nijhoff Publishers, 2009, pp. 389-394.

[35] Ibid.

[36] Ibid.

[37] See Mark E. Villiger, *Commentary on the 1969 Vienna Convention on the Law of Treaties*, Leiden-Boston, Martinus Nijhoff Publishers, 2009, pp. 389-394.

[38] 王西安：《国际条约在中国特别行政区的适用》，广东人民出版社 2006 年版，第 6~7 页。

[39] 黄进：《论国际私法公约在法制不统一国家的适用》，载韩德培主编：《国际私法问题专论》，武汉大学出版社 2004 年版，第 110 页。

[40] 王西安：《国际条约在中国特别行政区的适用》，广东人民出版社 2006 年版，第 7 页。

立《关于信托的法律适用及其承认的公约》开始，海牙国际私法会议制定的公约进一步完善了关于公约在一国领土单位适用的规定，即在一般规定的基础上，增加一款，即规定如果一个国家没有对公约在一国领土单位的适用作出说明，则公约将扩展至所有的领土单位。[41] 这种约定可以结束法制不统一国家在缔结或者参加某一公约时未作关于公约在其领土单位适用的声明时公约在该国适用范围不确定的状态。[42] 一些联邦国家，如德国和瑞士的国内法就规定，在德国或者瑞士加入条约时必须事先与联邦成员协调或者征得同意后才能正式签署。所以，如果没有 VCLT 第 29 条的规定，很多国家将很难及时参与国际条约。[43] 但是，VCLT 第 29 条并非一项强行法规则，而且在适用上还十分灵活。[44] 国家表达"除条约表示不同意思，或另经确定外"这种不同意思可以采取多种方式，[45] 可以明示，也可以默示。[46] 明示是指在条约的条款中明示排除某部分，或者采用列举的方式表明适用哪些地区；默示不是沉默，而是虽然没有明示，但是从与条约相关的其他文件材料可以推知国家对于排除或者不排除其某一地区的态度。

由于中国是 VCLT 的缔约国，且未对第 29 条作出保留，所以当我们考虑中外 BITs 是否在港澳地区适用时，我们就要在中外 BITs 中查找是否有明示的、意在排除特区适用的措辞，要是没有明示的条款，那么从其他相关文件中是否能够推知中央政府在某一双边条约中对涉及港澳特区的默示态度？在探究国家的默示态度时我们还要考虑这些相关文件有什么？哪些文件可以用来证明国家的默示？

关于这些文件，就不得不提到《中英联合声明》及附件一《中华人民

---

〔41〕 黄进：《论国际私法公约在法制不统一国家的适用》，载韩德培主编：《国际私法问题专论》，武汉大学出版社 2004 年版，第 110 页。

〔42〕 黄进：《论国际私法公约在法制不统一国家的适用》，载韩德培主编：《国际私法问题专论》，武汉大学出版社 2004 年版，第 110 页。

〔43〕 王西安：《国际条约在中国特别行政区的适用》，广东人民出版社 2006 年版，第 6~7 页。

〔44〕 李浩培：《条约法概论》（第 2 版），法律出版社 2003 年版，第 309 页。

〔45〕 Anthony Aust, *Modern Treaty Law Practice* (Second Edition), Cambridge University Press, 2008, p. 202.

〔46〕 李浩培：《条约法概论》（第 2 版），法律出版社 2003 年版，第 309 页。

共和国政府对香港的基本方针政策的具体说明》第一节、《中葡联合声明》、《香港基本法》、《澳门基本法》，尤其是1997年6月20日的《中华人民共和国常驻联合国代表秦华孙大使就多边国际条约适用于香港特别行政区事项致联合国秘书长的照会》。上述这些文件都是中央政府关于香港和澳门特区如何适用条约的最相关文件。在1997年秦华孙大使致联合国《中华人民共和国常驻联合国代表秦华孙大使就多边国际条约适用于香港特别行政区事项致联合国秘书长的照会》的第四点提到，"未列入本照会上述附件的、中华人民共和国是当事方或将成为当事方的其他条约，如决定将适用于香港特别行政区，中华人民共和国政府将另行办理有关手续。为避免疑问，对属于外交、国防类或根据条约的性质和规定必须适用于国家全部领土的条约，中华人民共和国政府无需办理有关手续。"概括来说就是中央政府签订的条约不适用于香港特区，要是适用的话会单独安排。并且在最后提到"中华人民共和国政府谨请阁下将本照会及附件正式记录在案，并通知联合国的其他成员和联合国的专门机构。顺致最崇高的敬意！"即向国际社会公示了对香港自治权的尊重，以及关于条约的适用范围方面中国政府的态度。从这些文件可以推知，在中外BITs没有明示是否排除港澳特区适用中央政府签订的条约时，中央政府的态度是明确的——排除港澳特区的适用。

文章的第四部分是有关香港的双边投资条约适用的问题，曾华群老师在《论香港双边投资条约实践》中认为，"中国授权香港缔约和香港单独缔约的法律事实本身清楚表明了中国和香港特区的'分别适用'的意愿和立场，即对香港'投资者'和香港特区适用香港BITs，对中国'投资者'（不包括香港'投资者'）和中国领土（不包括香港特区）则适用中国BITs。"[47]此外，还可以从另一个角度推导出中外BITs的适用范围排除香港和澳门特区。试想若某外国投资者以其在香港或澳门的投资受侵害为由，那么不论该外国投资者是诉求确认政府的行为违法，还是要求政府赔偿，由于香港和澳门特

---

〔47〕　曾华群：《论香港双边投资条约实践》，载《国际经济法学刊》2012年第3期。

区施行"一国两制"的政策，其行政高度自治[48]，且财政独立[49]，在港或者澳的外国投资者需向香港和澳门的政府主张受到侵害，而非中央政府。

有的学者在分析"香港谢业深案"和"澳门世能案"时，考量了国际法庭适用国内法的问题，认为国际法庭不需考虑国内法。国际条约在不同法域国家如何适用的问题，也被称作条约在一国领土单位，或者多元法制国家的适用的问题。[50] 那么不同法域国家，或者多元法制国家采取何种法律制度，是否采取多元制度以及如何处理其多元、不同法制体系之间的关系，是一国主权之事，是一国宪法规定的事。对于国际条约的解释应当遵循条约解释的规则，包括考虑缔约国的意图、条约用语、上下文措辞和缔约的准备材料等，进行善意解释，否则解释将具有不公正性。[51] 因此笔者认为，对于公约在一国领土单位的适用的问题，必须要考虑一国的国内法是如何规定的。

（二）对是否涉及条约继承问题的思考

有学者在分析两个案件的时候，认为基于历史原因，对于那些早于特区回归之前订立的中外 BITs 在特区适用的问题，属于条约的继承问题，应当结合 1978 年《关于国家在条约方面的继承的维也纳公约》第 15 条的相关内容进行理解。然而我国时任外交部条法司司长徐宏撰文认为，"过渡期港澳适用国际条约，其性质并非条约的国家继承。中方在与英国、葡萄牙谈判时多次重申，港澳主权自始属于中国，中国恢复对港澳行使主权，不是中国的领土变更，不产生国家继承问题，也不存在条约继承。"[52]

笔者赞同上述观点，认为港澳特区应否适用中外 BITs 的问题不是国际条约的继承问题。条约的继承是发生国家继承的具体表象之一。国家继承是

---

〔48〕 徐崇利：《"九七"之后国际经济条约如何继续适用于香港》，载《中外法学》1997 年第 1 期。

〔49〕 徐崇利：《"九七"之后国际经济条约如何继续适用于香港》，载《中外法学》1997 年第 1 期。

〔50〕 黄进：《论国际私法公约在法制不统一国家的适用》，载韩德培主编：《国际私法问题专论》，武汉大学出版社 2004 年版。

〔51〕 黄世席：《国际投资仲裁裁决的司法审查及投资条约解释的公正性——基于"Sanum 案"和"Yukos 案"判决的考察》，载《法学》2017 年第 3 期。

〔52〕 徐宏：《国际条约适用香港和澳门特区的实践》，载《法制日报》2016 年 10 月 22 日，第 4 版。

由领土变更引起的，[53]是指一国丧失国籍法人格或者部分领土时，在国际法上的权利和义务发生转移的情况。[54]香港岛和九龙是英国通过 1842 年《南京条约》和 1860 年《北京条约》强行占领的；"新界"是 1898 年《展拓香港界址专条》强行租借的；1887 年葡萄牙政府与清朝政府签订了《中葡会议草约》和有效期为 40 年的《中葡和好通商条约》后，正式通过外交文书的手续非法占领澳门。我国不承认香港、澳门是殖民地，不认同英葡对香港、澳门进行的是殖民主义统治。1972 年 3 月 8 日，我国驻联合国代表致信联合国非殖民化特别委员会主席，声明"香港、澳门是属于历史遗留下来的帝国主义强加于中国一系列不平等条约的结果。香港和澳门是被英国和葡萄牙当局占领的中国领土的一部分。解决香港、澳门问题完全是属于中国主权范围内的问题，根本不属于通常的所谓'殖民地'范畴"。1972 年 11 月 8 日，第 27 届联合国大会投票通过了中国的意见，决议规定香港和澳门不属于殖民地范畴，港澳问题属于中国主权问题。由此可见，港澳回归祖国不发生国家继承，条约在港澳特区的适用也不是国际条约的继承问题。

因此，对于条约的空间效力范围的问题，根据 VCLT 第 29 条以及中国默示表明实践立场的一些文件，在中央已经授权两特区以单独的缔约权，两特区可以与任何其他国家签订 BITs 的情形下，若没有另外安排，中央政府BITs 并不适用于香港和澳门这两个地区，且一旦意图将某中外 BITs 适用于港澳特区的话，中央政府会另行说明。综上所述，基于条约的解释来考量中外 BITs 在港澳特区的问题，经由一些文件推导出中国的默示态度，能够得出如下结论：在一般情形下，中外 BITs 并不适用于港澳地区。

四、中外 BITs 在港澳特区适用问题的现状及弊端

根据上述分析，港澳投资者的外国投资是否可以援引中央政府同该国所签署的 BITs 主张保护其投资权利的问题，在现有的法律文件中得不到确切

---

〔53〕 曾令良主编：《国际公法学》（第 2 版），高等教育出版社 2018 年版，第 137 页。

〔54〕 何志鹏主编：《国际法入门笔记》，法律出版社 2018 年版，第 42 页。

的答案；对于那些来港澳地区投资的外国投资者，是否可以援引中央政府与其母国签署的双边投资条约以对抗香港或者澳门特别行政区政府的问题，答案是中国的相关文件被认为是默示中外 BITs 并不包括香港和澳门，但证明过程复杂、佐证文件历史久远、易被忽略。通过"香港谢业深案"和"澳门世能案"也可以看出，在条约中不采取明示方式，而根据相关文件推导默示规则经常会被忽视。所以，现有规则对我国的对外投资有很多弊端，主要体现为以下三点：

（一）投资仲裁机构扩大管辖权

"香港谢业深案"是 ICSID 存在扩大管辖权倾向的很好例证。近年来国际投资仲裁普遍遭到批判的主要原因就是仲裁庭过于偏袒投资者，经常作出有利于投资者的扩大解释，[55] 这一点在"香港谢业深案"中得到充分体现。为了扩大其案件管辖权，"香港谢业深案"仲裁庭采取了非常片面的 BITs 文本解释方法，忽略缔约方的真实缔约意图，把排除在适用范围之外的投资者纳入保护范围。[56] 这种做法貌似有利于保护投资者利益，但降低了投资仲裁的可信赖度。[57] 国际投资法的渊源是多样的，有学者将其总结为如下八种：外资保护与管理的国内法、双边投资条约、自由贸易协定（群）中的投资规范、部门性的多边投资协议、ICSID 公约规定与规则、国际习惯法、一般法律原则与单方声明。[58] 所以在处理国际投资争议的案件时，不能仅考虑国际法，还要考虑相关国内法。本案的仲裁庭无视中国"一国两制"政策、《中国—秘鲁 BITs》对投资争端单方提交国际仲裁的明文限制，按照最一般情形分析《中国—秘鲁 BITs》中"国籍"的含义，[59] 进而将原本排除在条约适

---

〔55〕 漆彤、蒋志诚：《论中外 BITs 在港澳特区的适用——以"谢业深案"和"世能案"为视角》，载《福建江夏学院学报》2016 年第 4 期。

〔56〕 漆彤、蒋志诚：《论中外 BITs 在港澳特区的适用——以"谢业深案"和"世能案"为视角》，载《福建江夏学院学报》2016 年第 4 期。

〔57〕 漆彤、蒋志诚：《论中外 BITs 在港澳特区的适用——以"谢业深案"和"世能案"为视角》，载《福建江夏学院学报》2016 年第 4 期。

〔58〕 银红武：《中国双边投资条约的演进——以国际投资法趋同化为背景》，中国政法大学出版社 2017 年版，第 34~37 页。

〔59〕 陈安：《对香港居民谢业深诉秘鲁政府案 ICSID 管辖权裁定的四项质疑——〈中国—秘鲁 BIT〉适用于"一国两制"下的中国香港特别行政区吗》，载《国际经济法学刊》2010 年第 1 期。

用范围之外的主体或者地域也囊括其中，这实质上是扩大了管辖权，违反了国际法，忽视发展中国家的利益。在提交仲裁的多数案件中，无一例外，全是投资者告东道国政府。[60] 在仲裁庭扩大管辖权的案例中，几乎都是发展中国家"被扩大"了管辖权。仲裁庭认为，发展中国家愿意签订公约，表明其愿意提供更高的国际保护来吸引外国投资者。这极大地曲解了发展中国家的意图和期待，轻视了发展中国家的利益。[61]

（二）港澳投资者的权益得不到保护

由于香港和澳门居民是否属于在中外 BITs 中具有中国国籍的投资者，在现有法律中并不能得到确切的答案，又因为香港和澳门同其他国家单独签订的 BITs 数量较少，但是海外投资的数量却不少，所以香港和澳门的居民去海外投资的利益不一定有生效 BITs 的保护，有学者将这种状态形容为港澳投资者的"裸奔"。

与香港和中国分别签订香港 BITs 和中国 BITs，也清楚表明了缔约方"分别适用"的意愿和立场。然而，缔约双方"分别适用"的意愿和立场并不当然具有"排除对香港适用中国 BITs"的法律后果。[62] VCLT 第 29 条确立的规则是，条约是否适用于各缔约国的全部领土，可由各缔约国依据意思自治原则协商确定。由于中国 BITs 本身未规定中国"排除对香港适用中国 BITs"的意思，对缔约双方国民、国际司法机构或仲裁机构等第三方而言，出于特定因素考虑，仍然存在"挑选条约"（treaty shopping）的可能。[63] 此外，如果投资者在东道国的权益无法通过现有 BITs 得到保障，则投资者可能会在第三国设立子公司，并通过第三国与其投资东道国之间缔结的 BITs 建立联系，以实现自身的权益保护。[64] 但是，投资者此种做法极有可能会被

---

〔60〕 陈辉萍：《ICSID 仲裁庭扩大管辖权之实践剖析——兼评"谢业深案"》，载《国际经济法学刊》2010 年第 3 期。

〔61〕 陈辉萍：《ICSID 仲裁庭扩大管辖权之实践剖析——兼评"谢业深案"》，载《国际经济法学刊》2010 年第 3 期。

〔62〕 曾华群：《论香港双边投资条约实践》，载《国际经济法学刊》2012 年第 3 期。

〔63〕 曾华群：《论香港双边投资条约实践》，载《国际经济法学刊》2012 年第 3 期。

〔64〕 易在成、朱怡：《港澳投资者适用中外 BITs 问题研究——以"谢业深案"和"世能案"为视角》，载《国际商务研究》2018 年第 2 期。

东道国以设立空壳公司提出抗辩，从而使投资者又一次失去法律的保护。[65] 再者，我国港澳特区是地区，不是国家，均不是 ICSID 成员，投资者无法申请仲裁机构仲裁，只能求助于临时仲裁，而临时仲裁的弊端在于缺乏相应的监督机制，公正性很难保障。[66]

（三）国际机构不深入分析导致错误判决

陈安教授在分析"香港谢业深案"时指出，仲裁庭的判决是武断的、枉法的。国际机构不深入分析导致错误判决，招致效仿，会引起多米诺骨牌效应。[67] 他提到，如果今后此类案件源源不断发生，仲裁机构错误判决，那么国家司法主权会受到严重的冲击和过度的侵害。中国迄今在数十部现行有效的 BITs 之中保留和实施受严格限制的国际仲裁条款，如果中国境内大量外商都不顾东道国政府反对，单方径自把"征收补偿款额"以外的任何投资争端都提交仲裁，则中国的司法主权会受到严重的冲击和过度的侵害。[68]

五、中外 BITs 在港澳特区适用问题的完善和建议

中外 BITs 在港澳适用方面的约定不明存在诸多弊端，如港澳投资者的权益无法保护、中国的司法主权受到冲击，等等，同时外国投资者也会认为在中国的投资较为不稳定且缺乏一定的可预见性，不利于我国对外投资的建设。针对上述弊端，笔者提出如下建议：

（一）已经签署生效的中外 BITs 予以追认

依据 VCLT，可以采取同相关国家订立嗣后协定或者签署附加议定书的方式明确某一双边条约是否适用于香港和澳门特别行政区，或者如"澳门世能案"中用外交换文的形式来确定 BITs 是否适用于港澳特区，以作为对协

---

〔65〕 易在成、朱怡：《港澳投资者适用中外 BITs 问题研究——以"谢业深案"和"世能案"为视角》，载《国际商务研究》2018 年第 2 期。

〔66〕 易在成、朱怡：《港澳投资者适用中外 BITs 问题研究——以"谢业深案"和"世能案"为视角》，载《国际商务研究》2018 年第 2 期。

〔67〕 陈安：《对香港居民谢业深诉秘鲁政府案 ICSID 管辖权裁定的四项质疑——〈中国—秘鲁 BIT〉适用于"一国两制"下的中国香港特别行政区吗》，载《国际经济法学刊》2010 年第 1 期。

〔68〕 陈安：《对香港居民谢业深诉秘鲁政府案 ICSID 管辖权裁定的四项质疑——〈中国—秘鲁 BIT〉适用于"一国两制"下的中国香港特别行政区吗》，载《国际经济法学刊》2010 年第 1 期。

定的补充，[69] 即在条约中采取明示的方式。中国已经同二百多个国家签署了BITs，但采取明示方式表示排除港澳地区适用的 BITs 极少，所以同相关国家订立嗣后协定或者签署附加议定书这一方式的工程量太大，但必要时也并非不可行；第二种方式是在国内立法上采取更加明晰的态度，采用更加明晰的语言表达对香港和澳门特别行政区的授权、居民国籍等相关规则。

（二）未签订的中外 BITs 可以尝试囊括特别行政区

1. 中央政府对港澳特区有保护的责任

通过对上述缔约权的分析能够知道中央政府对港澳地区采取的授权方式是：港澳特区的缔约权是中央享有的，但是中央不行使而授权特别行政区行使，但是中央监督权力的行使，并对其负有责任，即"维护国家的统一和领土完整，保持香港的繁荣和稳定"。因此，中央政府对外签订的 BITs 一般不考虑香港和澳门特区，但同时中央政府要承担起保护港澳特区的责任，[70] 这种责任在港澳特区与相关国家没有单独签订 BITs 时表现得尤为明显。

2. 中央政府对外缔结双边投资协定走向成熟且与国际趋同

自 1982 年与瑞典签订第一个中外 BITs 以来，我国积极参与 BITs 实践，迄今已签署了 145 个 BITs，其中生效的有 109 个，签署但尚未生效的有 16 个，已经终止的有 20 个。[71] 在实施"走出去"战略的形势下，我国从最开始更多地担任东道国的角色到兼有资本输入国和资本输出国双重地位的发展中大国，我国参与签订的 BITs 也展现出越来越开放、越来越自由化、越来越注意平衡投资者与东道国之间的利益的趋势。[72] 有学者将 1982 年以来我国对外缔结的 BITs 分为四代：第一代 BITs 总体较为保守，奉行绝对主权观；

---

〔69〕 漆彤、蒋志诚：《论中外 BITs 在港澳特区的适用——以"谢业深案"和"世能案"为视角》，载《福建江夏学院学报》2016 年第 4 期。

〔70〕 但是有一点值得注意，根据高度自治原则，特别行政区直辖于中央人民政府，而不是直辖于中央人民政府的各部门，所以，诸如 2012 年签署生效的《中华人民共和国国家发展和改革委员会与大不列颠及北爱尔兰联合王国公平交易办公室合作谅解备忘录》，在理论上说如果没有特别提示，便对特区无约束力。

〔71〕 UNCTAD, available at https://investmentpolicyhub. unctad. org/IIA/CountryBits/42#iiaInnerMenu, last visited on March 16, 2019.

〔72〕 详细介绍参见柯静：《中国双边投资协定实践分析与新一代双边投资协定战略定位》，载《国际关系研究》2018 年第 2 期。

第二代 BITs 有跨国公司进入，但仍显得保守，对外资保护有限；第三代 BITs 呈现自由化特征；第四代 BITs 期待中美对话有所突破。[73] 可见中国 BITs 是在向着越来越自由、越来越平衡的方向发展。在国际投资条约的结构、调整范围与内容方面，人们能够观察到 BITs 更加趋同化，[74] 在发展的背景下，香港自行缔结的条约同中央政府缔结的条约的差异会越来越小，这是贸易全球化、资本全球化的必然结果。

笔者以投资者定义条款为例，分别对 1985 中国—德国 BITs、2005 中国—德国 BITs、1998 香港—德国 BITs 以及 2014 中国—加拿大 BITs、2016 香港—加拿大 BITs 进行对比，可以发现，中央政府同外国签订的 BITs 中的投资者定义条款已经发生改变，定义投资者的标准由不变的"国籍"这一唯一标准，有逐渐增加"居民标准"的趋势，详情如下表：

表 1　各双边条约对自然人投资者定义比较

双边条约名称	1985 中国—德国 BITs	2005 中国—德国 BITs	1998 香港—德国 BITs	2014 中国—加拿大 BITs	2016 香港—加拿大 BITs
自然人投资者定义	在中华人民共和国方面系指，具有中华人民共和国国籍的自然人。	在中华人民共和国方面系指，根据中华人民共和国的法律，具有其国籍的自然人。	在香港方面，在其地区内有居住权的自然人。	根据缔约方法律，拥有其公民身份或永久居民身份。	在香港行政区方面，指香港特别行政区的永久性居民。

通过表格信息可以发现，香港同外国单独签订的 BITs 条款确定自然人投资者的标准没有改变，而反观中央政府同外国签订的 BITs，从 1985—2004 年确定投资者的标准都没有改变，但在 2014 中国—加拿大 BITs 中在国籍的

---

〔73〕 详细介绍参见柯静：《中国双边投资协定实践分析与新一代双边投资协定战略定位》，载《国际关系研究》2018 年第 2 期。

〔74〕 银红武：《中国双边投资条约的演进——以国际投资法趋同化为背景》，中国政法大学出版社 2017 年版，第 2 页。

基础上增加了"永久居民"。这说明了中央政府缔结的条约同香港自行缔结的条约在发生一定程度上的趋同。

香港目前已经与海外经济体签订了 20 份 BITs，其中最近一份是与加拿大在 2016 年 6 月 9 日生效的《中华人民共和国香港特别行政区政府和加拿大政府关于促进和相互保护投资的协定》。[75] 澳门与其他国家经济体签订的关于投资的条约仅有 2 个，即 2008 年 5 月 22 日签订的《中华人民共和国澳门特别行政区与荷兰王国关于相互鼓励和保护投资的协定》和 2000 年 5 月 17 日在里斯本签订的《中华人民共和国澳门特别行政区和葡萄牙共和国关于相互鼓励和保护投资的协定》。[76] 所以，虽然香港和澳门特区有高度的自治权，但是中央政府对其负有保护责任，且在内地国际投资发展飞速、中外 BITs 同国际 BITs 范本正逐渐趋同的背景下，中外 BITs 可以尝试囊括特别行政区。

（三）在协商、起草中外 BITs 时注意采取何种形式排除特区适用

通过上述分析可知，在投资者定义中排除港澳投资者，或在条约适用范围上排除香港和澳门特区，二者所产生的效果是不同的。若某一中外 BITs 在投资者定义中排除港澳投资者，那么产生的效果是港澳投资者在国外的投资不受中外 BITs 保护；若某一中外 BITs 在空间适用的范围上排除香港和澳门特区，那么产生的效果是外国投资者在香港和澳门特区的投资，一旦发生争端则不受相应中外 BITs 的管辖。所以，在协商、起草中外 BITs 时要根据不同的意图，采取不同的方式。当然也可以留有余地，增加"是否适用，待另行商议"条款。

六、结论

由于中国实行"一国两制"的政策，港澳特区在投资领域具有独立的对外缔约权，因此中央政府同外国签订的中外 BITs 在港澳特区的适用问题略显复杂。在分析中外 BITs 是否包含港澳特区时，大体分为三个思考层次：

---

〔75〕 香港特别行政区政府工业贸易署：《贸易及投资协定》，载 https://www.tid.gov.hk/sc_chi/ita/ippa/index.html，最后访问日期：2019 年 3 月 9 日。

〔76〕 澳门特别行政区政府印务局：《投资促进保障类》，载 https://www.io.gov.mo/cn/legis/int/list/bilat/investment，最后访问日期：2019 年 3 月 9 日。

首先，对于中外 BITs 文本的条款本身进行解读，尝试在 "投资者定义条款" "领土条款" 等协定用语本身中寻找中外 BITs 在港澳特区是否适用的结论。通过分析香港、澳门地区居民的组成、历史以及《国籍法》等法律文件，笔者认为中外 BITs 下的拥有中国国籍自然人投资者和来自香港、澳门特区的投资者并不是一种完全的包含关系，而是交叉关系，即中外 BITs 下拥有中国国籍自然人投资者不能完全涵盖来自香港、澳门特区的投资者；而由于 "一国两制" 的原因，中外 BITs 下的法人投资者和港澳特区的法人投资者是并列存在的，无包含关系。所以，从投资者定义的角度，对现有法律的分析得不出中外 BITs 的投资者是否包含港澳特区投资者的明确结论。其次，考虑中外 BITs 的空间范围是否囊括香港和澳门特别行政区的问题，应结合领土条款、"一国两制" 下中央与特区对外缔约权的关系，以及 VCLT 第 29 条的规定进行思考。中央缔约权与港、澳特区缔约权的关系是授权关系，但是特区在一些事项上的独立对外缔约权同中央政府的对外缔约权并行存在，且中央政府对特区的缔约负有责任，即 "维护国家的统一和领土完整，保持香港的繁荣和稳定"。对于条约的空间效力范围的问题，根据 VCLT 第 29 条以及表明中国实践立场的一些文件，在中央已经授权两特区以单独的缔约权、两特区可以与其他任何国家签订 BITs 的情形下，中外 BITs 并不包括香港和澳门，且中央政府的态度是一旦意图将某中外 BITs 适用于港澳特区，中央政府会另行说明。在这点上，虽然中外 BITs 排除港澳特区适用的结论是明确的，但却不明晰。所以，在以上分析的基础上，笔者提出目前中外 BITs 是否包含港澳特区适用这一问题不明晰的三点弊端，即投资仲裁机构扩大管辖权、港澳投资者的权益可能会得不到保护以及国际机构不深入分析导致错误判决，极易侵害司法主权。最后，笔者基于上述分析提出两方面的建议，即对于已经签署生效的中外 BITs，可以采取国际法和国内法的手段进行明确；对于未签订的中外 BITs，由于中央政府对香港和澳门有着 "维护国家的统一和领土完整，保持繁荣和稳定" 的责任，以及在内地飞速发展国际投资，以及双边投资条约趋同的背景之下，中央政府可以尝试在中外 BITs 中囊括特别行政区。此外，在协商或者起草双边投资协定时，应当依据不同的意图采取不同的排除特区适用的方式。

自由贸易的公平性：历史演变与维度分析

李春林*

自从世界贸易组织在20世纪90年代中期诞生以来，自由贸易及其国际制度安排就不断遭到质疑。一些国家和非政府组织认为，自由贸易虽然自由，但却不公平。特朗普上台前后，有关不公平贸易的指责大为增多，由此使多边贸易体制遭遇空前的挑战。[1]为了增强自由贸易的公平性，以美国为首的发达国家主张在自由贸易协定中写入"社会条款"，特别是劳工标准条款，以追求所谓的"公平贸易"。国际劳工组织就自由贸易协定中的劳工条款展开的最新研究显示，把劳工条款纳入自由贸易协定如今变得十分常见，而不纳入劳工条款反倒会变得不寻常。据国际劳工组织的统计，截至2015年12月，75个贸易协定（涵盖全球135个经济体）纳入了劳工条款，其中超过一半是在2008年之后缔结，且超过80%自2013年起开始生效。[2]由于公平性构成自由贸易与公平贸易之争的焦点，有必要对自由贸易的公平性进行历史维度的分析。通过从"国家之间""国际社会""国内社会"和"人类命运共同体"维度来审视自由贸易的公平性，我们断言：自由贸易比"公平贸易"更具公平性，因而应努力捍卫。

---

* 法学博士，福州大学法学院教授。

〔1〕 Gregory Shaffer, "Retooling Trade Agreements for Social Inclusion", *University of Illinois Law Review Online*, 2019.

〔2〕 International Labour Organization, Assessment of Labour Provisions in Trade and Investment Arrangements, available at http://www.ilo.org/wcmsp5/groups/public/——dgreports/——inst/documents/publication/wcms_498944.pdf, 2016, p. 1, last visited on January 2, 2018.

一、自由贸易与公平贸易之争

可以认为，世界贸易史，在很大程度上是一部贸易保护主义和自由贸易此消彼长的历史。特别是，一些发达国家为了掩盖推行贸易保护主义的真实动机，还提出一个比自由贸易看似更有吸引力的概念，即公平贸易，[3]并把它与劳工标准等社会标准挂钩。[4]事实上，承认他国的劳工实践可能构成一种不公平贸易行为，至少可追溯至 1890 年，在那一年，美国制定《麦金利关税法》（Mckinley Tariff Act）。[5]因此，从某种意义上讲，公平贸易政策自从 19 世纪以来就是美国贸易政策库的组成部分。[6]通过充分参与世界自由贸易体系，加之从第一次世界大战和第二次世界大战的爆发中大大受益，美国很快成为世界上最强大的国家。在二战结束之后，美国主导国际制度体系的创建，力推世界自由贸易与自由竞争，以便维护和巩固自身的世界霸权。

不过，到了 20 世纪 60 年代末和 20 世纪 70 年代初，美国感觉到自身在许多重要商业领域丧失竞争优势，并由此遇到一系列经济难题。[7]在此背景下，公平贸易作为一种理论而诞生，并很快主导了美国贸易政策的制定。特别是美国制定《1974 年贸易法》，写入"301 条款"，并把它用作追求"公平贸易"以维护美国霸权的工具。更为重要的是，美国《1988 年综合贸易与竞争法》还对"301 条款"作出重大修正，即把外国在保护劳工权利上不达标的行为定性为在该条款之下可诉的不公平贸易行为，从而实现了劳工标

---

〔3〕 需要指出的是，此处为国家力推的公平贸易，与借助民间力量实施的公平贸易不同，后者是指使商品借以生产的社会与环境条件成为它 一个清晰可见的组成部分的运动。See Mark Hudson, Ian Hudson and Mara Fridell, *Fair Trade, Sustainability, and Social Change*, Palgrave Macmillan, 2013, p. 57.

〔4〕 Renee Chartres and Bryan Mercurio, "A Call for an Agreement on Trade-related Aspects of Labor: Why and How the WTO Should Play a Role in Upholding Core Labor Standards", *North Carolina Journal of International Law and Commercial Regulation*, 37（2012）.

〔5〕 Charles B. Rangel, "Moving Forward: A New, Bipartisan Trade Policy That Reflects American Values", *Harvard Journal on Legislation*, 45（2008）.

〔6〕 Stanley D. Nollen and Dennis P. Quinn, "Free Trade, Fair Trade, Strategic Trade, and Protectionism in the U. S. Congress, 1987-1988", *International Organization*, 48（1994）.

〔7〕 Andrew Lang, *World Trade Law after Neoliberalism: Re-imagining the Global Economic Order*, Oxford University Press, 2011, p. 224.

准、公平贸易和美国单边主义三者之间的制度联接。

进入 20 世纪 90 年代，随着 WTO 的诞生，贸易保护主义遭到多边贸易体制的有效遏制，世界自由贸易得到积极推进。为了能够在新的制度环境下继续推行贸易保护主义政策，同时遏制发展中大国的发展，以美国为首的发达国家打着"公平贸易"的旗号，一再地在双边和区域自由贸易协定中写入劳工标准和环境保护条款，图谋以"公平贸易"来取代自由贸易，并企图借助双边主义和区域主义来倒逼多边贸易规则的重大修订。与此同时，随着贸易自由化的物质性和制度性影响日益扩展，不再只是国家或国家集团对自由贸易提出公平性诉求，一些国内利益集团和国际非政府组织也开始质疑自由贸易的公平性。结果，对于"公平贸易"的日益关注，构成对近几十年内生长起来的自由贸易秩序最为根本的挑战乃至威胁。[8]

进入 21 世纪以来，美国通过颁布 2002 年《两党贸易促进授权法》和 2007 年《美国新贸易政策》等文件，更是确立了以国际贸易与劳工标准制度联接为基础的公平贸易战略。[9] 美国所主导订立的《跨太平洋伙伴关系协定》（TPP）专门用了一章来规定劳工标准，从而超越 1994 年《北美自由贸易协定》（NAFTA）开创的辅助协定模式（《北美劳工合作协定》）。[10] 2018 年 11 月 30 日签订的《美国—墨西哥—加拿大协定》（USMCA）取代《北美自由贸易协定》，提高了《北美自由贸易协定》中的劳工标准，其中包括：要求享受免关税的汽车，至少要有 40% 组成部件是由时薪起薪起码为 16 美元的劳工所生产。[11] 特朗普政府还以现有自由贸易协定不公平为由要求进行重新谈判，目的是基于"美国优先"把自由贸易重构为"公平且对等贸易"。

此外，特朗普政府还攻击和完全架空 WTO，并通过否决 WTO 上诉机构

〔8〕 See Robert Howse and Michael J. Trebilcock, "The Fair Trade-Free Trade Debate: Trade, Labor, and the Environment", *International Review of Law & Economics*, 16 (1996).

〔9〕 李春林：《贸易与劳工标准联接的国际政治经济与法律分析》，法律出版社 2014 年版，第 265~270 页。

〔10〕 See Kevin Kolben, "A New Model for Trade and Labor? The Trans-pacific Partnership's Labor Chapter and Beyond", *New York University Journal of International Law & Politic*, 49 (2017).

〔11〕 Lance Compa, "Trump, Trade, and Trabajo: Renegotiating NAFTA's Labor Accord in a Fraught Political Climate", *Indiana Journal of Global Legal Studies*, 26 (2019).

成员的一切任命来瘫痪其争端解决机制，致使基于多边主义和规则定向来推进贸易自由化的 WTO 处于"最艰难的时期"[总干事阿泽维多（Azevedo）]和"危险之中"[前总干事拉米（Lamy）]。与此同时，美国还对中国疯狂发动贸易战，并美其名曰是为了制止中国实施不公平贸易行为。因此，世界正在分化为两个阵营，其中一个阵营支持自由贸易，而另一个阵营主张公平贸易。这使得世界自由贸易体系面临史无前例的威胁。自由贸易与公平贸易之争的核心是自由贸易还是"公平贸易"更具公平性？而这正是本文着力回答的问题。

二、自由贸易与国家之间的公平

几乎每个资本主义国家天生都有一种重商主义情结。这在早年表现为国家一直崇尚在与他国贸易中贵重金属的入超而不是出超，后来则看重在与他国贸易中实现贸易顺差而不是贸易逆差。正因为如此，即使是在有开拓世界市场天性的资本主义制度诞生之后，自由贸易也很难在国家之间开展。也就是说，最早对自由贸易提出公平诉求（不管是从贵重金属的入超还是从贸易顺差来理解）的是国家，正是该诉求使得国家之间在追求自由贸易方面陷入了"囚徒困境"。但随着比较优势理论的兴起和大国贸易政策的改变，古典自由贸易时代才得以来临。

大卫·李嘉图（David Ricardo）1817 年创立的比较优势理论认为，任何一个国家，不论其经济实力是强还是弱，都有自己的比较优势，该国因而就应该生产自己有相对优势的产品。[12] 即使一国在两种商品的生产上均处于劣势，仍有互患的基础，只要该国相比另一国的绝对劣势比重相对两种商品而言是不同的；生产效率低的国家将专门生产绝对劣势小的产品，这是其拥有比较优势的产品。此后通过贸易，两国都可以用同样的劳动消耗，得到比分工前所能得到的更多的产品。[13] 在其产生后的一百多年间，它被奉为西方贸

---

[12] David Ricardo, *On the Principles of Political Economy and Taxation*, 3rd edition, John Murray, 1821, available at http://www.econlib.org/library/Ricardo/ricP.html, last visited on May 8, 2019.

[13] Ron Baiman, *The Global Free Trade Error: The Infeasibility of Ricardo's Comparative Advantage Theory*, Routledge, 2017, pp. 9-10.

易理论的经典。萨缪尔森（Paul A. Samuelson）强调，对于国际贸易来说，只有一种相当令人信服的观点：自由贸易促进相互受益的跨国分工，大大地提高各国的国内生产总值，使全球所有人享有更高生活水准成为可能。[14] "在强化对当前全球经济结构与规则的意识形态支持方面，自由贸易学说仅仅位列于'自由市场'理论之后。"[15] 随着比较优势理论逐渐获得西方政治精英的接受，再加上实力日渐增长的英国放弃保护性的产业政策，自由贸易在19世纪后期开始兴起。

尽管自由贸易在一战和二战期间为大国之间的关税战以及当时盛行的贸易保护主义政策所打断，但随着二战后多边贸易体制的创建，自由贸易在世界得到复兴。特别是在冷战结束以来，由于经济的全球化，国际分工和国际贸易正充分利用各国的比较优势，并借助当地资源进行全球配置，从而使每个国家的福利和利益都获得最大限度的增进。而对于发展中国家来说，由于社会经济发展水平低，且劳动力丰富，劳工保护的水平相对较低，并由此拥有低劳工成本优势。该优势直接转化为劳动力密集型产业上的比较优势，它构成国际分工的基础。但在其他领域，它们却几乎都处于竞争劣势。而发达国家社会经济发展水平和劳动生产率都很高，加之拥有富余资金、高技术与知识，不仅在国际竞争中拥有绝对优势，而且在资金技术密集型产业上拥有强大比较优势，但在劳动密集型产业上越来越丧失竞争优势。"从贸易中获益的根本在于基本要素上的差异，国家在生产不同产品的能力上存在差异。发展中国家在劳动密集型产品上拥有比较优势，而发达国家在资本和技术密集型产品上拥有比较优势。"[16]

根据比较优势理论，比较优势是国际分工和国际贸易的生成基础，而其成因则是各国之间劳动生产率的差异以及由此导致的劳工成本上的差异。由于在国家特性、要素禀赋和比较优势等方面存在显著差异，发达国家和发展中国

〔14〕 Paul A. Samuelson, *Economics*, 9th edition, McGraw Hill, 1973, p. 692.

〔15〕 Ron Baiman, *The Global Free Trade Error: The Infeasibility of Ricardo's Comparative Advantage Theory*, Routledge, 2017, p. 1.

〔16〕 Arvind Panagariya, "Trade – Labor Link: A Post – Seattle Analysis", available at http://www1.worldbank.org/wbiep/trade/videoconf/panagariya.pdf, last visited on October 6, 2018.

家之间展开全方位的自由贸易，两者自然会形成优势互补以及共同受益的局面：一方面，通过向发达国家出口劳动密集型产品，发展中国家不仅解决了大量劳动力的就业问题，而且获得了一定数额的外汇收入，这就为它们购买发达国家的技术，从而实现产业升级创造了基本条件；另一方面，通过将具有垄断竞争力的、高附加值的有形和无形产品输往发展中国家，发达国家不仅为国内资金与技术密集型产业创造了大量的投资机会，而且还获得了高额垄断利润。

当然，各国在从自由贸易获益时不可能是"零伤亡"的，它们也会付出代价或遭受一定损失。就发展中国家来说，国内比较脆弱的资金、技术密集型产业会受冲击，一些行业会呈现外资垄断的局面，但这在为其实现产业升级提供压力的同时也提供了动力；对于发达国家来说，它们从事劳动密集型产品生产的工人可能面临失业，由此迫使发达国家加速产业结构调整，但其高新技术企业和服务性企业将会大大受益。而且，几乎每个消费者的福利都因为来自发展中国家物美价廉的产品而得到增进。因此，通过展开互利互惠自由贸易，发达国家和发展中国家各自的整体福利都得到有效提升。自由贸易因而天生就具有公平性。

相反，"公平贸易"在国家之间制造了另一番景象。尽管理论和实践都一再表明，一国的劳工标准等社会治理标准是由社会历史、经济等多方面因素决定的，发达国家与发展中国家之间在工资水平和社会保障等方面的差异，客观地反映了其生产力发展水平和社会发展阶段的特点，但公平贸易的支持者却根本不愿承认和接受发展中国家由于劳工标准较低而拥有的劳工成本优势，并把它们视为不公平竞争之源，并强调必须通过确立和执行统一劳工标准来创建公平竞技场。发展中国家的劳动力比较优势被当作比赛竞技场上的"坑坑洼洼"，被人为地加以平整。特朗普声称，"如果不是对等的，公平贸易（fair trade）可以被称之为愚蠢贸易（fool trade）。"[17]而理论和实践都证明，此种做法是损人不利己的。

---

[17] Donald Trump（@ realDonaldTrump），Twitter（June 10, 2018），See Daniel C. K. Chow and Ian Sheldon，"Is Strict Reciprocity Required for Fair Trade?"，*Vanderbilt Journal of Transnational Law*，52（2019），p. 4.

　　首先来看其不利己性的一面。经济学家布朗（Drusilla K. Brown）等人在1998 年发表的论文中，借助标准的贸易模型就劳工标准差异对外贸模式的影响进行了分析。他们得出的一个重要结论就是，协调劳工标准不符合高标准发达国家的利益。[18]具体说来，随着劳工标准的制定，劳动力变得越来越稀缺。在"赫克塞尔—俄林"框架下，强制执行劳工标准会导致一国劳动力禀赋的减少，劳工成本及劳动密集型商品的价格就会上涨。基于两个国家、两种要素和两种产品的理论假定，劳动力相对较充足的国家的贸易条件难以得到改进。这就削弱了劳动力富裕国家的比较优势。因此，若对那些劳动力相对充足的国家强加更高的标准，资本富裕国家的福利会减少。资本富裕国家消费者福利的减少比这些国家在劳动密集型产业的生产商和工人的福利增加要大得多。但遗憾的是，在发达国家国内的政策辩论中，并不是对国家福利的影响而是诸如工会或是生产商之类的集团利益占据了中心的地位，由此滋生一个相当错误的看法：资本富裕国家的福利会支持协调劳工标准，因为与进口构成竞争关系的国内产业将更少地面临来自低标准国家产业的竞争。[19]在我们看来，强行要求劳动力较富裕的国家把劳工标准提高到资本较富裕的国家的水平，不仅会导致发展中国家许多工人失业，也会导致他们无力购买来自发达国家的产品和服务，而且会损害发达国家广大民众的经济福祉。

　　其次，相较对本国自身造成的损害来说，公平贸易给其他国家带来的损害就要大多了。对于发达国家来说，发展中国家的低劳工标准给自身带来的充其量只是利润和福利的损失。但由于劳动力优势是后者唯一拥有的比较优势，如果拒绝或剥夺该优势，发展中国家就失去了参与世界自由贸易的基石和平台，这就会导致发展中国家对外贸易的萎缩和停滞，从而严重限制发展中国家经济的发展和阻碍劳工标准的提高。对此，有学者强调："发展中国家相对发达国家来说所拥有的一项优势就是较低的劳工成本。如果提升劳工标准也会增加劳工成本的话，它们将失去此种比较优势。来自发展中国家的

---

　　[18]　See Drusilla K. Brown, Alan V. Deardorff and Robert M. Stern, "Trade and Labor Standards", *Open Economies Review*, 9（1998）, p. 172.

　　[19]　Cees van Beers, "Labour Standards and Trade Flows of OECD Countries", *World Economy*, 21（1998）, p. 57.

产品将更不大能够与在发达国家制造的产品竞争。"[20] 究其原因，发展中国家出口劳动密集型产品，而进口资本和技术密集型产品，不仅符合比较优势原理，而且在现有生产力水平和现有国情下是不得已而为之的结果。[21] 这也是其发展社会经济、提高劳工标准的唯一出路。但公平贸易却堵死了该出路，迫使发展中国家陷入两难境地：考虑到自身的唯一国际竞争优势是廉价劳动力，如果按照发达国家的水平来设定劳动者权益标准，则将丧失唯一的竞争优势，失去工作机会；不执行劳工标准，则产品无法出口，也将失去工作机会。[22] 结果，对于发展中国家来说，公平贸易不仅使产业升级无法完成，而且还使提高劳工标准的基本动力荡然无存，它们与发达国家间的发展差距始终无法缩小。这无疑会对发展中国家的发展构成致命的影响。

由此看来，在"公平贸易"框架下，一方面，发展中国家的劳动力优势遭到了根本削弱或否定，这使得它们丧失参与国际贸易的基础。另一方面，发达国家少数生产商和工人虽然从贸易保护中获益，但这带给消费者和其他生产商与工人的却是福利和利益的巨大损失。因此，"公平贸易"可以说丝毫不具有公平性，而自由贸易却能够充分发挥各国的比较优势，增加各国及世界的整体福利。而且，在贸易自由化的支持者看来，"至少在计算调节成本之后，自由贸易使发达国家和发展中国家绝大多数工人受益，即使不是所有工人。"[23] 此外，由于自由贸易能够制约发达国家借口"公平贸易"滥用其发达优势和市场优势来谋取多边贸易体制内外的战略利益，它应当说具有天然的公平性。一句话，自由贸易比"公平贸易"更能确保国家之间的公平。

---

〔20〕 Yeomin Yoon and Robert W. McGee, "Incorporating Labor Standards into Trade Agreements: An Ethical Analysis", available at http://ssrn. com/abstract = 410362, last visited on June 6, 2015.

〔21〕 聂元贞：《公平自由贸易与劳工标准差异——析发达国家借劳工标准之名行保护贸易之实》，载《国际贸易问题》1998 年第 6 期。

〔22〕 孙恒有：《劳工标准：国际贸易中的新壁垒》，载《改革与理论》2000 年第 2 期。

〔23〕 Raj Bhala, "Clarifying the Trade–Labor Link", *Columbia Journal of Transnational Law*, 37 (1998), p. 15.

三、自由贸易与国际社会的公平

仅仅从国家之间或国家集团划分（发达国家和发展中国家）来审视自由贸易的公平性是不够的，因为世界各国自从 1648 年《威斯特伐利亚和约》签订以来就逐渐形成一个社会，即国际社会，甚至国际共同体，从而有着超越国家利益的社会共同利益乃至公共利益。正如赫德利·布尔（Hedley Bull）所指出的，"当一组国家意识到共同利益和价值观，它们认为自己在相互关系中为共同的规则所约束，并一起承担维护共同制度的任务，这时它们就组成了一个社会，国际社会就出现了。"[24] 而且，布尔还强调，最先由欧洲国家创建的国际社会已经扩展至全世界，且使得每个国家都离不开它。[25] 由于国际社会的形成，国家间展开自由贸易无疑是维护和增进其共同利益的必然要求。在此意义上讲，自由贸易的公平性还增添了国际社会的维度。为了深入反击用"公平贸易"来取代自由贸易的论调，我们要回答的问题是：在国际社会中，谁有权抱怨不公平？国际贸易中，谁有权主张公平？

首先来看第一个问题，即在国际社会中谁有权抱怨不公平？我们认为，真正有权在国际社会中主张不公平的是发展中国家而非发达国家。应当说，正是西方列强（发达国家的前身）在历史上对广大落后的殖民地和半殖民地（发展中国家的前身）的疯狂侵略和掠夺，导致了多数发展中国家在今天较为贫穷落后，并催生当今世界上最大的不公平——发展中国家与发达国家之间严重的贫富差距以及发达国家在经济、政治和军事等方面都拥有的压倒性的优势。正是由于与发达国家相比存在巨大的实力差距，在国际上，发展中国家处境艰难，经常受到发达国家的欺压；而在国内，发展中国家在人权和劳工权保护上又面临重重困难。此外，发达国家还时常借口发展中国家存在人权和劳工问题来干涉其内政。因此，在国际关系包括国际经济关系中，真正有权提出公平诉求的应是发展中国家，而且是针对发达国家提出公平

---

〔24〕 Hedley Bull, *The Anarchical Society: A Study of Order in World Politics*, Columbia University Press, 1977, p. 11.

〔25〕 Hedley Bull and Adam Watson ed., *The Expansion of International Society*, Oxford University Press, 1984, pp. 433–434.

诉求。

其次来看另一个问题，即在国际贸易中，谁有资格主张公平？我们认为，从国际贸易的历史和现实来看，有资格要求公平者同样是发展中国家，而且同样是针对发达国家要求主张公平。在历史上，西方发达国家对发展中国家实行的从来就不是自由且公平的贸易，从早先对发展中国家搞剪刀差——对自身的工业品实行高定价，且有意压低发展中国家的初级产品和矿产品的价格，到在采取各种手段打开发展中国家国内市场的同时，并未完全对发展中国家公平地开放本国市场，再到目前发达国家动辄就对来自发展中国家的产品采取反倾销、反补贴和"特保措施"，发达国家一直在延续对发展中国家的不公平贸易。而且，在乌拉圭回合谈判期间，以美国为首的发达国家强行地把知识产权保护纳入组建中的世界贸易组织，制造"贸易世界的三分"，即第一世界是知识产品生产大国；第二世界是物质产品生产大国；第三世界是既非物质产品也非知识产品生产大国。[26] 这就导致世界自由贸易被打上了等级化的烙印，使发达国家在国际贸易中赚取的是垄断性的高利润，而发展中国家只能赚取非常微薄的利润。我国商务部长曾告诉外国朋友：我国要出口 8 亿件衬衫才能换回一架波音或空客飞机。

近代国际贸易自诞生以来对于发展中国家来说既不自由，也不公平，它导致在当今世界中发达国家不仅拥有绝对优势，而且还拥有高级比较优势，即资金和技术优势，而发展中国家几乎只有较为低级的比较优势，即劳动力优势。发展中国家是在这样一种背景下与发达国家开展贸易和竞争，就连西方学者都认为这对发展中国家不公平。"即使以公平而不是以福利的术语提出，如果说发达国家的公司和工人不得不与拥有低工资、低技能劳动力的发展中国家的公司和工人竞争是不公平的，正因为如此，对于不得不与发达国家的公司和工人展开竞争的发展中国家来说同样是不公平的，前者依靠的是高技能劳动力、高度发达的基础设施建设及在教育、研究和发展方面巨大的公共投资、广泛的健康保障体系、有效的法律和秩序以及优越的制度，此类条件在绝大多数时候反映的是已远远超越发展中国家能力水平规模的集体或

---

〔26〕 李春林：《贸易自由化与人权保护关系研究》，法律出版社 2016 年版，第 319 页。

是公共投资。"[27] 正是由于在国际贸易中长期遭遇不公平的对待，发展中国家与发达国家的社会经济发展差距一直在加大，并由此拉大两者在人权与劳工权保护标准上的差距。

即便如此，"公平贸易"的支持者仍然针对发展中国家提出公平贸易的诉求。在他们看来，发展中国家国内劳工标准过低，是在搞不公平贸易；为了实现公平的贸易，发展中国家在劳工保护上必须向发达国家和国际的标准看齐，否则就应当遭到贸易制裁。一些学者指出，改进国际劳工标准的最佳路径就是修订 WTO 规则，增设一项例外条款，允许国家为促进劳工权利而采取贸易措施。[28] 但我们认为，劳工标准是内生的，如果一国在劳工权益保护上没有达到国际标准，主要原因在于社会经济发展水平还不足以支撑相应的人权与劳工权利结构。由于资本主义是与自由贸易一同来到世界上，世界主要资本主义国家几乎都是在经历长达两个世纪之久的自由贸易滋养和推动才建立起了相对完善的人权与劳工权保护体制。对此，学者指出："尽管发达国家从 19 世纪遍地是血汗工厂（satanic mills）以来已经缓慢地改进了其劳工状况，但它是花了 200 年时间和巨大的资金才达到这一步的。"[29] 而发展中国家信奉自由贸易的历史普遍很短，因而不能要求其在短短几十年就走过发达国家用了几个世纪才走完的路。因此，不给予发展中国家以长期的自由贸易来培育和提高劳工标准显然是不公平的："当前的高标准国家在早期发展过程中有许多更低的标准，因而，不给予发展中国家同样的机会是不公平的。"[30]

由此看来，在发达国家与发展中国家之间的贸易关系中，真正有权主张公平的应当是发展中国家；而且，发展中国家只要求自由贸易而不是公平贸

〔27〕 Michael J. Trebilcock, "Trade Policy and Labour Standards: Objectives, Instruments and Institutions", available at http://ssrn.com/abstract_id = 307219, last visited on February 3, 2019.

〔28〕 See Micah Globerson, "Using Border Trade Adjustments to Address Labor Rights Concerns under the WTO", *American University Labor & Employment Law Forum*, 3（2013）, p. 86.

〔29〕 See Elisabeth Cappuyns, "Linking Labor Standards and Trade Sanctions: An Analysis of Their Current Relationship", *Columbia Journal of Transnational Law*, 36（1998）, p. 659.

〔30〕 Christopher McCrudden and Anne Davies, "A Perspective on Trade and Labor Rights", *Journal of International Economic Law*, 3（2000）, p. 43.

易实际上是对发达国家的一种让步。当然，在缺乏矫正性公平的情况下，自由贸易也能够充分发挥其原始的公平性，以缩小发展中国家与发达国家在社会经济发展和劳工保护上的不小差距。相反，如果任由"公平贸易"的支持者提出公平诉求，必然会加剧目前在发达国家和发展中国家之间存在的贸易不公平。

四、自由贸易与国内社会的公平

在当今世界，几乎没有任何一个国家会完全出于考虑别国或是其民众的利益来主张公平。不过，每一个国家都特别关心其他国家对自己及其国民是否公平。考虑到国际贸易只能是在国家与国家之间展开，其影响因而最终在各国国内社会体现出来，我们还必须从国内层面来理解自由贸易的公平性。随着经济全球化（贸易自由化）日益深刻影响国内社会的方方面面，尤其是使社会弱势群体的处境变得更加艰难，一些弱势群体的代言人，即国内和国际非政府组织，纷纷质疑自由贸易的公平性。而且，即使国家间的自由贸易是公平的，它也常常在成员国内制造不公正效应，特别是贸易自由化的收益与成本在社会各阶层中并不公平分配，从而加剧贫富分化。"贸易的成本和收益在国家之间和国家内部分配不均，致使全球化的模式固化，此种模式虽给少数人带来繁荣，但却使大多数人陷入贫穷，由此加重国家之间和国内各阶层之间的不平等。"[31]

正如前文所述，自由贸易使每个国家都能从中受益，且增加了世界的整体福利，因而对于每个国家和全世界来说都是公平的，同时又是有效的。然而，为何发达国家中一些人士极力呼吁用公平贸易取代自由贸易呢？其中最重要的原因是，尽管自由贸易通过增加一国的整体福利而为一国实现国内之公平创造了坚实的物质基础，但它并不能直接给一国国内社会带来公正。"尽管贸易自由论者正确地指出自由贸易政策增加美国国内和全球财富，但

---

〔31〕 UNDP, "Human Development Report 2005: International Cooperation at a Crossroads: Aid, Trade and Security in an Unequal World", available at http://hdr.undp.org/en/content/human-development-report-2005, last visited on January 11, 2016.

这种增长是从总量上讲的。对于其将如何分配却没有任何保障。"[32] 相反，自由贸易及其多边体制虽然不会在国际社会中制造真正的输家和赢家，但却有可能间接地在国内社会中促成输家和赢家之间的分化。具体说来，贸易自由化的积极影响（收益）并不均等地波及每一个国家和一国国内各个阶层，贸易自由化的消极影响（成本）并不是由每一个国家和一国国内各个阶层来平均承担，由此加大国家之间和国家内部的贫富差距。学者指出，多边贸易体制正面临生存性危机，这在很大程度上是由于贸易的惠益未能在许多国家不同社会阶层中公平分配。[33]

自由贸易的福利增进功能为比较优势理论生动的解释。而一国通过自由贸易发挥比较优势的过程也是一个影响他国相对没有竞争优势的产业的工人的过程。因此，在一国国内，那些具有比较优势的产业的工人显然会从自由贸易中受益，并倾向于支持自由贸易，而那些处在比较劣势的产业的工人则可能会从中受损，并倾向于反对自由贸易。"贸易协定通常有利于某些群体，使他们变得更为富裕，但同时会伤害其他群体，后者将会因此而变得更为脆弱。"[34] 结果，贸易自由化总是在国内制造赢家和输家，从而成为国内贫富差距日益拉大的推手。比如，在美国，尽管熟练工人（特别是高新技术产业）在从贸易自由化受益方面处于非常有利的地位，但其低技能劳工的社会地位变得更为脆弱。尽管那些接受更多教育并拥有更高技能的工人在一个更加知识定向和技术密集型经济中借助自由贸易政策变得极为富裕，但那些技能低下且获得较少教育的工人被远远地甩在后面。结果，工人之间的分化和社会贫富差距日益加大。[35] 比如，在美国和英国，许多人士感觉到自己为经

---

〔32〕 Gregory Shaffer, "WTO Blue-Green Blues: The Impact of U.S. Domestic Politics on Trade-Labor, Trade-Environment Linkages for the WTO's Future", *Fordham International Law Journal*, 24 (2000), p. 631.

〔33〕 William J. Dave, "Comment on Shaffer, Retooling Trade Agreements for Social Inclusion", *University of Illinois Law Review Online*, 2019, p. 17.

〔34〕 Sarah Joseph, *Blame It on the WTO: A Human Rights Critique*, Oxford University Press, 2011, p. 9.

〔35〕 Gregory Shaffer, "WTO Blue-Green Blues: The Impact of U.S. Domestic Politics on Trade-Labor, Trade-Environment Linkages for the WTO's Future", *Fordham International Law Journal*, 24 (2000), pp. 631-632.

济全球化所抛弃。贸易使两国某些人受益，但不是他们。[36]

与此同时，推进自由贸易的多边贸易体制只强调增加一国总体利益与福利，它不会在一国不同社会阶层间公平分配有关利益。而且，一国在从某种国际机制中获益的同时，它还会支付一定成本和代价。同样，国际机制也不会在一国不同的社会阶层公平分配有关成本。结果，一些社会阶层虽分享主要机制利益，但却没有分担任何机制成本；而另一些社会阶层不但没有分到任何机制利益，而且支付主要机制成本。在此意义上讲，自由贸易及其国际制度安排会产生一定的外部性。"虽创建一个为 WTO 管理的世界经济贸易体制，但却没有对为经济发展所制造的外部性进行同步的治理，这会对那些为此类外部性支付代价的工人产生不利影响。"[37] 由于自由贸易及其制度安排在增加一国总体财富的过程中可能间接地加大社会贫富分化，因此，一国应进行相应的社会调节，以确保自由贸易所带来的利益在国内相对公平的分配。"经济蛋糕会越来越大，生活标准会得到改进。但是，即使是经济蛋糕似乎确实变大了，没有理由认为无需采取进一步的行动，一国之内对该蛋糕合理分割就会自然而然的发生……"[38]

尽管国家理论上可以对贸易自由化的收益与成本进行二次分配以对输家进行扶持，但由于国家创建重新分配性制度的能力为新自由主义改革和贸易自由化所削弱，此种二次分配并不经常发生。有学者指出："标准经济理论认为贸易自由化中的净收益为正，因此受益者可以补偿受损者，从而使国家在总体上变得更加富裕。不幸的是，此种补偿很少发生。"[39] 这就为公平贸易倡导者提供了借口。他们不从国内社会中去寻找和制造公平，却从国际社会中去寻找和制造公平，并最终把社会财富在国内的不公平分配归咎于发展中国家在国际贸易中的不公平竞争。按照他们的主张，必须通过限制发展中

---

〔36〕 Harlan Grant Cohen, "…And Trade", *University of Illinois Law Review Online*, 2019, p. 50.

〔37〕 Daniel A. Zaheer, "Breaking the Deadlock: Why and How Developing Countries Should Accept Labor Standards in the WTO", *Stanford Journal of Law*, Business & Finance, 9 (2003), p. 89.

〔38〕 Christopher McCrudden and Anne Davies, "A Perspective on Trade and Labor Rights", *Journal of International Economic Law*, 3 (2000), p. 43.

〔39〕 Joseph E. Stiglitz and Andrew Charlton, *Fair Trade for All*, Oxford University Press, 2005, p. 28.

国家低成本产品的进口来实现贸易公平和国内社会的公平。但我们认为，此种公平贸易主张实际上是发达国家企图把国内矛盾转嫁给发展中国家，这恰恰会在国际社会中制造新的不公平，同时用国际社会的不公平来换取发达国家国内社会的公平，根本不顾及由此会对发展中国家及其国内社会产生的影响。该做法显然是短视的，也是相当不合理的。因为，它实际上是企图把发达国家国内社会的公平建立在国际社会严重不公平的基础上。

首先，由于自由贸易在国际社会中实现公平和效率价值的兼顾，因而有助于实现国内社会的公平。自由贸易虽不能直接给各国国内社会带来公平，但它为各国确保社会公平奠定了坚实的物质基础，在蛋糕很小且不足以确保每个人都能生存下来或是不饿肚子的时候，怎么分配该蛋糕都不能实现公平；如果蛋糕做得很大，情况就不一样了。而自由贸易正好能够确保蛋糕的做大。

其次，自由贸易及其国际制度安排并未制约国家追求国内公平的能力。贸易自由化并没有直接制造国内社会的不公平，也没有限制国家追求和实现国内社会公正的手脚。而且，它实际上推动国内政府去实现社会的公平，以减少贸易自由化面临的阻力。"全球化并没有严重地束缚发达国家确保更公平的社会保护的手脚，它只是限制了有关行为的方式而已。"[40] 在一个没有世界政府的国际社会中，由自由贸易和国际机制所创造的利益的"二次分配"本质上是一国的内政。同样，自由贸易及其制度安排在给各国带来巨大利益的同时也会给各国制造一定社会调节成本，而有关社会调节成本的内部分担同样是一国内政。而"公平贸易"论企图既让自由贸易发挥增效功能，又要让其发挥分配功能。不过，自由贸易虽然可以使每个国家都从中受益，但要其在一国各阶层之间公平分配贸易利益，是根本办不到的，因为主权国家未赋予它在这方面以任何权力。结果，自由贸易及其制度安排既无力也无权解决国际贸易收益和成本在国内的公平分配问题。

---

〔40〕 Gregory Shaffer, "WTO Blue - Green Blues: The Impact of U. S. Domestic Politics on Trade - Labor, Trade-Environment Linkages for the WTO's Future", *Fordham International Law Journal*, 24 (2000), p. 635.

最后，既然贸易收益和成本的公平分配目前还在一国排他性管辖范围之内，那么，在经济全球化和日益崇尚社会正义的今天，各国在道德甚至法律上都负有责任去实现由自由贸易及其制度安排所创造的利益与成本的公平分配（分担），以便通过社会调节在自由贸易的输家和赢家之间实现最低限度的公平。尽管自由贸易具有福利增加效应，"不过，贸易利益的公平分配不仅取决于经济改革，也取决于政治和社会改革。"[41] 否则，发达国家内作为输家的利益集团总是会把自己的失败怪罪于发展中国家，怪罪于自由贸易及其多边体制，从而使贸易自由化在解决各国在发展过程中所遇到的"共同"难题和矛盾的强大压力下举步维艰。公平贸易的兴起构成对多边贸易体制的严峻挑战就是例证。

然而，公平贸易不但无法在国家间实现贸易公平，反而还会加重国际社会中的不公，并最终使发达国家国内社会的公平成为空中楼阁。因为发达国家提出的公平贸易及其单边或多边推行模式既不能在其自身，也不能在发展中国家实现对蛋糕的公平分割；相反，它企图没收发展中国家制作蛋糕的全部工具和原料，并否认发展中国家有权做大蛋糕并先对蛋糕进行国家之间分配，同时试图独自做大并独享蛋糕。但问题是，没有国家间和国际社会的基本公正，哪会有国内社会的公正呢？有些蛋糕的原料必须从发展中国家进口，否则蛋糕是不可能做很大的。由此看来，就国内社会的公平来说，仅仅有自由贸易是不够的，但缺少自由贸易而代之以公平贸易则是完全不可取的。

五、自由贸易与人类命运共同体的公平

随着经济全球化的不断推进，国家间的相互依存空前加深，国际社会正朝着共同体的方向前进。"全球化的主要社会影响是相互依存的不断加深……很显然，我们在很多方面已变得更为相互依存，发生在其他国家的事件现在直接或间接地影响我们的利益。"[42] 因此，当今世界已变成一个在社

---

〔41〕 Thomas J. Manley and Luis Lauredo, "International Labor Standards in Free Trade Agreement of the Americas", *Emory International Law Review*, 18（2004），pp. 87-88.

〔42〕 Ivan Simonovic, "State Sovereignty and Globalization: Are Some States More Equal?", *Georgia Journal of International and Comparative Law*, 28（2000），p. 387.

会、政治、意识形态和经济层面都密切联系的共同体。[43] 由于国家之间的相互依存已达致史无前例的程度，并引发国际关系性质的重大变动，形成了"你中有我，我中有你"的命运共同体。在此背景下，我国国家主席习近平提出构建人类命运共同体的伟大倡议，引起了国际社会的热烈反响，并被多次写入联合国机构决议。因此，在审视自由贸易的公平性时，我们必须与时俱进，即为它增添人类命运共同体的维度。

在推动构建人类命运共同体的时代，创建并维护世界自由贸易秩序具有全球公共产品的性质，因为它事关各国人民和全人类的基本福祉。考虑到发展中国家与发达国家之间存在的极端贫富差距和严重发展失衡是各国从国际社会进入人类命运共同体的最大障碍，应当通过保障全球自由贸易和自由竞争来促进各国特别是发展中国家的发展。

尽管公平贸易的支持者认为发展中国家低劳工标准与自由贸易间的结合会导致不公平的贸易，但许多人士包括经济学家认为，只有贸易自由化，才能缩小经济、社会状况的差距，促进世界经济平衡发展和各国人民整体福利水平的提高；而坚持把劳工标准与贸易挂钩不但损害发展中国家的利益，也会影响发达国家和全世界的共同利益，坚持劳工标准的结果可能是损人不利己。[44] 大量实证研究支持的结论是：自由贸易不仅能够增进世界的普遍福利，而且能实现资源在全球的最佳配置，"尽管贸易自由化，特别是在发展中国家，在传统产业衰落和新兴产业兴起的过渡期内施加调节成本，但从长远来看，全球结局是生产要素更有效的分配和消费机会增加。"[45]

世界银行的发展报告指出，经济一体化以及商品、劳务、资本和人员的国际流动给绝大多数劳动者带来新的机会，并增进他们的福利。这主要表现在：一是出口的增加促进发展中国家工资水平的提高，并与贫困减少密切相

---

〔43〕 Par Kamil Ahmed, "International Labor Rights—A Categorical Imperative", *Revue de droit de l'Université de Sherbrooke*, 35（2004）.

〔44〕 刘铁林：《劳工状况是加入 WTO 的争论焦点》，载《工会博览》2002 年第 11 期。

〔45〕 Raj Bhala, "Clarifying the Trade—Labor Link", *Columbia Journal of Transnational Law*, 37（1998）, p. 25.

关。面对日益开放的国际市场，工人就业技能和福利状况改善的空间越来越大。二是对于发达国家来说，从发展中国家进口产品将获得成本明显降低的利益，尤其是有利于降低劳动密集型产品的价格，优化产业结构；它们对发展中国家的出口也给自身创造了大量的就业机会。三是外国直接投资迅速增加，尤其是跨国公司在增加世界就业和改善就业方面作用显著，这对南北双方劳动力资源配置都十分有利。[46] 由此看来，国际自由贸易将最终促进世界工人工资和福利的增长，改善他们的劳动环境，提高劳工权利保护水平。这在过去几百年里已得到了充分证实。

作为自由贸易的自然延伸，发展中国家也需要国际市场（主要是指发达国家市场）和自由竞争。北方的市场状况对于发展中国家提高劳工标准有重大影响。先前由于国际市场过于狭小，发展中国家企业不得不在低成本基础上展开竞争。在此情形下，提高劳工标准就等于完全失去市场。因此，发达国家应当顺应国际产业格局大调整和变动的趋势，放弃努力保护夕阳产业的做法，向发展中国家的劳动密集型产品充分开放市场；而随着市场的扩大，劳工需求就会空前增加，后者的劳工标准自然会得到提高。而且，随着发展中国家国际市场条件的改进，其经济会得到快速的发展，这也会为其劳工标准的提高奠定坚实的基础。"我们得出的结论是，没有令人信服的理由表明应当把劳工标准融入 WTO 和美国的贸易协定中。对于美国和其他工业化国家来说，改进劳工标准最为可靠的方式是维持市场的开放，并鼓励发展中国家贸易伙伴的增长。同时也应采取措施来支持国际劳工组织提供刺激和技术性援助以促进发展中国家采取提高劳工标准的行动。"[47] 由此看来，在国际贸易领域，只有发达国家对发展中国家的劳动密集型产品给予公平的自由竞争环境，减少贸易保护壁垒，才能逐步缩小劳工标准差异，实现发达国家所谓的公平自由贸易。"市场在提升劳工标准和工作条件上一直是有效的。的确，市场对劳工标准的提升并不总是像某些人所希望的那样快速。但是，替

---

〔46〕 缪剑文：《世贸组织劳工标准之争及其法律评析》，载《国际贸易问题》1998 年第 12 期。

〔47〕 Drusilla K. Brown，Alan V. Deardorff，Robert M. Stern，"Trade and Labor Standards"，available at http://www.spp.umich.edu/rsie/workingpapers/wp.html，last visited on May 5, 2016.

代性的办法即对劳工市场的干预，很可能使问题变得更糟而不是更好。"[48]

既然从构建人类命运共同体角度看需要给予发展中国家以自由贸易和国际市场的机会，那么，一个必然的结论便是承认并尊重它们的劳动力比较优势，并确保其在世界贸易中占有适当份额。"作为开放贸易政策的组成部分，富裕国家应当承认发展中国家有权利用其成本相对较低的劳动力来吸引国际投资，只要它是提高其人民生活水准的计划的组成部分而不是为其精英阶层捞取利益的计划的组成部分。"[49] 因为，劳动力优势是它们参与自由贸易并进入国际市场的基石。否则，即使给予发展中国家以自由贸易和市场准入的机会，但由于没有唯一比较优势的支撑，实际上也等于没有给予。基于这样一种推论，我们认为发展中国家还有另外一种需要，即需要发达国家为此作出必要的"牺牲"。由于国际市场的大小在一定时期内是相对固定的，且发展中国家在其中的占比目前还较低，而要让发展中国家发挥其比较优势，同时要让它们占有适当的份额，发达国家就必须让出一定的市场份额，特别是劳动密集型产品市场。换言之，在推动构建人类命运共同体的新时代，国际政治经济学需要有一种全球视野，因为我们现在需要的不是以国家为本位的国际政治经济学，而是以国际共同体为本位的全球政治经济学。唯有如此，才能实现世界各国的共同发展，并为贸易的公平性找到最终且最可靠的定位。

为了推动人类命运共同体的构建，我们不仅需要自由贸易，而且需要公正贸易。由于国家大都有重商主义情结，自由贸易需要一种国际制度安排来促成和维护。我们把有关制度安排成长为国际制度性公共产品。不过，由于国际社会没有世界政府，此种公共产品却是为建立在交易逻辑基础上的国际政治市场提供的，因而其质量必然存在较大缺陷，这主要表现为有关国际制度安排的公正性不足。我们认为，不断增强国际贸易法律制度的公正性不仅是充分发挥自由贸易的天然公平性的根本保证，而且是推动人类命运共同体从现实不完美状态走向理想完美状态的重要保障。为了增强多边贸易体制的

---

〔48〕 Yeomin Yoon and Robert W. McGee, "Incorporating Labor Standards into Trade Agreements: An Ethical Analysis", available at http://ssrn.com/abstract=410362, last visited on July 9, 2018.

〔49〕 Lance Compa, Esq, "Labor Rights and Labor Standards in International Trade", *Law & Policy in International Business*, 25 (1993), p. 168.

公正性，在国际贸易中发展中国家还需要获得某种制度性的优待来矫正其与发达国家竞争基础和条件的不对等。

发展中国家与发达国家相比存在全方位的差距，若两者之间实行绝对的自由贸易和自由竞争，只会拉大其间的发展差距，发展中国家最终会在竞争中被淘汰出局。因此，自由贸易不能一直建立在发达国家的发达与发展中国家的欠发达基础上，否则市场法则就会使作为大鱼的发达国家吃掉作为小鱼的发展中国家。有关制度性优待可以借发达国家国内法、双边协定、区域协定和多边贸易协定等途径来实现。

实际上，经过发展中国家长期艰难争取，发展中国家的优待需要在多边贸易体制中得到了表达，并在一定程度上得到实现。多边贸易体制创建一种世界自由贸易秩序，这显然符合包括发展中国家在内的所有国家的利益要求。考虑到比较优势理论构成其得以创建的理论基础，它显然要求通过自由贸易来发挥各国，包括发展中国家的比较优势。而且，世界贸易组织成立后发布的第一届部长级会议宣言——《新加坡宣言》，针对发达国家对发展中国家劳动力比较优势的责难，强调了"发展中国家的比较优势不容置疑"。同时，《WTO 协定》强调 WTO 的宗旨之一就是"加强采取各种相应的措施，确保发展中国家，尤其是最不发达国家，在国际贸易增长中获得与其经济发展需要相应的份额"。而且，多边贸易体制还确立了给予发展中国家特殊和差别待遇原则与制度。考虑到发达国家和发展中国家在社会经济发展水平上存在巨大的差距，如果两类国家在同一体制下承担完全相同的权利和义务，定会有违基本的公正。多边贸易体制在保留自由贸易天然的公平性的同时，出于其内在需要，融入了针对发展中国家特殊与差别待遇来纠正前提性的不公平的内容。

不过，公平贸易的提出却剥夺了发展中国家所需要的公正待遇，并制造了新的不公平。尽管经济学理论和常识告诉我们：从贸易中获益的根本在于基本要素上的差异，国家在生产不同产品的能力上的差异。[50] 发展中国家在

---

〔50〕 Arvind Panagariya, "Trade-Labor Link: A Post-Seattle Analysis", available at http://www1. worldbank.org/wbiep/trade/videoconf/panagariya.pdf, last visited on October 6, 2018.

劳动密集型产品上拥有比较优势，而发达国家在资本和技术密集型产品上拥有比较优势，但公平贸易首先剥夺或削弱的正好就是发展中国家劳动力比较优势，同时扩展发达国家的比较优势。它的借口就是发展中国家的低劳工标准构成一种不公平竞争。正如学者所指出的，发达国家一味地强调基于劳工标准的公平贸易，根本意图是遏制发展中国家发挥在全球国际分工的比较优势，并巩固发达国家的比较优势，因而是不公平的。[51] 与之并行的是，发达国家一方面要求发展中国家大幅度开放市场，另一方面却不想接受来自这些国家拥有比较优势的劳动密集型产品，以防冲击其夕阳产业。[52] 结果就是发展中国家所需要的自由贸易和市场都被发达国家所剥夺。这显然与《WTO协定》序言特别强调发展中国家贸易份额的适当增长不相符。

尽管实现贸易的公平与国际社会的普遍公正需要发达国家作出必要的"牺牲"，但公平贸易却反过来要求发展中国家作出彻底牺牲。发展中国家在挤占发达国家国际市场份额的过程中的确可能会对后者的某些产业构成冲击，并导致少数工人的失业，但同时带来的是发展中国家千千万万的工人获得基本生存和发展机会，并能迫使发达国家加快产业结构调整的进程。然而，通过把发展中国家劳动密集型产品阻挡在发达国家的国门之外，公平贸易事实上要求所有发展中国家都成为发达国家极少数生产商和工人利益的"牺牲品"：它把发达国家极少数工人的"玩耍权""休息权"等凌驾于发展中国家千千万万工人的生存权之上，也凌驾于发展中国家的发展权和发达国家广大民众的经济福祉之上，这显然与推动构建人类命运共同体背道而驰。

由此看来，尽管发展中国家是国际社会中的"弱者"，需要得到国际共同体的优待，但发达国家主张的公平贸易不但不"优待"它们以矫正社会不公正，反而还要制约发展中国家的发展，并在社会性不公正的基础上再增加一层不公平，即制度性不公。其结果是制造双重的不公平，必然会影响国际共同体的整体发展。鉴于发展中国家日益崇拜自由贸易，且自由贸易是缩小

---

〔51〕 See Daniel C. K. Chow, "Why China Opposes HumanRights in the World Trade Organization", *University of Pennsylvania Journal of International Law*, 35 (2013), pp. 96-98.

〔52〕 孙恒有：《劳工标准：国际贸易中的新壁垒》，载《改革与理论》2000 年第 2 期。

发展中国家与发达国家之间"发展落差"的唯一途径，发达国家提出并推行公平贸易，其目的就是要维持甚至加大此种"发展落差"。"通过在贸易政策中融入劳工标准，试图把其自身经济问题的负担转嫁到欠发达国家身上。因而，经济发展就可能受到阻碍，特别是对于后一类国家来说。"[53] 因此，公平贸易不但不会带来公平，反而会制造新的不公。从本质上讲，所谓"公平贸易"，实际上是发达国家借"公平"之名来延续和掩盖对发展中国家长期实行的不公平贸易。推动构建人类命运共同体，需要的不是"公平贸易"，而是自由且公正贸易。

六、结语

早在二十多年前，经济学家贾格迪什·巴格瓦蒂（Jagdish N. Bhagwati）就指出："由于多方面的原因，有关国内政策，比如环境和劳工标准，以及国内制度，如零售分销体制和技术政策，部分和全面协调的呼声最近大为高涨，即使贸易专家和经济学家普遍认为贸易国间的多样性对于互利互惠的贸易来说有益而不是有害。"[54] 在此背景下，一些发达国家提出和推行基于劳工标准的公平贸易政策，其隐含的前提就是自由贸易虽然"自由"，但可能是不"公平"的。不过，经济学家告诉我们：自由贸易促进相互受益的地区性分工，大大地提高所有国家的潜在国内生产能力，并使全球所有人享有更高的生活标准成为可能。[55] 就国家间来说，只有自由贸易才能充分发挥各国的比较优势，增加各国的经济福利。在国际社会中来说，自由贸易符合世界各国的利益，能够增加世界的总体福利，且是缩小发展中国家与发达国家间在经济发展和劳工保护方面之差距的唯一途径。对于一国国内社会来说，自由贸易的福利增加效应为在国内各社会阶层间相对公平地分配福利打下了坚实的基础，尽管它需要国家来加以调节和分配。此外，对于构建人类命运共

---

〔53〕 Göte Hansson, *Social Clause and International Trade*, Croom Helm, 1983, p. 30.

〔54〕 Jagdish N. Bhagwati, "Challenges to the Doctrine or Free Trade", *New York University Journal of International Law & Politics*, 25（1993）, p. 228.

〔55〕 See Daniel S. Ehrenberg, "The Labor Link：Applying the International Trading System to Enforce Violations of Forced and Child Labor", *Yale Journal of International Law*, 20（1995）, p. 378.

同体来说，自由贸易更是不可或缺。

而所谓"公平贸易"，从国家间层面来看，由于其目标在于剥夺发展中国家的比较优势而保留发达国家的比较优势，因而从根本上讲是不公平的；从整个国际社会层面来看，由于公平贸易使发达国家能够利用其发达和市场优势随意操纵对于发展中国家经济社会发展来说至关重要的自由贸易，从而使发展中国家丧失追赶发达国家的出路，原本不公平的国际社会在公平贸易之下变得更为不公平；从一国国内社会来看，由于它把贸易利益国内的公平分配与国家间的公平混为一谈，且企图在加重国际社会的不公平基础上来实现国内的公平，因而毫无公平性可言；而从人类命运共同体角度来看，它会严重地阻碍各国从国际社会步入国际共同体。结果，"公平贸易"不仅全面挑战自由贸易，也丧失了所谓的公平性，因而只能是"不公平"贸易，成为一种变相的贸易保护主义。因此，从各个维度来看，自由贸易都比"公平贸易"更加具有公平性。

实际上，公平贸易不仅挑战自由贸易，而且还企图动摇维护自由贸易的多边贸易体制。自由贸易具有天然的公平性，而多边贸易体制又为其提供全方位的制度性保障。其理论支柱即比较优势理论，揭示其公平性之来源；其基本理念，即非歧视，明显与公平有着密切的联系，因而构成对天然公平性的理念支撑；其多边主义和规则定向，显然构成对其公平性的程序和规则保障。因此，世界自由贸易秩序不仅有着天然的公平性，而且为此种公平性提供严密的制度性保护。"国家在确保所有其他国家都遵守国际贸易体制的规则和惯例方面拥有强烈的、既得的利益，并由此会通过制裁违反者来执行这些规则。"[56] 而公平贸易要么是借助单边的手段来加以推行，要么是通过在WTO中融入"社会条款"借多边主义之名行单边主义之实，因而与多边贸易体制是不相容的。而自由贸易及其国际制度安排是国际社会进步和构建人类命运共同体的内在需要，它们比"公平贸易"及其各种推行模式更能给国际社会带来公平。因此，要实现国际贸易的相对公平并促进发展中国家改进

---

〔56〕 See Daniel S. Ehrenberg, "The Labor Link: Applying the International Trading System to Enforce Violations of Forced and Child Labor", *Yale Journal of International Law*, 20（1995）, p. 378.

其劳工保护，就必须推进全球自由贸易，并捍卫多边贸易体制的权威性，增强其公正性。

总而言之，自由贸易比公平贸易更为公平，至少是在多边贸易体制管理下的自由贸易比发达国家推行的单边公平贸易更为公平，而单边主义性质的公平贸易没有任何公平性可言。对于发达国家提出和推行的所谓"公平贸易"，连发达国家自己的学者都认为蠢得可笑："当我们考虑到发达国家在技术和资本领域拥有巨大的优势时，低劳工标准赋予贫穷国家以'不公平'优势的观点显得更为愚蠢。因而，如果我们准备在新德里就技术和资本优先获得是否赋予发达国家以不公平的竞争优势做一次个人问卷调查时，他们几乎百分之百地说'是'。同时，他们也会强烈地支持在 WTO 中融入要求发达国家以低价或者免费的方式与发展中国家分享技术的条款。但这在经济学上能站住脚吗？"[57] 因此，捍卫自由贸易成为各个国家乃至全人类担负的重要使命。"事实上，有关公平贸易的陈旧争论现在已经进入了一个崭新且更危险的阶段。国家间全部政策差异现在都被视为制造了不公平竞争，必须采取措施进行抵制以保护其自身的政策选择，同时使其他社会选择的'不公平'竞争被扫除市场之外。一个古老的概念在当今环境下正在被重新加以利用。摆在我们面前的只有两条路：要么容忍此种新的保护主义形式，要么准备谈判议定新的规则来使保护主义陷入穷途末路。"[58] 正如有学者告诫："全球贸易体制是一个了不起的成就，需要加以保护。对有关规则的任何修改都需要三思。"[59]

---

〔57〕 Arvind Panagariya, "Trade-Labor Link: A Post-Seattle Analysis", available at http://www1.worldbank.org/wbiep/trade/videoconf/panagariya.pdf, last visited on October 6, 2018.

〔58〕 Michael Hart, "Coercion or Cooperation: Social Policy and Future Trade Negotiations", *Canada-United States Law Journal*, 1994, p. 353.

〔59〕 Jose M. Salazar-Xirinachs, "The Trade-Labor Nexus: Developing Countries' Perspectives", *Journal of International Economic Law*, 3 (2000), p. 377.

二、贸易战与国际贸易法

贸易战的国际法律机理[*]

何 力[**]

贸易战（trade war）是指国家等采取关税或非关税措施限制别国商品或者服务进入本国市场，或者通过不正当竞争手段争夺外国市场的行为，以及由此引起的若干报复和反报复的行为。中美贸易摩擦由来已久，后来发展为中美贸易战。它为美国方面挑起，成为 WTO 体制下第一起贸易战，是国际贸易及国际贸易法的历史性事件。中美贸易战的发起所依据的是美国"301条款"，来势汹汹，迅速扩大到空前的规模。美国还同时对欧盟、日本、韩国、加拿大等发动了另一场贸易战，依据的是美国"232条款"，并也有进一步扩大规模的趋势。在全球化已经取得重大成就的今天，为什么会爆发如此巨大的贸易战？其实，20 世纪贸易战频发，其中最有名的就是大萧条时期的全球性贸易战和日美贸易战。本文从贸易战的国际法律规制视角分析 20世纪以来贸易战及其相关的法律问题，以便从中归纳总结若干经验教训，能够更加客观地认识到中美贸易战的实质及其法律问题的焦点，利于采取正确的应对方略。

一、19 世纪和 20 世纪之交自由贸易体制的崩溃及其法律机理

大体上说，19 世纪是一个自由贸易时代。在"大英帝国治下的世界和

* 本文是国家社科基金重点项目"人类命运共同体国际法理论与实践研究"（项目号：18AFX025）的子项目"包容互鉴的国际法"的研究成果。

** 复旦大学法学院教授，博士生导师。

平"（Pax Britannica）下，以产业革命释放出来的巨大生产效率为背景，英国以身作则，主导了这个时代的自由贸易体制。自由贸易的理论基础是英国经济学家亚当·斯密（Adam Smith）和大卫·李嘉图（David Ricardo）的比较优势论。根据这个理论，各国或各民族都有自己特殊的经济条件和环境，有着自己所擅长的产品，相对其他国家或民族的同类产品而言价廉物美。如果各国或各民族都用自己具有比较优势的产品相互贸易交换，付出的成本代价相对少，获得的利益也相对多，其结果是双方都能获得更多的利益。这样的结论也为数学和实例所证明。所以，国家或政府没有必要去限制和管制国际贸易。于是从英国开始，欧洲若干国家相继废除了重商主义下奖出限入的保护主义法律和政策，欧美都被卷入自由贸易的大潮之中。这是一个相对和平的世纪，因为自由贸易的倡导者和领导者——英国有很强的经济实力和制海权。欧美各国在自由贸易体制下能够获得贸易的比较利益，既无心也无力去挑战英国的军事和贸易霸权。国与国之间在经济贸易上处于双赢的状态。[1]

　　这一时代的自由贸易并非始终如一贯彻下去。并没有一种国际规则的法律约束来防止各国采取保护主义的法律和政策的复归。自由贸易并不是靠法律来维持的。19世纪欧美各国仅仅是废除了过去的保护主义的法律，并没有去构建如何维护自由贸易体制的法律和制度，在国际法领域里更没有什么建树。国际贸易的法律规则主要是在私法领域的商法、海商法以及国际贸易惯例，对于国家并无法律约束力。若干国家之间订立有双边的"通商与航海条约"，通过相互给予最惠国待遇或不完全的国民待遇的规定来确保缔约双方的贸易利益。并且条约通常都是有期限的，并非无限期续约。这样的没有国际法律规则约束下的自由贸易体制，一旦遇到某个或某些国家实行保护主义，就会招致其他国家的反制和报复，从而引起报复和反报复的连锁反应。贸易战由此爆发。在19世纪是没有任何力量和国际法律机制能够阻止贸易战的爆发的，但欧美各国总算跌跌撞撞走过来了，大体维护了这个世纪的自

---

[1]　张云宜：《十九世纪上半叶英国的自由贸易运动》，载《史学月刊》1984年第4期。

由贸易的基本面。[2]

在 19 世纪与 20 世纪之交，世界范围内的自由贸易基础已开始坍塌。美国从建国起就一直实行的保护主义，从来就没有真正融合于自由贸易潮流中。19 世纪后期美国逐渐成为世界第一经济大国，源于美国的保护主义对世界的影响就逐渐增大，导致英国再无能力维系自由贸易体制。[3] 德国作为一个后期的资本主义国家，1870 年实现"东西德"统一后按照弗里德里希·李斯特（Friedrich List）的"幼稚工业保护论"的观点实行了保护主义贸易政策和法律，并在 20 世纪初经济规模超过英国。世界经济贸易格局的变化宣告 19 世纪的自由贸易时代结束。没有任何力量能够阻止保护主义盛行的欧洲各大国陷入第一次世界大战。如果我们把这场战争的爆发与保护主义的盛行和自由贸易的衰落联系起来，是可以看到存在着一定的关联性的。不过，更能够解释其原因的还是民族主义泛滥和后起帝国主义与老牌帝国主义争夺霸权。但从法律角度看，对国际贸易的公法规制的缺失也是一个需要检讨的因素。事实上，正如自由贸易体制是各国自发的选择结果一样，抛弃自由贸易体制也是各国自发的选择。对此没有必要进行善恶评价，因为在这里本来不存在任何国际法律规则和国际法律约束。在国际经济贸易领域，这本身就是一个国内法至上的时代。

二、两次世界大战期间的贸易战及其法律机理

但对第二次世界大战爆发原因的追根溯源使我们清晰地看出贸易保护主义是如何发展成为全球性的贸易战的。面对贸易战，主要西方国家为了自保又进一步强化了贸易保护主义。在这样的恶性循环中谁也无法独善其身，最后导致全球贸易体系的崩盘，不可阻挡地将历史导向了战争的方向。法西斯国家最终铤而走险，悍然发动了第二次世界大战。教训是深刻的，有必要探讨这场贸易战是如何爆发的，以及为什么当时的法律未能阻止贸易战，相反

---

〔2〕 殷琪：《自由贸易与保护贸易理论概述》，载《中国经贸》2015 年第 6 期。

〔3〕 王书丽：《19 世纪末 20 世纪初美国的关税保护主义及其终结》，载《史学月刊》2006 年第 3 期。

却在推波助澜。

美国作为世界第一经济大国，由于资源丰富，国内市场巨大，经济高度发达，第一次世界大战后秉承贸易保护主义的传统，20世纪20年代一直处于孤立主义时代，对于国际贸易采取贸易限制措施。1922年《福德尼-麦康博关税法》（Fordney-McCumber Tariff Act）将之前的进口平均关税税率从29.5%上升到36.2%。而1929年美国华尔街黑色星期五引发了证券市场崩盘，导致了空前严重的经济危机，进而这场经济大萧条从美国蔓延到全世界。面对汹涌而来的经济萧条，美国胡佛政权采取了更严厉的保护主义措施限制贸易。美国国会于1930年6月17日通过了《斯穆特-霍利关税法》（Smoot-Hawley Tariff Act），将两千多种进口关税税率提高到历史最高水平，平均进口关税税率从之前的40.1%上升到53.2%，引起了其他主要贸易对象国采取同样手段对美国商品征收报复关税，美国的进出口总额暴跌50%以上。[4] 在国内经济危机和国外报复关税的双重打击下，美国的失业率也从7.8%上升到1931年的16.3%，1932年进一步上升到24.9%。

美国不但实行关税战，而且还筑起非关税壁垒，与关税壁垒一起保护美国的产业。1920年美国制定了保护海运业的《琼斯法》（Jones Act）。《福德尼-麦康博关税法》也规定了对进口货物价值过高评估的新的海关估价制度，同时《斯穆特-霍利关税法》规定了很苛刻的原产地规则制度。

1933年罗斯福总统时期虽然推行了"罗斯福新政"，采取凯恩斯主义的经济和法律手段对美国国内经济实行了强有力的干预，使得美国的国内经济得到恢复，并于1934年废除了《斯穆特-霍利关税法》，实施了《互惠贸易协定法》（Reciprocal Trade Agreements Act），减轻了《斯穆特-霍利关税法》下的税率。[5] 但世界各国经济和贸易已遭到大萧条和美国保护主义关税政策及法律的重大打击，所以并没有真正地彻底改变该法确立的高关税保护主义措施，保护主义仍然盛行，国际贸易严重萎缩。

---

〔4〕 王国红：《〈斯姆特—霍利关税法案〉对1929年经济危机的影响》，载《北方经贸》2011年第12期。

〔5〕 吴大伟：《美国1934年〈互惠贸易协定法〉探析》，苏州大学2012年硕士学位论文。

由于美国拥有世界上第二大国内市场，仅次于大英帝国。美国国内市场一直是各国生产商和贸易商追逐的目标，因此美国实行保护主义高关税政策，各国都会受到很大的影响，特别是那些在大萧条中遭受严重打击的国家，如德国和日本。第一次世界大战的战败国德国要承担巨额的战争赔款。为了偿还赔款和生存，德国的经济严重依赖美国贷款投资和出口贸易。发源美国的经济大萧条使得德国的经济开始崩盘，而美国正在这时推出了《斯穆特-霍利关税法》，这使得德国经济雪上加霜，失业人口从1929年9月的130万人上升到300万人，到1933年初甚至超过了600万人。纳粹党趁此机会发展实力，于1933年1月获得了德国政权，从此德国走上了种族主义、仇恨排外的战争之路。

日本是一个后期的资本主义国家。尽管在甲午战争、日俄战争、第一次世界大战都获得了胜利，但其经济除了为战争直接服务的重工业外，主要就是轻纺织工业、生丝产业及对美出口对日本经济有着重要意义。在美国受大萧条打击的情况下，再加上《斯穆特-霍利关税法》的影响，日本经济贸易也未能幸免，同样遭到严重打击，社会矛盾日益加深，开始向法西斯主义、军国主义方向发展，以至于铤而走险，发动九一八事变，悍然占领中国领土，也走向了侵略战争的不归路。[6]

为什么第二次世界大战之前一部美国国内立法引发的贸易战会让事态如此失控，以至于西方各大国都陷入战争泥潭而不能脱身呢？有必要对这一时期关于经济的国际法和国内法的状态进行分析。当时并无国际经济法的概念和提法，但与国际经济相关的国际法规范和国内法规范还是有很多的。与第二次世界大战后的国际经济法有所不同的是，在绝对主权之下，与国际经济相关的国际法对国家的约束力非常弱，以至于各国都是以本国的法律为中心，并不考虑国际法律和国际规则。

两次世界大战之间是一个试图构建国际法秩序但不成功的时代。在和平与安全方面建立了国际联盟，试图约束国家在和平与安全方面的行为，但并

---

〔6〕 赵鸿昌等：《试析日本侵华战争的经济原因》，载《内蒙古民族师院学报（社会科学汉文版）》1986年第1期。

没有取得实际效果。美国国会拒绝批准《国际联盟盟约》，使得美国这个对国际和平与安全影响最大的潜在力量游离于国际联盟体系之外。德国、苏联、日本相继退出国际联盟，使得英国、法国主导下的国际联盟对于意大利入侵埃塞俄比亚及九一八事变后日本侵略中国东北建立伪满洲国等违反盟约的行为无能为力。[7] 在还没有一个处理国际经济问题的国际组织的情况下，国际联盟在某种程度上也介入了国际经济规制领域，例如《国际联盟盟约》第23条 e 项规定，采取措施确保所有成员国交通、航行的自由和商业的公平待遇（equitable treatment for commerce）。

在国际联盟的主导下，各国在国际经济领域的法律构建上也作出了很多努力。1923年签署了旨在实现贸易便利化的《通关手续便利化条约》（General Convention on the Simplification of Custom Formalities）。根据1925年国际联盟大会决议，1927年召开了日内瓦国际经济会议，包括非成员国美国和苏联在内的50个国家参加。同年签署了旨在解决动物及食品安全措施等非关税措施的《撤销进出口禁止及限制措施条约》（Convention for the Abolition of Import and Export prohibitions and Restrictions）。该条约原则上撤销各种形式的进出口禁止和限制措施，规定了一般例外和特殊例外。《撤销进出口禁止及限制措施条约》第6条规定在一定条件下可以对条约条款进行保留。在不得不采取禁止或限制措施的情况下，应该遵循对贸易影响最小的原则。关于争端解决，在争端双方合意基础上由国际联盟理事会任命的专家小组，或者由国际常设法院的仲裁或司法程序解决。关于法律问题则根据当事国的请求由国际常设法院作出决定或者作出仲裁。[8] 这实际上就是战后 GATT 的预演。不过，只有很少国家批准，而且条约的例外、保留和争端解决机制等规定使其根本没有可操作性。

面对经济大萧条，国际联盟于1930—1931年召开了关于关税与非关税

---

〔7〕 谷宇新：《析国际联盟集体安全的建立及其失败》，载《哈尔滨师范大学社会科学学报》2013年第1期。

〔8〕 ［日］林正德：《国際連盟のもとでの貿易ルール形成，早稲田大学日米研究機構》，载 https：//www. waseda. jp/inst/oris/assets/uploads/2015/10/2-1-1_20150803183947_vvrjnm6036sj6umgf0lu8q7h50. pdf，最后访问日期：2019年3月31日。

措施的国际会议，进而在 1933 年召开伦敦国际经济会议。但是这些会议很
多都是为了解决当时面临的实际问题，并没有国际公法规制的高度建立对贸
易的国际法律规则。[9] 而且 1931 年和 1933 年的国际会议以失败而告终。虽
然不是国际联盟成员的美国和后来退出国际联盟的日本也参加了这些经济会
议，但对于国际贸易法律规则的形成作用也不大。因此，各国对于国际贸易
的规制和管制基本上是基于自己国家主权和国家利益来实施的。大萧条之
后，虽然还有各种关税减让的谈判，但也只是应付场面，并无实质性进展。

所以，国际经济法律治理是缺位的，缺乏能够制约或约束国家对国际贸
易规制和管制的国际规则，使得国家可以在主权名义下在限制或禁止国际贸
易方面为所欲为。这样导致国与国之间的贸易量大大下降，再加上投资、金
融管制下国与国之间的经济交往陷入停顿状态，以至于国家之间采取武力解
决争端也毫无顾忌。所以，关于国际贸易的国际法律规则的缺失，是国家之
间走向战争之路的加速器。

三、GATT 时代贸易战的法律机理

第二次世界大战的教训太深刻，所以战后美国开始积极介入，主导构建
了战后国际经济贸易法律机制。根据布雷顿森林会议的精神，《国际货币基
金协定》和国际货币基金组织、《国际复兴开发银行协定》和世界银行及其
集团、《关税与贸易总协定》（GATT）相继成立。在国际贸易的公法规制上，
美国提议设立国际贸易组织（International Trade Organization，简称 ITO）。
1945 年 11 月，美国政府提出了关于扩大世界贸易和雇佣建议，提出了 ITO
构想。1947 年 4 月在日内瓦召开联合国贸易与雇佣会议第 2 次会议，对此方
案进行了讨论。同年 11 月开始到 1948 年 3 月在古巴哈瓦那召开联合国贸易
与雇佣会议第 3 次会议，讨论通过了《国际贸易组织宪章》（也称《哈瓦那
宪章》）。53 个国家和地区[10] 在《国际贸易组织宪章》上签字。《国际贸易

---

〔9〕 金卫星：《1933 年伦敦世界经济会议探析》，载《淮阴师范学院学报（哲学社会科学
版）》2004 年第 4 期。

〔10〕 印度等还未获得完全独立，以单独关税区的身份出席大会并在《国际贸易组织宪章》上
签字。

组织宪章》共9章106条，是一个可与《联合国宪章》相媲美的国际法文件。但是该宪章由于追求完全的非歧视的自由贸易，太过于理想主义，结果只获得利比里亚和奥地利两国批准。而发起倡议并主导《国际贸易组织宪章》起草和谈判的美国也未能批准该宪章，导致国际贸易组织流产。[11]

在联合国贸易与雇佣会议第2次会议上，美国、英国、法国、中国、印度等23个国家或地区在日内瓦平行地进行关税减让等国际贸易规则的谈判，并于同年10月30日谈判成功，达成了《关税与贸易总协定》。它是为未来将要成立的国际贸易组织做准备而签订的协定，将各种贸易规则集中加以规定。它作为临时协定，其贸易规则被纳入《国际贸易组织宪章》及其相关规则和文件后便完成历史使命。它本身也达成了第二次世界大战后第一轮关税减让，即《关税减让表》，作为GATT第一轮谈判的成果，适用于全体缔约方。但由于国际贸易组织建立的失败而烟消云散，只剩下GATT得以保留，其所规定的最惠国待遇、市场准入、国民待遇以及其他规则继续保持对各缔约方的法律约束力。这样，GATT便取代了预定的国际贸易组织的方案和功能，以国际条约的法律形式履行实质上国际组织的职能。这样的状态一直持续到1995年1月1日世界贸易组织（WTO）的成立，这部1947年的GATT才最后升级为1994年的GATT，被纳入《建立世界贸易组织协定》附件1A里面，回归其国际条约的本来身份。[12]

与战前的国际经济贸易无法律秩序无国际规制的状态相比，GATT的成立是一个里程碑式的进步。虽然它的条文数量不多，但每个条文规定得很详细，是在第二次世界大战前已经充分讨论过，并将其变为现实。由于它建立了关税减让机制，所以在1947年成立后在其主导下组织进行了数轮多边贸易谈判，而谈判的成果根据GATT第2条的规定自动纳入各缔约方国内法律体系中，体现为作为国内法的《关税税则》汇总的最惠国待遇税率一栏中，完成了从国际法规则到国内法规则的完美转换。

---

〔11〕 邸建国：《国际贸易组织的流产与关税与贸易总协定》，辽宁大学2017年硕士学位论文。

〔12〕 赵维田：《迈进"世界贸易法"的新里程——从GATT到WTO》，载《国际贸易问题》1995年第2期。

1962 年 10 月，美国国会通过了《贸易扩大法》，总统获得了从同年 7 月 1 日开始的为期 5 年的关税等贸易事项的谈判权限，发起了 GATT 第六轮谈判——"肯尼迪回合"谈判。这次谈判从 1964 年 5 月开始，到 1967 年 6 月 30 日其 5 年授权谈判期结束的最后一天结束，为期三年多，取得巨大成果。30300 种类的商品平均关税减让 35%。从 20 世纪 70 年代开始，又开始了第七轮谈判——"东京回合"谈判，减让的重点转移到了非关税壁垒。本来打算在 1975 年结束谈判，但 1973 年发生了中东战争和石油危机，谈判中断，谈判恢复后一直持续到 1979 年才达成协议，历时 6 年有余。"东京回合"谈判将主要国家的关税从 1980 年开始 8 年间平均减让 33%。在非关税壁垒方面，制定了《反补贴协定》等若干规范非关税壁垒的贸易规则的协定。

GATT 时代建立了对各国贸易规制有所约束的国际规则，但对于贸易战却并不能在国际法上有所约束，结果贸易战频发，其中规模最大、历时最久的就是日美贸易战。[13] 日美贸易战从 1957 年的纺织品战开始，一直到 1995 年 WTO 成立时的电信贸易战为止，前后跨越 38 年，先后有纺织品、钢铁、彩电、汽车、半导体、电信等产品或行业卷入其中。[14]

日本虽然是第二次世界大战的战败国，但在朝鲜战争时期作为美国军需的后勤保障恢复了产业，并于 1955 年加入 GATT，复归国际贸易秩序中。在美国的默许下，日本从轻纺产品着手开始了日本制造业的崛起历程，并成功将日本的纺织品打入美国市场，引发了美国的贸易保护。日本提出了自主限制纺织品出口限制，但美国于 1957 年通过了若干限制日本纺织品的法案，同年日本和美国签订了《日美纺织品协议》，有效期 5 年。1961 年日美间又一次签署了《日美棉纺织品短期协定》，对总出口限额作出设定。1962 年日美间签署了《日美棉纺织品长期协定》，对 1964—1985 年对美国纺织品增速进行了限制。1971 年，日美间签署了《日美纺织品协定（1972—1974）》。1974 年，日本将前述两个协定合二为一，日美纺织品贸易问题得以缓解，美

---

〔13〕 王力平：《日本学者对美日贸易摩擦的分析》，载《国际经贸研究》1994 年第 4 期。

〔14〕 彭敬：《20 世纪 50 年代以来的日美贸易摩擦及其现实意义》，载《世界经济研究》2004 年第 4 期。

国获得贸易战的胜利，日本产业结构升级，纺织业成为日本的夕阳产业，日美贸易战转移到其他战场。

日本产业结构调整，经济重心从轻纺业转移到重化工业，钢铁产业成为日本支柱产业，并向美国实行倾销。美国开始对日本的钢铁实行反倾销，并且要求日本实行自主出口限制。日本从1968年开始实行自主出口限制，但效果不明显。于是1977年，美国对进口钢铁制品实行《1974年贸易法》"201条款"调查，发动保障措施。1983年，日美间签署《特殊钢贸易协定》，规定5年内对向美国出口的特殊钢实行自愿出口限制。1984年，美国制定《钢铁进口综合稳定法》，强化了对钢铁制品保障措施的强度。1992年，日美钢铁贸易战以美国的胜利而结束。

同时，日本的半导体和电子产品技术得到很大发展，其制品畅销世界。特别是彩色电视机，日本对美国实行了大规模的倾销，导致美日间爆发了彩电贸易战。1971年，美国决定对日本黑白和彩色电视机征收反倾销税，并在后来发动保障措施。1977年，美日间签订了《日美彩电协定》，日本自主限制彩电出口在每年175万台之内，为期3年。日本进行了电子产品全球生产布局，将彩电等电子产品的生产基地转移到了美国国内，以规避美国的反倾销税和保障措施。日美彩电贸易战于1980年结束，结局是美国彩电业全面衰退，日本实现了战略转移。

汽车是美国立国之本。美国是一个建立在车轮上的国家，早在20世纪60年代就建成了洲际高速公路系统。日本以"工匠精神"打造出的制造业，在无穷无尽的美国市场上获得了巨大的发展空间和成长动力。在从低端的纺织品和轻工业品到高端的半导体彩电等一一搞定美国之后，日本终于开始对美国的汽车产业下手了。日本的汽车价格虽然便宜，但车体偏小省油，不太适合美国人的消费习惯。不过在20世纪70年代石油危机后，美国人开始青睐价廉物美省油的日本汽车，日本汽车便抓紧时机向美国增加汽车出口，日美汽车贸易战爆发了。美国于1980年对进口汽车实行保障措施，主要目的是针对日本进口汽车。1981年日美间签订了《日美汽车贸易协定》，日本开始实行自主进口限制。日本汽车制造商开始和美国汽车制造商合资在美国成立组装厂，汽车零部件和半成品进口又急剧增长，汽车贸易战转变成汽车零部件贸易战。美国要求日本也向美国开放汽车零部件市场。期间日美间于1992 年达成了《汽车零部件协定》。对于难以遏制的日本进口整车的增长，且美国汽车难以进入日本市场的事态，美国发动了"301 条款"调查，一直到 1995 年 WTO 成立，该事件被日本提交到 WTO 争端解决机构谋求处理。最后于 1995 年 6 月日美间达成《日美汽车、汽车零部件协定》而最终得到解决。[15]美国获得汽车贸易战的胜利，但并没有达到胜利的实际效果，美国汽车照样难以在日本畅销，而日本汽车在美国仍然大受欢迎。

日美贸易战后又进一步扩大到半导体、电信等方面。特别是电信领域，已经开始脱离了货物贸易的贸易战范畴。再加上日美之间在汇率、金融开放等问题上的争端越来越激烈，也成为贸易战的主题。[16]美国认为只和日本打纯货物贸易战已经意义不大，日美间贸易不平衡并非只因为日本的货物比美国货物强的问题，而是因为利率、汇率管制和金融不开放导致日元被严重低估，使得日本产品可以进行倾销。只有从货币和金融入手才能根本解决问题。经过日美间的艰苦谈判，1985 年 9 月，美国主导下，美日两国和英国、法国、西德五国财政部长和央行行长会议在纽约广场酒店举行，达成了著名的"广场协议"（Plaza Accord）。根据该协议，五国政府协同抛售美元，美元大幅度贬值，而日元和西德马克大幅度升值，消除了日美货物贸易战的基础。[17]从 20 世纪 90 年代开始，中国对美国出口增多，吸引了美国的注意力。而且 WTO 的成立，日美贸易摩擦的舞台也从日美两国间转移到 WTO 方面去了。

从上述可见，GATT 时代贸易战频发，美国对日本基本上可以无所顾忌地发动贸易战，并且基本上可以达到目的，而且 GATT 规则对此基本上无能为力，对美国几乎没有约束力，日美贸易战的解决最终还是依靠美国和日本的双边谈判，达成双边协议。为什么会是这样的结果呢？主要原因在于 GATT 规则对缔约方的约束力不强，并不存在一个真正高于国内法的国际经

---

〔15〕 康芳民：《美日汽车贸易战及对我们的启示》，载《理论导刊》1997 年第 2 期。

〔16〕 刘军红：《日美贸易摩擦的历史回顾与经验教训》，载《紫光阁》2018 年第 4 期。

〔17〕 吕耀东：《美日贸易摩擦与日本的衰退》，载《人民论坛》2018 年第 11 期。

济贸易法律规则。[18]

GATT 并非国际组织，缺乏组织约束机制和规则。GATT 本来是为将要成立的国际贸易组织（ITO）而制定的临时协定，只是因为国际贸易组织未能成立，才担负起国际贸易组织的某些功能。它虽然接管了本来为国际贸易组织准备的日内瓦总部，以及未来作为国际贸易组织秘书处的全套工作人员组成 GATT 自己的秘书处，但它是以国际条约之身行国际组织之事，名不正而言不顺，心有余而力不足。GATT 并没有像成立一个国际经济组织那样去系统建立核查和监督机制，也没有创立系统的争端解决机制，所以 GATT 并不能行使国际组织被赋予的职权，去追究违反国际组织规则所应该承担的国家责任。[19] GATT 规则本身的不完备，存在诸多灰色区域措施，给国内措施留下了执行的空间，导致 GATT 措施和规则在国内层面上变形。特别是 GATT "祖父条款"的规定，在 GATT 的《临时适用议定书》制定之日前的现有正式立法，只要是明文规定的普遍性强制性的法律、法规，即使与 GATT 规定相冲突，仍然可以优先适用。这就导致了"先法优于后法"的效果，实际上使得国内法可以凌驾于 GATT 规则之上。GATT 的很多条文都有例外规定，这些例外往往在后来的实践中被很多缔约方用来逃避其本应该承担的关税减让和最惠国待遇及国民待遇原则的落实。GATT 并无明文规定禁止缔约方单方面采取限制贸易措施，所以无法禁止缔约方之间的贸易战行为。

四、WTO 时代的贸易战——中美贸易战及其法律机理

1995 年 1 月 1 日，旨在达到自由贸易目标的 WTO 正式成立。WTO 规范自由贸易，以单边贸易措施为特征的贸易战从此在 WTO 规则下变为不合法了。WTO 原则上禁止非关税措施，而把关税措施作为唯一合法的限制进口贸易的措施。但由于 WTO 实行关税减让、最惠国待遇和国民待遇等，这就

---

〔18〕 朱榄叶：《贸易战能被遏制吗？——GATT 纠纷解决机制的回顾与展望》，载《法学》1994 年第 3 期。

〔19〕 肖永平、胡学栋：《从国际组织法看关贸总协定的特点》，载《比较法研究》1995 年第 3 期。

限制了成员方任意提高关税，采取关税措施来阻碍和限制进口。不过，WTO
并没有把这条路完全堵死，而是留下了贸易救济制度作为合法利用关税措施
保护国内产业的正当权益，使其免受倾销、不正当补贴以及因开放市场导致
大量进口冲击而遭受实质性损害或严重性损害，这就是反倾销、反补贴和保
障措施，即"两反一保"。此外，WTO 争端解决机构也可以授权成员方对违
反 WTO 规则的其他成员方实行报复措施，征收报复关税。所有这些，都是
在 WTO 的多边框架下才能采取的贸易限制措施，因此单方面未授权下限制
贸易在 WTO 规则下处于不合规不合法状态。这可以理解为 WTO 禁止成员方
发动贸易战。

WTO 成立的二十余年中，各成员都遵守了这些规定。如有违反的事实
或者违反的可能性出现，通过争端解决机制就可以确认并将其有效制止之。
虽然美国不时有发起"301 条款"调查或采取单方面贸易制裁的冲动，但在
欧盟诉美国"301 条款"案中，美国政府声明遵守 WTO 争端解决机构作出
的决定。这使得 WTO 规则的权威性得到维护，没有出现美国单方面发动贸
易战的事态。美国尚且如此，WTO 其他成员更是求之不得，所以 WTO 时代
成了没有贸易战的时代。WTO 规则在争端解决机制的成功运作和各国政府
的支持下，成为事实上高于成员方国内法规则的上位规则。当然，这并不意
味着从法律上解决了 WTO 规则和国内法的关系，即并不意味着从条约法乃
至各国宪法上彻底解决并处理好了二者关系问题。如果真的作出了这样的明
文规定，WTO 也不可能闯过很多国家的批准程序，特别是美国国会的批准
程序，WTO 也就不能变为现实。但这样做是有潜在风险的，因为它内含一
定的脆弱性。如果有某个或某些成员从法律上挑战 WTO 规则，WTO 能否继
续维持其规则的权威性呢？过去二十多年 WTO 没有遇到过此类挑战，风平
浪静，但危险一直深藏潜伏，一旦时机成熟就会浮出水面而爆发，损害 WTO
的根基，为贸易战的兴起创造最佳条件。

所谓 WTO 规则，就是 1995 年 1 月 1 日生效的《乌拉圭回合谈判最终文
件》。这在当时是属于各国尽最大努力进行妥协所能够得到的最好结果。它
保障了 WTO 下的多边贸易体制的顺利运行。但乌拉圭回合谈判并没有解决
所有的贸易问题，该文件也并非尽善尽美、一劳永逸，而是留下了很多问题

有待以后解决。而且 WTO 成立之后经过若干年运行也会出现很多新的问题需要面对和解决。所以 2001 年在卡塔尔多哈举行的 WTO 第四次部长级会议上确定启动新的一轮多边贸易谈判,即"多哈回合谈判"。如果这一轮谈判成功了,WTO 规则很多问题可以得到解决,积累的矛盾可以得到一定的调节,某些缺陷可以得到弥补,WTO 规则也就能够与时俱进,升级到 2.0 版了。但是,多哈回合谈判进展并不顺利,谈判超过 10 年毫无进展,直到 2013 年在印度尼西亚巴厘岛举行的 WTO 部长级会议才终于达成早期收获的合意,其成果就是《贸易便利化协定》。这只是多哈回合谈判 8 个议题中的一个而已,而且并非全部,所以说多哈回合谈判并没有取得预期的成果。[20] 虽然 WTO 机制仍然在有效运行,争端解决机制仍然有效发挥作用,但 WTO 失去了更新升级的机会,导致矛盾的爆发,遭遇到空前的生存危机,而贸易战便借机重新燃起。

2017 年 1 月,特朗普就任美国总统,中美贸易摩擦加剧。中国寻求在 WTO 框架下运用 WTO 规则解决中美贸易争端,但美国方面却出现了脱离 WTO 的倾向。2018 年 3 月 22 日,美国贸易代表办公室公布了关于中国不公平贸易行为的《"301 条款"报告》,长达 182 页,包含 1139 个脚注和 5 个附录。这并不奇怪,因为调查之后是谈判,如果谈判成功了,也不会走到贸易战那一步。即使在贸易战合法的 GATT 时代,"301 条款"调查也很难走到发动贸易战的地步,但是这一次却一路走向贸易战的实战阶段,不能不说是 WTO 时代的悲剧。为了解决中美贸易摩擦,美方实际上放弃了 WTO 平台,谋求通过中美双边谈判解决问题,而谈判是与贸易战同步进行的。

因此,中美贸易战说明,在 WTO 时代,以 WTO 规则角度看,贸易战虽然处于不合规不合法的状态,但由于 WTO 机制的内在缺陷,使得美国一个国家就可以对其发起挑战。WTO 规则并没有明确它具有高于成员方国内法的地位,WTO 关于争端解决机制的规定并没有明确其具有司法性功能。它实际上是建立在成员方共同维护的法律确信基础之上,以各成员方都认可

---

〔20〕 张帆:《国际公共产品理论视角下的多哈回合困境与 WTO 的未来》,载《上海对外经贸大学学报》2017 年第 4 期。

WTO 规则高于成员方国内法规则，认可争端解决机制是一种事实上的司法机制，服从争端解决机构所得出的结论，并认真履行之。而国际法学界、国际经济和贸易法学界也是将 WTO 规则解释和理解成一种法律规则，是一个完整的法律体系。但是，这样的状态并没有坚实的国际法基础，并没有从国际组织法、国际条约法上进行彻底的法律处理，所以一旦某些或某个成员不认可这样的现状，那就意味着这个法律确信可能将不复存在，WTO 规则便无法制约国内法措施，贸易战便可能发生。尤其是当美国这样的全世界最有实力的国家开始无视 WTO 规则和权威性的时候，对 WTO 机制的破坏是非常巨大的，造成的后果也是很严重的。

中美贸易战固然可以通过谈判得到解决。美国对欧盟等发动的"232 条款"贸易战也可以通过谈判得到解决。但这一切并不能阻止新的贸易战的发动。这是因为这样绕过 WTO 机制动辄发动贸易战，又在充满威胁恐吓下通过双边谈判解决争端的方式成为常态，就意味着 WTO 机制丧失机能，导致给全球经济贸易带来繁荣的多边机制的后退，以单边措施为背景的双边机制的盛行，预示着经济全球化时代开始走向衰微。中国是 WTO 时代的巨大受益者。WTO 多边机制下的经济全球化的维持和维护，符合中国的长远利益。但鉴于美国始发的 WTO 危机已经开始出现负面影响，所以中国必须要有所准备，积极应对各种对多边主义的挑战，积极与美国谈判解决中美贸易摩擦中的各种问题的同时，积极探索和推动 WTO 规则和体制的改革，让 WTO 重新焕发活力。[21]

这样的愿景并非没有可能实现。即使是美国也没有完全抛弃 WTO 这一平台，美国固然可以从程序上阻止 WTO 上诉机构成员遴选机制的启动，可能导致上诉机构瘫痪，但也要看到这不过是美国为了达到目的所使用的手段，其目的还是为了让 WTO 充分满足美国的诉求。如果 WTO 的改革取得了重大进展，美国和其他成员方及经济体之间达成了新的妥协，WTO 的机能也会得到恢复。中国、美国、欧盟、日本以及其他国家和经济体在 WTO 机制下共存互利，才是未来国际经济的理想状态。

---

〔21〕 杨国华：《中美贸易战背景下的 WTO 诉讼》，载《中国法律评论》2018 年第 5 期。

联合国《建立国际贸易单一窗口的法律框架》的启示及中国对策[*]

王淑敏^{**}　张小涵^{***}

　　众所周知，国际贸易单一窗口（Single Window of Trade）是指参与国际贸易和运输的各方，通过单一的平台提交标准化的信息和单证以满足相关法律法规及管理之要求的方式。由此看来，其包含四项环节：一是一次性申报，即贸易或运输方一次性向相关管理部门提交信息和单证；二是一次性审核，即有关监管部门通过统一的平台对提交的信息和单证数据进行一次性处理；三是使用标准化的数据，贸易或运输方提交的信息必须为标准化的数据；四是满足监管部门和企业的需求。以上实践表明，国际贸易单一窗口具有以下特征：其一，实现了国际贸易电子数据和信息交换，取代了传统纸质审核系统；其二，上述数据和信息提供基于政府相关监管部门要求，就法律关系而言，体现了企业与政府之间的纵向法律关系；其三，亦是最重要的特征，是国际性的交换信息系统，必须在国际法框架下实施。基于上述考量，联合国高度重视国际贸易单一窗口的建设和发展，出台了若干国际文件加以规制，内容主要涉及电子数据的安全和企业与政府之间的关系两大方面。在这方面，联合国国际贸易法委员会（UNCITRAL）是联合国框架下最为重要的规制国际贸易单一窗口的国际组织之一。UNCITRAL 电子商务组第四十届

---

　　* 本文系研究阐释党的十九大精神国家社科基金专项课题"建设中国自由贸易港的法律保障与政策推进研究"（18VSJ076）阶段性成果。
　　** 大连海事大学法学院教授、博士生导师。
　　*** 大连海事大学法学硕士研究生。

会议确定有利于电子商务的法律框架所需要综合参考的文书，确认国家使用在认证和签名方法的样章。[1] 在第四十一届会议上，UNCITRAL 受邀与世界海关组织（WCO）实施联合项目，组成联合工作组，就创建单一窗口环境的法律问题提供建议，以供利益相关者参考。令人关注的是 UNCITRAL 对此做出的国际法贡献——《联合国国际合同使用电子通信公约》（United Nations Convention on the Use of Electronic Communications in International Contracts），此公约的进展就是良好的例子，保障电子交易安全及交易者利益的要求，为国际单一窗口的参加者提供了一个良好的环境。另一重要的国际组织是 WCO，其出台了《世界海关组织数据模型》（WCO Data Model），[2] 该模型致力于将各国政府间和贸易商与政府机构之间互换信息的标准化，为今后执行减少数据要求和以电子单据提交单证提供技术支持。此外，WCO 在 2017 年更新了《建设单一窗口环境》（Building a Single Window Environment）。[3] 此文件分为两个部分：一是处理单一窗口法律问题，以及新增保障数据安全与隐私相关问题；二是强调政府与贸易商之间合作伙伴关系。基于此，WCO 为各成员方建立合法贸易环境提供更为简洁的方案。诚如世界海关组织秘书长米歇尔·达内（Michel Danet）所言，"世界海关组织的成员单一窗口发展水平参差不齐，海关组织的成员若得不到各种形式的能力援助，就无法实施单一窗口，而援助的一种形式为单一窗口的环境和一体化的边境管理所涉及的法律问题提供准则，而恰好贸易法委员会是良好的伙伴。"[4] 更具里程碑

〔1〕 "Comprehensive Reference Document on Elements Required to Establish a Favourable Legal Framework for Electronic Commerce：Sample Chapter on International Use of Electronic Authentication and Signature Methods"，available at https：//undocs.org/ZH/A/CN.9/625，last visited on 2019-3-6.

〔2〕 WCO，WCO Data Model，available at http：//www.wcoomd.org/en/topics/facilitation/instrument-and-tools/tools/data-model.aspx，last visited on 2019-3-9.

〔3〕 WCO，*Building a Single Window Environment*，available at http：//www.wcoomd.org/en/topics/facilitation/instrument-and-tools/tools/single-window-guidelines.aspx，last visited on 2019-3-19.

〔4〕 "Possible Future Work on Electronic Commerce：Legal Issues Arising out of the Implementation and Operation of Single Windows in International Trade"，available at https：//undocs.org/ZH/A/CN.9/660，last visited on 2019-3-6.

意义的是 WTO 的《贸易便利化协定》(Trade Facilitation Agreement，简称 TFA),[5]对国际贸易单一窗口予以专条规制。

在联合国的诸多组织中，不可否认，联合国贸易便利化和电子商务中心 (UN/CEFACT) 的规范更为务实。该中心成立于 1960 年，作为联合国经济及社会理事会下属的政府间机构标准化组织，负责制定全球统一标准来消除国际贸易中的技术壁垒，以提高贸易便利化。迄今为止，共制定了 35 个建议书、7 个标准和 5 个技术规范，其中涉及单一窗口的规范包括《建立单一窗口的建议与指南》(Recommendation and Guidelines on Establishing a Single Window)[6]和《国际贸易数据简化与标准化》(Data Simplification and Standardization for International Trade)[7]等。尽管 UN/CEFACT 主要履行发布技术标准和指南的职责，但值得注意的是，其亦十分重视各国在单一窗口建设过程中的法律问题，尤其是在贸易数据交换方面的透明与安全以及企业与政府如何建立协调关系等，为此于 2010 年专门制定了《建立国际贸易单一窗口的法律框架》(Establishing a Legal Framework for an International Trade Single Window，以下简称《法律框架》)。[8]基于《法律框架》的合理性与实用性，随后各国对此亦作出了反应，纷纷制定新的法律或修改原有的法律，以弥补各自的漏洞或差距。美国和中国台湾地区的立法变化就是两个突出的实证。中国作为 UN/CEFACT 最重要的成员国之一，支持和遵循《法律框架》的立场毋庸置疑。由是观之，《法律框架》提供了哪些有益的指南，对于中国探索中的单一窗口法律建设有哪些启迪，这些问题值得我们深入研究和思考。

一、《法律框架》的背景及影响

前已所述，已有诸多国际组织出台与单一窗口相关的法律文件，如 WTO、WCO 等国际组织，为何仍需《法律框架》出台呢？《法律框架》又

---

〔5〕 WTO, Trade Facilitation Agreement, availableat http://images. mofcom. gov. cn/sms/201510/20151016171325893. pdf, last visited on 2019-3-1.

〔6〕 UN/CEFACT, Recommendation and Guidelines on establishing a Single Window, 2005.

〔7〕 UN/CEFACT, Data Simplification and Standardization for International Trade, 2013.

〔8〕 UN/CEFACT, Establishing a Legal Framework for an International Trade Single Window, 2010.

有何作用呢？兹下文分别说明之。

（一）提供拾遗补缺的国际法文件

如前所述，某些国际组织，如 WCO、WTO 等对单一窗口的法律规定仅限于原则性、某一领域。例如，WCO 文件的重点在于海关事务。在单一窗口方面，重点强调口岸部门协调运作，构建部门间数据共享，此外，推出数据模型，为单一窗口数据协调提供标准数据集框架。再如，WTO 出台的 TFA，仅从宏观层面将构建单一窗口列为一项缔约国履行的义务，但未从微观层面予以具体规定。《法律框架》的出现恰好起到了拾遗补缺的作用，具体表现为：其一，各国立法应首先明确单一窗口运行的法定依据；其二，单一窗口运营过程数据的安全与保护；其三，单一窗口运行发生争端的解决机制。

（二）为各国立法提供指南

通过考察可发现，尽管各国均建立单一窗口，但各国关于单一窗口的立法情况良莠不齐，部分国家立法仅散见于规范性法律文件，尚未形成权威的法典；另有部分国家甚至不存在散见的规范性法律文件。因此，UN/CEFACT 致力于推出《法律框架》，试图推动各国制定单一窗口相关立法或完善相关法律。在 2009 年 11 月举行的第十五届 UN/CEFACT 全体会议上，研讨了《法律框架》的必要性与可行性，并征求各国代表团的意见。在此期间，UNCITRAL 和俄罗斯先后提出异议，均被 UN/CEFACT 所采纳。最终不负众望，2010 年 10 月 8 日，各国代表团一致通过了《法律框架》。通过的《法律框架》以一览表的形式展现出单一窗口运行常见的法律问题，并提出相应建议。此后，《法律框架》又于 2013 年进行了修订，但这次的修订较为简略，仅在前言中强调《法律框架》对各国构建实施单一窗口措施的法律框架大有裨益，尤其是针对仅局限于本国特点单一窗口的立法以及立法缺失问题的各国，呼吁依据《法律框架》加以改进。

（三）《法律框架》的影响

《法律框架》取得的成果表现在以下几个方面：其一，数据的安全与保护。数据的安全是指数据的准确性和完整性。所谓准确性是指数据在传输过程中未有瑕疵现象。完整性是指数据在传输过程中不会出现中断的现象。为此《法律框架》建议采用识别、认证和授权机制，以保证数据的安全。[9]其中识别机制主要通过电子签名技术识别各类用户身份；认证机制是指通过认证机构签发数字证书鉴别身份的真实性；授权机制是授予用户访问级别和访问权限。数据的保护包括商业秘密与隐私、电子存档两方面内容。其二，企业与政府监管部门的关系和政府部门间合作关系。前者通过立法明确单一窗口的法定权威，后者指政府部门间可采用缔结谅解备忘录的形式予以合作。[10]其三，单一窗口参与方争议解决机制，主要是指替代性争议解决机制。上述规则出台之后，对于各国立法起到了引导作用，值得注意的是，许多国家或地区已根据《法律框架》进行了修改或制定新的法律。

1. 对于美国、中国台湾地区立法的影响

世界第一大经济体美国就是一个典型的例子。一是关于数据的安全与保护方面的立法。美国为此于 2012 年通过了《网络安全法案》（Cybersecurity Act of 2012）。[11]在数据的安全方面，建立网络风险评估机制，评估政府网络系统安全，从而保障数据的精准性和完好性。在数据的保护方面，强调对隐私的保护。关于数据的保护，美国还出台了另一部法律——2013 年的《电子信息保存法》（Electronic Message Preservation Act）。[12]这部法律强调依据《联邦档案法》（Federal Records Act）的要求，设立电子记录管理系统，对电子文件进行存档，除在财产、健康等方面遭受威胁之外，[13]存档记录不予删除。二是关于企业与政府监管部门的关系和政府部门间合作立法。美国

---

〔9〕 UN/CEFACT, Annex II of Establishing a Legal Framework for an International Trade Single Window, 2010, p. 9.

〔10〕 UN/CEFACT, Annex II of Establishing a Legal Framework for an International Trade Single Window, 2010, p. 9.

〔11〕 S. 2105-Cybersecurity Act of 2012, available at https://www. congress. gov/bill/112th-congress/senate-bill/2105/related-bills? q=%7B" search"%3A%5B" cyber+security+act"%5D%7D&r=7&s=2, last visited on 2019-5-11.

〔12〕 H. R. 1234 - Electronic Message Preservation Act, available at https://www. congress. gov/bill/113th-congress/house-bill/1234? q=%7B" search"%3A%5B" Electronic++archiving"%5D%7D&s=4&r=3, last visited on 2019-5-28.

〔13〕 Chapter 33 of Title 44, UNITED STATES CODE, available at http://uscode. house. gov/browse/prelim@ title44/chapter33&edition=prelim, last visited on 2019-5-28.

于 2015 年发布的《贸易便利化与贸易执行法》（Trade Facilitation and Trade Enforcement Act of 2015）规定了政府之间合作的具体方式，[14] 规定政府间通过缔结谅解备忘录的方式进行部门间合作，以保证政府部门之间的数据共享。

表1　《法律框架》与美国及中国台湾地区立法之差异[15]

	数据安全与保护		企业与政府监管部门的关系和政府部门间合作关系		单一窗口参与方争议解决机制
	数据安全	数据保护	单一窗口法定权威	政府间合作具体方式	
《法律框架》	数据质量（数据的准确性与完整性）	（1）商业秘密与隐私；（2）电子存档	法律应明确规定单一窗口组织主体，包括政府部门、私营企业和政府与私营企业合作	可采用缔结谅解备忘录的形式	替代性争议解决机制，如调解、仲裁
美国	建立风险评估机制	（1）注重隐私的保护；（2）设立电子记录管理系统，用于电子存档，除例外情形，存档不删除	海关与边境保护局（CBP）（《法律框架》前已规定）	通过缔结谅解备忘录的形式进行部门间数据共享	无
中国台湾地区	无	通过单一窗口传递的数据应保密	政府部门与相关部门	无	无
	海关设立注册中心发放身份凭证	电子存档的时限为5年	相关部门为检验部门、检疫部门等	无	无

〔14〕 H. R. 1907-Trade Facilitation and Trade Enforcement Act of 2015, available at https://www. con-gress. gov/bill/114th-congress/house-bill/1907? q＝%7B%22search%22%3A%5B%22trade＋FACILITA-TION%22%5D%7D&s＝2&r＝2, last visited on 2019-3-13.

〔15〕 根据《法律框架》中的建议，查找美国与中国台湾地区立法资料，由笔者自行整理。

另一个典型的实证是中国台湾地区立法。台湾地区于 2018 年修订了"关税法",[16] 在第 10 条中新增 1 款,主要内容有:一是数据的安全与保护,即数据应当通过单一窗口传递,通过单一窗口传递数据应当保密。二是企业与政府监管部门的关系,即对单一窗口的法律地位予以明确,规定单一窗口运营事项由财政部和相关部门管理。此后,台湾地区又修改了"关港贸单一窗口运作实施办法",[17] 将上述法律在以下方面予以细化:一是数据的安全与保护。为了保证数据的完整性与准确性,海关设立注册中心,发放身份认证凭证,获此凭证的贸易商可进行信息申报,旨在从源头上遏制虚假贸易商盗取信息;电子文件在单一窗口系统中保留时间为 5 年,过期不予记录。二是企业与政府监管部门的关系和政府部门间合作关系。对相关部门的术语作出解释,包括检验机关、检疫机关等。

2. 美国、中国台湾地区立法的对比

综上可以看出,美国与中国台湾地区的立法在立法模式和内容方面存在以下差异:

首先,立法模式。美国较之于中国台湾地区,缺乏专门规制单一窗口的法律,而是通过制定或修改混合式的立法,以覆盖单一窗口的法律关系。反观中国台湾地区,通过制定"关贸港单一窗口实施办法",将单一窗口涉及的问题专门加以规制。

其次,内容对比。在数据安全与保护方面:一是数据安全,在数据的准确性和完整性方面,美国与中国台湾地区均予以保障。二是数据保护,美国与中国台湾地区均概括性强调了对隐私的保护,但缺乏切实具体的措施。在电子存档方面,美国通过设立电子记录管理系统进行管理,而台湾地区仅将记录存于单一窗口系统中。除此之外,存档期限也存在差异。在企业与政府监管部门的关系和政府部门间合作关系方面,尽管美国和台湾地区均明确了单一窗口的法定权威,但是它们对于单一窗口的管理机关却有所不同。美国

---

〔16〕 "关税法",载 https://db.lawbank.com.tw/FLAW/FLAWQRY03.aspx? lno = 10%2c10.1&lsid = FL006258,最后访问日期:2019 年 4 月 7 日。

〔17〕 "关港贸单一窗口运作实施办法",载 https://www.lawbank.com.tw/news/NewsContent.aspx? NID = 113273,最后访问日期:2019 年 4 月 7 日。

早在《法律框架》出台之前就规定由 CBP 进行管理,并未在《法律框架》出台之后加以补充。反观台湾地区,则在《法律框架》出台之后明确规定由政府部门与检验、检疫等相关部门进行管理。至于政府间合作的具体形式,美国采纳了《法律框架》中的形式,即谅解备忘录,对此台湾地区并未作出规定。在单一窗口参与方争议解决机制方面,美国与台湾地区均未针对单一窗口的争端解决机制予以专门立法。

二、《法律框架》的性质

前文已述,《法律框架》的出台具有十分重要的意义,在探讨过《法律框架》的出台背景和影响力之后,接下来需探究《法律框架》是否具有法律效力。若不具有法律效力,其将沦为一纸空文;若具有法律效力,则值得国际社会遵守。

(一) 是否界定为国际软法

关于国际软法的定义,学者们持有不同的观点。施耐德(Francis Snyder)认为,软法是原则上没有法律约束力,但具有实际效果的行为规则;[18] 谢尔顿(D. Shelton)认为,条约之外包括标准、规范或者预期声明的国际文件;[19] 古兹曼(Andrew T. Guzman)认为,软法是并不存在中央权威加以创设、解释和强制执行的规则;[20] 中国学者罗豪才认为,软法是尽管效力结构不够完善且不需国家强制力予以保障,却能够产生实际效果的规范。[21] 由此可见,国内外对软法的定义存在争议,尚待商榷。尽管如此,沉淀各位学者的思想与见解,撷取共性,可推测软法与硬法具有以下共性和个性:

首先,两者在表现形式上均是规范性文件。其次,软法制定主体不具备

---

〔18〕 Francis Snyder, "Soft Law and Institutional Practice in the European Community", *The Construction of Europe*, Kluwer Academic Publishers, 1994, p. 198.

〔19〕 D. Shelton, *International Law and Relative Normativity in International Law*, M. D. Evans, 2003, p. 166.

〔20〕 Andrew T. Guzman, Timothy L. Meyer, "International Common Law: The Soft Law of International Tribunals", *Chicago Journal of International Law*, Vol. 9, 2009, p. 518.

〔21〕 罗豪才、宋功德:《认真对待软法——公域软法的一般理论及其中国实践》,载《中国法学》2006 年第 2 期。

实施软法规范的强制力。软法的制定主体通常为政府间国际组织、非政府间
国际组织等，此类制定主体不具备监督国际社会各成员应遵守软法的强制
力。硬法以国家为主要制定主体，国家暴力赋予硬法以法律强制力，保证其
最终实施。再次，软法不设权利义务。以建议性、示范性条文指导国际组织
成员之间的行为，不为其设立相应权利义务与法律责任。而硬法以权利义务
作为法律关系的内容。最后，软法不具有约束力但可能会产生约束作用。[22]
其约束作用基于各方的自觉或默认。反观硬法，具有约束力，以国家强制力
作为保障。综上所述，软法与硬法既有相似性又有差异性，正基于此，软法
弥补了硬法无法规范地带的空白。

由此及彼，《法律框架》可以被认定为国际软法的原因如下：首先，
《法律框架》是由 UN/CEFACT 制定的规范性文件，并以可见、规范文本形
式展现于社会各界；其次，《法律框架》的制定主体是联合国下属的政府间
国际组织 UN/CEFACT，一直以来以出台建议书、标准、技术规范等见长，该
组织并无实施强制性规范的意图；最后，《法律框架》内容仅是以建议性、指
南性规范行为，而非为各国赋予权利或履行义务，提出的建议并无约束力。

（二）与国际硬法——TFA 比较

前面述及，TFA[23]已对单一窗口作出专条规定，那么，这条规定是什么
呢？对单一窗口产生什么重要影响？兹下文分别说明之。

TFA 从贸易便利化的角度入手，在第 10 条第 4 款中专款规制了如下内
容：缔约方应设立单一窗口；主管机关不得要求重复提交单证，但例外情形
除外；缔约方将单一窗口运行程序细节通知委员会；在可行范围内，运用信
息技术支持平台运作。由此看来，其对单一窗口的规定较为概括，并未涉及
具体的实施标准，缺乏可操作性，但因其是在 WTO 主导下制定的国际条约，
属于国际硬法。反观《法律框架》，对单一窗口的指导较为细化，相当于
TFA 中单一窗口条款的"技术性"工具，因其国际软法的特征不对各国造成

〔22〕 何志鹏：《逆全球化潮流与国际软法的趋势》，载《武汉大学学报（哲学社会科学版）》
2017 年第 4 期。

〔23〕 WTO, Trade Facilitation Agreement, available at http://images.mofcom.gov.cn/sms/201510/
20151016171325893.pdf, last visited on 2019-3-1.

"逼迫性"的压力，各国基于自愿原则予以实践。综上可知，两者互为补充、彼此支撑。那么，基于国际硬法与软法的性质，探讨两者的共性与差异性是不可或缺的。

1. 两者均以规范性文件为表现形式

TFA 是 WTO 制定的多边贸易协定，其以确立行为模式、权利义务为表现形式，必然是规范性文件。前文已述，《法律框架》归于国际软法的范畴，其特征之一亦是规范性文件。由此看来，两者具有异曲同工之妙。

2. 两者实施意愿不同

前文述及，TFA 中单一窗口条款归为 A 类承诺，是具备强制约束力的承诺条款，履行义务是缔约方的责任。与此相反，《法律框架》是对各国建立单一窗口予以具体指导建议，并非为各国赋予权利义务或形成责任。换言之，《法律框架》中的建议指南不强加干预各国的选择，各国自愿遵循建议，若不遵守，无需承担任何责任。

3. 两者实施约束力不同

WTO 协定具备强有力的保障机制，一旦缔约方违反协定，其他缔约方可向 WTO 争端解决机制提起申请，另一方必须"应诉"，并承担相应的法律后果。与之相反，《法律框架》本身属性为国际软法，又基于"技术性组织"特性，各国自由选择参加，强度不足，即便违反《法律框架》中的内容，亦不能得到相应的惩治。

三、《法律框架》的启示及中国的对策

下文结合《法律框架》在数据安全与保护、企业与政府监管部门的关系和政府部门间合作关系以及参与方争议解决机制的启示，对比中国立法现状及存在的问题，探讨相应的对策。

（一）关于数据安全与保护的启示及中国对策

依据《法律框架》的内容，分别从数据安全与数据保护两方面阐析启示和对策。

1. 关于数据安全的启示和中国的对策

前面的文本考察表明，解决数据安全问题在于设立识别、认证和授权机

制，以明确数据处理者来承担责任。其中识别、认证机制需要依赖电子签名相关法律的规定。

（1）电子签名是识别机制的重要因素。有效的电子签名彰显了用户的身份。另外，电子签名互认尤为重要，尤其是在跨境贸易通过国际贸易单一窗口进行交易中，其涉及两国甚至多国，如若两国或多国间互相不承认电子签名的有效性，那么国家之间的单一窗口互不对接。

（2）标准的认证机构和实现统一身份认证的方式是认证机制的重要组成部分。为了鉴别用户身份的真实性，通过专业的认证机构签发认证证书是习惯做法。另外，采取交叉认证的方式进行统一身份认证，即在一定的范围内，应用系统或用户可以使用不同认证机构签发的认证证书，认证机构通过交换密钥，建立信赖关系，并以此为前提互相承认认证结果。这种方式能够减轻贸易商重复认证的负担，并且易于明确法律责任。[24]

（3）授权机制是单一窗口关于选择业务的权限授权。一般来说，有些权限级别较低，应用只需在开发时声明即可使用；而有些权限级别较高，需要用户亲自授权才可以。好处在于：一是获得批量客户，大幅度降低成本；二是高效审批，提高办事效率；三是整体把控风险。客户具有同质化的特点，单个客户经营情况的变化对于其他客户具有预警作用。[25]基于上述启示，中国存在以下问题：

首先，在识别方面。《中华人民共和国电子签名法》（以下简称《电子签名法》）第26条规定了主管机关根据相关协议或对等原则核准后，境外电子签名认证证书的法律效力与境内电子签名认证证书的法律效力等同。[26]其意义在于，对于不同司法管辖下的认证机构认证结果达成互认。然而，目

---

〔24〕 孙琳：《我国"单一窗口"建设中电子口岸身份认证体系研究》，载 http://www. chinaport. gov. cn/ztch/dzkafzyjzw/2742. htm，最后访问日期：2019 年 6 月 18 日。

〔25〕 经阳阳：《"一项目一方案一授权"制度的实践意义》，载 http://news. sina. com. cn/s/2018-08-29/doc-ihikcahf3392082. shtml，最后访问日期：2019 年 7 月 24 日。

〔26〕《中华人民共和国电子签名法》第 26 条规定：经国务院信息产业主管部门根据有关协议或者对等原则核准后，中华人民共和国境外的电子认证服务提供者在境外签发的电子签名认证证书与依照本法设立的电子认证服务提供者签发的电子签名认证证书具有同等的法律效力。

前中国尚未与其他国家达成任何协议以认可彼此的电子签名，如《中国—韩国 BITs》[27] 和《中国—澳大利亚 BITs》[28] 均使用"应努力"或"致力于"这种表述，以促成数字证书和电子签名的互认，这说明电子签名互认是一个循序渐进的过程，至少在目前尚未实现。基于此，建议中国积极通过谈判来推动这一目标的尽快实现。

其次，认证方面。一是标准的认证机构。《电子签名法》规定了认证机构应当符合一定条件并经国务院信息产业主管部门审查许可。二是认证方式。国务院办公厅于 2006 年发布的《国务院办公厅关于加强电子口岸建设的通知》（以下简称《通知》）[29] 和国务院口岸工作部际联席会议办公室于 2016 年印发的《国家口岸管理办公室关于国际贸易"单一窗口"建设的框架意见》（以下简称《框架意见》）[30] 虽提出"统一身份认证的目标"，但均未规定实现此目标的方式。不难发现，若要实现上述目标，最优的方法是采取交叉认证方式，也就是说，在中央电子口岸设立中央电子口岸认证机构，由工商、税务等六个部门共同进行身份审查，证书用户涵盖多个行业，具备全国服务能力。[31] 如果地方电子口岸已设立地方电子口岸认证机构，中央电子口岸认证机构可与其进行密钥交换，采取交叉认证。但鉴于《框架意见》是规范性文件，缺乏法律效力，强制力有限，若要保证交叉认证得到普遍适用，急需将其纳入规范性法律文件之中。建议制定"电子签名法实施细则"，将交叉认证方式纳入其中，以解决上述问题。

---

〔27〕《中国—韩国 BITs》，载 http://fta. mofcom. gov. cn/korea/annex/xdwb_13_cn. pdf，最后访问日期：2019 年 7 月 25 日。

〔28〕《中国—澳大利亚 BITs》，载 http://fta. mofcom. gov. cn/Australia/annex/xdwb_12_cn. pdf，最后访问日期：2019 年 7 月 25 日。

〔29〕《国务院办公厅关于加强电子口岸建设的通知》，载 http://www. pkulaw. cn/fulltext_form. aspx? Db = chl&Gid = 9f970691a4064184bdfb&keyword = 国务院办公厅关于加强电子口岸建设&EncodingName =&Search_ Mode = accurate&Search_ IsTitle = 0，最后访问日期：2019 年 5 月 31 日。

〔30〕《国家口岸管理办公室关于国际贸易"单一窗口"建设的框架意见》，载 http://zfxxgk. weihai. gov. cn/xxgk/jcms_files/jcms1/web44/site/art/2017/9/5/art_3468_221493. html，最后访问日期：2019 年 6 月 3 日。

〔31〕 孙琳：《我国"单一窗口"建设中电子口岸身份认证体系研究》，载 http://www. chinaport. gov. cn/ztch/dzkafzyjzw/2742. htm，最后访问日期：2019 年 6 月 18 日。

最后，授权方面。目前的授权机制的规定比较笼统，缺乏可操作性，仅在《框架意见》中提及数据应当授权使用，在确保数据安全的前提下，实现数据共享。与前述相似，囿于《框架意见》缺乏法律效力，建议将此项规定加入"电子签名法实施细则"之中。

2. 关于数据保护的启示和中国的对策

数据保护主要包括商业秘密与隐私和电子存档两个方面。首先，在商业秘密与隐私方面，《法律框架》建议从个人隐私保护、企业专业数据保护以及贸易秘密数据保护三方面完善立法。[32] 其次，在电子存档方面，《法律框架》提议健全电子存档的程序，建立"审计追踪"有效措施，[33] 通过追踪到数据删减、更改等一系列操作过程以及操作人员，以便追究后续数据被泄露、篡改等潜在问题发生的责任。其好处在于：一是全面保护，提高交易频率。二是开辟保护新路径，提高创新积极性。三是确保电子文档的真实性和权威性，同时为档案检索利用提供便利。四是发挥威慑作用。通过监控用户的行为，在一定程度上阻止潜在的破坏者对贸易安全的侵害。中国在这一领域存在以下问题，值得我们关注：

第一，对于商业秘密与隐私的保护。一是个人隐私保护。理论界对个人隐私的定义并未形成一致的意见。隐私被认为是一种"免受外界干扰的、独处的权利"，它的本质是对私人生活的自由决定权。[34] 目前，中国的隐私保护仍以间接保护为主。[35] 为了实现对个人隐私的全面保护，需要对《中华人民共和国民法总则》（以下简称《民法总则》）第110条作出司法解释，即从以下三个方面予以解释：对隐私侵犯的认定标准予以界定；发生隐私侵犯时如何进行法律保护；除提供法律保护外，个人还应享有投诉并获得援助的权利。[36] 此外，设立专门机制以实施法律，即建立专门的隐私保护机构和借

---

〔32〕 UN/CEFACT, Annex II of Establishing a Legal Framework for an International Trade Single Window, 2010, p. 8.

〔33〕 UN/CEFACT, Annex II of Establishing a Legal Framework for an International Trade Single Window, 2010, p. 10.

〔34〕 张玉玲：《政府数据开放中的个人隐私保护研究》，载《江南论坛》2019年第3期。

〔35〕 参见张玉玲：《政府数据开放中的个人隐私保护研究》，载《江南论坛》2019年第3期。

〔36〕 参见张玉玲：《政府数据开放中的个人隐私保护研究》，载《江南论坛》2019年第3期。

助社会第三方机构对个人隐私保护进行监督。前者是由政府部门设立的专门机构，负责登记数据处理者信息、接受因侵犯个人隐私的公众投诉、推广宣传个人隐私保护相关法律等；后者是独立设立的第三方机构，辅助政府管理和监督。[37] 二是企业专业数据保护。《中华人民共和国著作权法》（以下简称《著作权法》）关于数据汇编作品的规定限于为企业所形成的数据集合主张数据汇编作品著作权。[38] 这说明该条并不能保护所有的企业数据集合，仅能保护其中构成作品且符合独创性标准的部分，但独创性的判断标准具有不确定性和抽象性。[39] 此外，根据《中华人民共和国专利法》（以下简称《专利法》），申请专利的大数据须以"技术属性"为前提。另一方面，专利必备的新颖性、创造性和实用性要件，亦导致企业数据编排、选择和计算等，在专利保护方面存在障碍。[40] 综上所述，鉴于企业专业数据保护缺乏《著作权法》和《专利法》的保护，建议对这两部法律作出相应修订。三是贸易秘密数据保护。何谓贸易秘密？对此并无定论。可以比照商业秘密予以定义，两者的特征极为相似。《中华人民共和国反不正当竞争法》（以下简称《反不正当竞争法》）第 9 条确立了商业秘密保护制度。依据该条规定，商业秘密是指不为公众所知悉、具有商业价值并经权利人采取相应保密措施的技术信息、经营信息等商业信息。该条同时规定，经营者禁止实施四类行为侵犯商业秘密。[41] 在实践中，关于商业秘密的判断，形成了三要素说（有

---

〔37〕 参见张玉玲：《政府数据开放中的个人隐私保护研究》，载《江南论坛》2019 年第 3 期。

〔38〕 徐实：《企业数据保护的知识产权路径及其突破》，载《东方法学》2018 年第 5 期。

〔39〕 参见徐实：《企业数据保护的知识产权路径及其突破》，载《东方法学》2018 年第 5 期。

〔40〕 参见徐实：《企业数据保护的知识产权路径及其突破》，载《东方法学》2018 年第 5 期。

〔41〕 《反不正当竞争法》第 9 条规定：经营者不得实施下列侵犯商业秘密的行为：①以盗窃、贿赂、欺诈、胁迫、电子侵入或者其他不正当手段获取权利人的商业秘密；②披露、使用或者允许他人使用以前项手段获取的权利人的商业秘密；③违反保密义务或者违反权利人有关保守商业秘密的要求，披露、使用或者允许他人使用其所掌握的商业秘密；④教唆、引诱、帮助他人违反保密义务或者违反权利人有关保守商业秘密的要求，获取、披露、使用或者允许他人使用权利人的商业秘密。经营者以外的其他自然人、法人和非法人组织实施前款所列违法行为的，视为侵犯商业秘密。第三人明知或者应知商业秘密权利人的员工、前员工或者其他单位、个人实施本条第 1 款所列违法行为，仍获取、披露、使用或者允许他人使用该商业秘密的，视为侵犯商业秘密。本法所称的商业秘密，是指不为公众所知悉、具有商业价值并经权利人采取相应保密措施的技术信息、经营信息等商业信息。

价值性、新颖性和保密性)。企业自身收集的订单信息、进货信息、库存信息、客户名单、客户消费偏好等数据信息，是否纳入《反不正当竞争法》的商业秘密加以保护，关键就在于企业数据是否满足这三个要素。[42] 基于通过还原技术手段还原企业原始数据的行为并非《反不正当竞争法》所规定的禁止手段，且该原始数据并不具备商业秘密的新颖性要素，致使这些数据无法受到商业秘密的保护。[43] 由此看来，利用《反不正当竞争法》中商业秘密条款予以规制存在一定的局限性。对此，中国立法者可考虑修订《反不正当竞争法》加以解决，赋予贸易秘密数据等同于商业秘密的保护。

第二，电子存档和"审计追踪"。《电子签名法》第 6 条明确了文件保存的条件，但未提及归档的程序，在国家标准《电子文件归档与管理规范》中规定了电子归档的程序，但值得注意的是，这份文件仅仅是国家性标准，缺乏强制约束力。此外，现有立法尚未建立"审计追踪"有效机制。综上，可将电子存档的程序列入未来的"电子签名法实施细则"。此外，为了数据处理的每一环节均有迹可循，亦有必要将"审查追踪"机制纳入该实施细则。

(二)《法律框架》关于企业与政府监管部门的关系和政府部门间合作关系的启示及中国对策

依据《法律框架》的内容，分别从单一窗口法定权威和政府部门间合作的具体方式两方面来分析启示和对策。

1. 关于单一窗口法定权威的启示和中国对策

《法律框架》规定了应当通过法律明确单一窗口的法定权威。[44] 这一法定权威需要通过其运营主体加以实现，具体有以下三种类型：政府部门、私营企业、政府与私营企业合作。[45] 无论何种运行主体，其权利与职责均由法律法规明确规定。此外，在多方共同组织和运行单一窗口时，应当签订协

---

〔42〕 参见徐实：《企业数据保护的知识产权路径及其突破》，载《东方法学》2018 年第 5 期。

〔43〕 参见徐实：《企业数据保护的知识产权路径及其突破》，载《东方法学》2018 年第 5 期。

〔44〕 UN/CEFACT, Annex II of Establishing a Legal Framework for an International Trade Single Window, 2010, p. 6.

〔45〕 UN/CEFACT, Annex II of Establishing a Legal Framework for an International Trade Single Window, 2010, .p. 7.

议，明确各方的职责，此举有利于增强贸易商信任感和权责明晰。

中国目前仅在《框架意见》中提及打造全国一体化的单一窗口环境，尚未在法律层面确认单一窗口的运营主体。由于单一窗口建设起步较晚，仍处于探索阶段，并且各地区分批次建设单一窗口，各地区按照自身特点进行不同的运行模式安排，均以政府为主导负责运营，但均未明确单一窗口的运行主体。为了解决这一问题，建议修改《中华人民共和国对外贸易法》（以下简称《对外贸易法》），[46] 明确单一窗口的运营主体。

2. 关于政府间合作具体方式的启示和中国对策

为了明确哪些政府部门可以通过单一窗口获取信息或者向单一窗口提供信息，《法律框架》建议政府部门间采取签订谅解备忘录的形式达成合作，以明确彼此的权利义务与后续的责任。[47] 不仅避免了自身资源的浪费，而且降低了同类信息重复出现的频率。

2015 年 2 月，国务院印发了《落实"三互"推进大通关建设改革方案》（以下简称《改革方案》）[48]，提出在 2018—2020 年实现跨部门协作机制和共享信息。但如何进行协作，《改革方案》并未具体阐明。另外，《改革方案》系规范性文件，法律约束力较弱。鉴于此，参照《法律框架》签订谅解备忘录的协作建议，约定政府部门彼此的权利义务是十分必要的。

（三）《法律框架》关于单一窗口参与方争议解决机制的启示及中国对策

在单一窗口的运行过程中，争议解决方式的选择尤为重要。由于司法诉讼方式诉讼周期较长、成本较高、专业性较强等诸多限制，《法律框架》建议采用替代性争议解决机制[49]（Alternative Dispute Resolution，简称 ADR[50]）。

---

〔46〕 王慧敏：《美国单一窗口建设及其启示》，载《中国商论》2018 年第 30 期。

〔47〕 UN/CEFACT, Annex II of Establishing a Legal Framework for an International Trade Single Window, 2010, p. 9.

〔48〕 《落实"三互"推进大通关建设改革方案》，载 http://www.gov.cn/zhengce/content/2015 - 02/03/content_9448.htm，最后访问日期：2019 年 5 月 17 日。

〔49〕 UN/CEFACT, Annex II of Establishing a Legal Framework for an International Trade Single Window, 2010, p. 10.

〔50〕 ADR 是指当事人之间约定的通过除诉讼之外的方法解决争议的各种方式的总称，包括仲裁、调解等。

这一优势在于：可适当缓解司法诉讼的压力，同时可以促使双方当事人充分发挥主观能动性，在互让互谅的基础上选择一种满意的解决纠纷方式，既能最大限度地实现实体正义又能实现程序正义，进而实现利益最大化。

近年来，中国在推行 ADR 方面取得了较大进展。在 ADR 与诉讼的关系方面，主要的改革趋势是实现诉调对接和诉仲对接。前者通过直接承认调解机构作出的调解协议或将其转换为判决书的方式予以实现，后者是指直接执行仲裁案件的证据保全和财产保全申请以及仲裁裁决。基于此，可以借鉴上海银行业纠纷调解中心与上海市一中院针对银行业纠纷的诉调对接协议，建议成立"国际贸易单一窗口调解中心"，与各地法院签署诉调对接协议。作为全球最有影响力的国际商事仲裁机构——中国国际经济贸易仲裁委员会（China International Economic and Trade Arbitration Commission，简称 CIETAC）在解决国际贸易单一窗口争议方面具有得天独厚的优势，与各地分会一起在实现诉仲对接方面可以发挥日益重要的作用。

四、结语

尽管《法律框架》是一部建设性软法，但关于数据的安全与保护、企业与政府监管部门的关系和政府部门间合作关系，以及单一窗口参与方争议解决机制三方面的内容，对于 WCO、WTO 等国际法文件起到了拾遗补缺的作用，与国际硬法——TFA 相辅相成。中国作为 UN/CEFACT 重要成员国，根据《法律框架》调整相应的立法顺理成章：其一，推进国家间签订双边及多边协定，实现互相承认电子签名效力的目标。其二，制定"电子签名法实施细则"，接受各类电子服务认证机构间交叉认证的方式和引入授权机制。其三，审时度势地针对《民法总则》第 110 条作出司法解释，界定隐私侵犯的认定标准、如何进行法律保护以及赋予个人享有投诉并获得援助的权利。其四，鉴于企业专业数据保护面临《著作权法》和《专利法》保护的障碍，建议对这两部法律作出相应修订。其五，建议修订《反不正当竞争法》，考虑到原始数据并不具备商业秘密之新颖性这一特征，应当赋予贸易秘密数据等同于商业秘密的保护。其六，建议制定"电子签名法实施细则"，纳入电子存档程序和"审计追踪"两项机制。其七，基于单一窗口的法定权威通过运营主体加以明确，建议修改《对外贸易法》，以确定单一窗口的运营主体。此外，参照《法律框架》的建议，通过签署谅解备忘录的形式解决政府之间的合作问题。最后，广泛推行替代性争议解决机制：一方面，成立"国际贸易单一窗口调解中心"，与各地法院签署诉调对接协议；另一方面，推进 CI-ETAC 与各地法院更加紧密的诉仲对接。

"安全之幕"下的例外状态治理

——特朗普政府 232 措施的意图及合法性 *

陈若鸿 **

一、近期美国经贸政策话语的"泛安全化"现象

特朗普上台后,"国家安全"频繁出现在美国对外经贸政策话语中,突出表现在以下三方面:首先,2017 年《国家安全战略报告》高调凸显重振国内经济、增进自由公平及互惠的经济关系等议题,这些议题被归并在"繁荣"主题下,列为国家安全四大支柱之一。报告中"安全"(security)出现117 次,"经济"(economic)出现 115 次,二者出现频率在历年报告中最为接近,突出了经济与安全的关联性。[1] 其次,在国际贸易领域,美国先是动用许久未用的 1962 年《贸易扩展法》第 232 节对进口钢铝产品展开了国家安全调查(以下简称"232 措施"),并以此为由对进口钢铝产品全面加征高额关税,钢铁税率 25%,铝税率 10%。之后不久,美国又以同样理由对进口汽车启动国家安全调查并威胁加征 25%的关税,不惜惹恼欧盟、日本等盟友。最后,在投资领域,仅 2018 年第一季度就以国家安全为由否决了五起中资企业赴美并购,虽然这些案件的涉案金额远远算不上引人注目,所涉及的行业也与传统国家安全的敏感行业相距甚远。2018 年,国会又以较快的速度通过了《外国投资风险评估现代化法案》(Foreign Investment Risk Review

---

  * 本文系北京市社科基金项目(18FXB006)、北京外国语大学基本科研业务费项目研究成果。

  ** 北京外国语大学国际商学院副教授。

〔1〕 王秋怡:《特朗普政府〈美国国家安全战略〉报告评析》,载《国际论坛》2018 年第 3 期。

Modernization Act），强化以国家安全为由对入美外资进行审查。一时间，国际经贸领域许多问题似乎都与美国的国家安全挂上了钩，美经贸政策领域呈现"泛安全化"现象。

那么，美国经贸领域诸多"安全化"现象出现的原因是什么？该如何看待这些现象？各国应如何应对？本文拟以美232措施为切入点对这些问题展开分析。

特朗普政府对进口钢铝及汽车进行的232国家安全调查及结论令国内外讶异，各界对此批评如潮。正如彼得森国际经济研究所（Institute for International Economics）指出的，美国98%的进口汽车都源自盟友国家，特朗普政府居然在这种情况下认定进口汽车损害了美国国家安全，显然是在滥用国家安全制度，其本质是欲对进口征税。就钢铁行业来看，特朗普上台后，美国钢铁业整体产能利用率在72%左右，进口的主要来源地也是盟友国家或地区，无论从哪个角度来看钢铁业的进口现状都远未达到威胁国内行业的程度，更遑论威胁国家安全。正因如此，美国国际钢铁协会对232钢铁措施严重不满，甚至针对政府此项措施提起了违宪之诉。在国际层面，贸易伙伴国也纷纷抨击美232调查结论及征税决定是借国家安全之名行贸易保护之实，为此，各国除将其提交WTO货物贸易理事会讨论外，更有多国将此措施诉至WTO。[2]

值得注意的是，虽然美国232措施是顶着"国家安全"之名出台的，贸易伙伴国在诉至WTO时却没有沿着"国家安全"的路径展开批驳，目前起诉的九个国家或地区主要都是以美国违反了《保障措施协定》为由提出相关主张。各国援引GATT1994第XIX条（对某些产品进口的紧急措施）和WTO《保障措施协定》的程序和实体义务条款，指责美232措施实为保障措施且违反了保障措施协定。这一互动过程具有相当丰富的意涵，应该说，各国纷纷回避沿着安全问题的路径来直接驳斥美232措施有其合理和务实的一面，主要是在WTO的多事之秋避开GATT安全例外条款和自决权问题给本案带来的极大不确定性，以确保WTO争端解决机构能够在WTO框架内对美措施进行裁判。笔者认为，这一现实博弈的选择并不意味着对美232措施

---

〔2〕 截至2018年8月15日，已有中国、俄罗斯等九个国家或地区将美国232措施诉至WTO。

进行"安全"方面的理论探讨没有意义。事实上，深入剖析美232措施下的"国家安全"话语，揭示其与GATT1994第XXI条安全例外条款中的"安全"概念的实质性差异，尤其是揭示出美国如何通过这套安全话语来形塑现实秩序，仍十分必要。笔者认为，这一探讨具有以下三方面意义：

第一，通过比较美232措施下的国家安全和GATT1994 XXI条下的"基本安全利益"，可以厘清美国的做法是否背离了国际社会的共同规约，又在多大程度上背离了多边贸易体制。如果不能厘清这个问题，WTO规则的例外条款的边界将缺乏清晰界定，这会为美国不依理性和协商而任意决断留下可乘之机，甚至导致任意背离WTO规则的行为正当化。考虑到特朗普上台后美国政府在国际经贸领域的"泛安全化"倾向，对"安全"概念的正本清源对于防止贸易保护主义十分必要。

第二，笔者认为，法律语言都有其权力或目的指向。特朗普政府在国际经贸领域的国家安全威胁话语，其本质意图，一方面是在国际层面悬置国际法，在"安全之幕"下推动特朗普式的"美国优先"国际贸易秩序；另一方面是在国内层面辅佐美国"再工业化"战略，通过建构"国家安全威胁"来强化行政机构的权力，推动特朗普式的国内治理。理解这套话语如何发挥形塑现实秩序的作用，对于清醒地面对美国的国家安全威胁论十分必要。

第三，虽然多国在WTO是以违反《保障措施协定》为由起诉美232措施，但目前并不能排除232措施合法性的讨论重回安全轨道的可能。有分析人士结合近期WTO保障措施DS490、DS496等案件的裁决精神指出，中欧等国对美232措施的保障措施指控仍存在不被WTO争端解决机构接受，进而使问题重回安全轨道的可能性，原因是"根据争端解决机构在DS490、DS496等案件中的裁决精神，美国232措施被认定为保障措施的难度似乎较大"。[3]

---

〔3〕 具体说来，争端解决机构在DS490、DS496等案件中明确，应通过以下几方面来判断一项措施是否构成保障措施：①成员国国内法中该措施的特征；②导致采取该措施的国内法程序；③任何向WTO保障措施委员会所作的相关通报。保障措施的特征则是"被设计用于阻止或救济国内产业所遭受的'严重损害'"，"即对国内产业状况的重大全面减损"，而美国232措施的分析关注的是进口是否"削弱国内经济"，因此美232措施能否被认定为保障措施仍有不确定性。参见管健：《再评美国232措施的WTO合规性》，载国际贸易法评论公众号，最后访问日期：2018年8月23日。

更进一步，根据相关裁决精神，即使美 232 措施被认定为具备保障措施的两个法律要素，美国仍然可以依据第 11.1（c）条主张其采取的 232 措施是根据除第 XIX 条外的 GATT1994 其他条款，比如 GATT1994 第 XXI 条（安全例外），从而排除《保障措施协定》的适用。"因此，专家组在未来的案件审理中似乎将不可避免地对美国 232 措施是否符合 GATT1994 第 XXI 条（安全例外）进行讨论。"〔4〕

出于以上原因，本文将沿着"安全"话语的路径对美 232 措施展开分析。在第二部分，文章指出"国家安全"话语是对现实的映射，有必要在美国身处的具体国际政治经济结构中去把握其心态与认知，看清特朗普政府借"安全之幕"悬置 WTO 规则重塑"美国优先"的贸易秩序的意图。在第三部分，文章将对特朗普政府几起 232 措施的 WTO 合法性进行分析，指出 232 措施中的"国家安全"与 GATT1994 第 XXI 条项下的"基本安全利益"之间的概念距离，并结合 WTO 第一个安全例外条款的专家组报告（DS512）的分析框架对美 232 措施进行合法性分析。

二、特朗普政府的 232 "国家安全"调查：意图与选择

（一）一反常态的 232 "国家安全"调查

232 措施的法律基础是美国 1962 年《贸易扩展法》（修订版）第 232 节（《美国法典》第 19 卷第 1862 节，以下简称"第 232 节"），该节授权政府对进口产品对美国国家安全可能产生的影响展开调查并采取应对措施。特朗普上台一年多的时间里，美国商务部便根据第 232 节展开了三起针对进口产品的国家安全调查，分别涉及进口钢铁、铝及汽车。2018 年 2 月，美商务部公布了对美国进口钢铁和铝产品的 232 调查报告，认定进口钢铝产品严重损害了国内产业，威胁到国家安全，据此建议对进口钢铁和铝产品实施关税、配额等进口限制措施。一个月之后特朗普发布总统文告决定对除加拿大以及墨西哥以外的全球进口钢铁和铝产品分别加征 25% 以及 10% 的进口关税。

---

〔4〕 参见管健：《再评美国 232 措施的 WTO 合规性》，载国际贸易法评论公众号，最后访问日期：2018 年 8 月 23 日。

2018 年 5 月 23 日，商务部部长又依职权自主发起对进口汽车的 232 调查，以确定进口到美国的 SUV、厢式货车、轻型卡车和汽车零部件等汽车是否构成国家安全威胁。根据该项调查的结果，美威胁对进口汽车加征 25% 的关税。

如前所述，美动用许久未用的 232 条款，将钢铝等基础材料以及汽车等民用物品与国家安全威胁相关联的做法令国际社会十分讶异。这一做法背离了 WTO 各成员在安全例外问题上一贯以来的审慎和善意。在 WTO，虽然存在 GATT1994 第 XXI 条 "安全例外" 条款，各国可以基于基本安全利益采取违反 WTO 基本原则的做法，但该条款被视为 "君子协定"，在实践中成员方一直避免援用该条款，避免贸易纠纷升级到安全问题，避免贸易问题政治化。特朗普政府连续三起 232 措施无疑打破了维持多年的君子协定。

另一方面，特朗普政府的 232 措施甚至背离了美国历史上的常见做法。美国历史上的 232 调查具有以下几个特点：①基于 232 条款采取进口限制措施的案件从未超越石油类案件的范围。自 1962 年《贸易扩展法》实施后到特朗普 2017 年上台之前，美国政府共发起过 26 项 232 调查，主要发生在冷战时期，涉及的进口产品主要是石油及制造业（涉及原材料、制成品及零部件）。最终总统认定对国家安全构成威胁并决定采取限制性措施的仅有七起，全部是石油类案件。②自 1995 年 WTO 成立以来，美国政府仅发起过两次 232 调查，分别是在 1999 年与 2001 年，最终均未采取任何进口调整措施。如今，在距离上一次调查 16 年之后，特朗普政府在一年多的时间里连续发起钢、铝及汽车的 232 调查，并迅速决定对除加拿大、墨西哥之外的进口钢铁和铝产品全面征收进口关税，其涉及国家及产品范围之广，进口惩罚措施之重，作出决定之快，在 232 调查历史上是罕见的。钢铝和汽车并不是典型的国防用品，至多可以算作军民两用物资，且进口远未达到严重冲击美国产业的地步，例如 2017 年进口钢材只占美国国内消费量的 30%，国防需求仅占全部需求的 3%。[5] 在这种情况下，商务部仍认定钢铁进口的数量和相关情况 "削弱了美国内部经济"，威胁到第 232 节规定的国家安全，这一做法

---

〔5〕 U. S. Department of Commerce Bureau of Industry and Security Office of Technology Evaluation, The Effect of Imports of Steel on the National Security, 2018-1-11.

不仅引发贸易伙伴国普遍不满和贸易保护主义的指责，还在国内引发了 232 违宪之诉。那么，为什么特朗普政府会动用这一令人讶异的手段？其意图是什么？232 措施究竟可以如何有助于特朗普的国际国内政策目标？

（二）特朗普政府 232 "国家安全"调查的国际国内背景

在一定意义上，话语是对现实的回应。因此，有必要结合具体的国际国内环境去理解特朗普政府经贸领域安全话语的建构及其逻辑。

在国际层面，美国面临着霸权相对衰退的局面。2008 年肇始于美国的金融危机重创了美国金融与实体经济，导致美国陷入全面经济衰退，步履维艰。金融危机之后，美国无论对国内经济难题还是对国际经济困境都未能拿出实质性的解决方案，其经济发展态势与中国形成强烈反差，这一点触动了美国有关权力转移的敏感神经。今天的美国既没有足够的能力也没有强烈的意愿像过去那样为国际社会提供足够的公共产品，导致其在多边机制中的影响力和自信心大不如前。美国国家情报委员会甚至认为美国的超强优势正相对衰落，并将在 20～40 年内最终丧失。[6] 对于美国这样的霸权国家来说，最"揪心"的问题莫过于其霸权地位的衰落以及"他者"崛起对其霸权构成的挑战。在总统特朗普看来，他接手的美国不再是一个伟大国家，世界其他大国也不再尊重美国。[7]

在国内层面，20 世纪，经过新经济和"去工业化"的战略调整，美国新经济比重大幅上升，超过了钢铁和汽车。经济结构调整之后，美国从过去极具生产优势的制造业大国转型为以科技为基础、结合金融优势的新型资本发展模式。制造业部门在整个美国国民经济中的地位不断下降。在跨国企业蓬勃发展的背景下，传统制造业开始向外转移，制造业就业人口不断减少，占 GDP 比重也从 1980 年的 20.16% 下降至 2012 年的 12.05%，美国经济呈现出非常明显的去工业化特征。"去工业化"是一把双刃剑，在巩固美国高端优势产业的同时也埋下了不利的隐患——美国虽然控制了利润最丰厚的部分，却造成国内产

---

〔6〕 National Intelligence Council, Mapping the Global Future, Report of the National Intelligence Council's 2020 Project, Washington, D. C: GPO, 2004, p. 63.

〔7〕 陈积敏：《新版〈美国国家安全战略报告〉评析》，载《国际研究参考》2018 年第 4 期。

业"空心化"：一方面，虚拟经济的泡沫不断扩大；另一方面，缺少实体经济支撑，结果泡沫破灭并导致了金融危机。奥巴马政府对去工业化进行了反思，并力推"再工业化"战略，但受制于经济规律，其效果并不十分明显。

产业分工全球布局及"去工业化"带来了美国社会结构的变化，在美国内部形成了"第一世界中的第三世界"，即那些在新一轮全球化中被远远甩开的社会底层，包括中西部锈带的失业工人阶级、底特律深受种族冲突冲击和经济衰退之苦的白人城市贫民、被北方自由主义城市深深歧视的南方农民，等等。经济地位的巨大落差和政治组织力的陡然真空必然带来深刻的失落、危机和恐惧，民粹主义泛起。这正是未曾有过从政经验的特朗普被选为总统的重要社会背景。特朗普的主要支持者来自边缘化的劳动者和愤懑的中产阶级，他们是美国经济衰退的最大受害者，迫切希望改变现状，特朗普也正是抓住了这部分社会需要才得以上台，他给选民的承诺是让美国再次伟大。

此外，特朗普上台后还面对着复杂的国内治理局面：一方面，社会矛盾不断累积，身份政治的兴起使美国社会陷入相互对立与怨恨，造成社会撕裂；[8]另一方面，两党之争、府会之争也使政府一度陷入停摆窘境。

特朗普是在一片质疑的眼光中上台的。上台后，他迫切需要找到合适的执政工具，在较短时间内特别是赶在中期选举之前对内避开复杂的政治羁绊、凝聚国内力量、继续推动再工业化、促使资本回流重振美国经济；对外抛开其认为已变得对自己不利的多边贸易秩序的约束，打造特朗普式的"美国优先"贸易秩序。在这种局面下，"国家安全"为其提供了抓手。国家安全威胁论被推上前台是由于它能够很好地契合特朗普的政治需要——一方面借着WTO的"安全例外"条款，在"安全之幕"掩护下直接悬置WTO的关税约束，对进口产品加征关税，从而达到干预全球产业链，推动资本和制造业回流的目的；另一方面，通过建构一个外部的国家安全威胁，将内部成员的攻击冲动指向外部群体，[9]减少群体内成员之间的敌意行为，强化行政

---

〔8〕 郦菁：《美国保守主义的社会基础和特朗普政权的未来》，载《文化纵横》2016年第6期。

〔9〕 薛晨：《社会心理、错误知觉与美国安全观的转变及实践——以九一一事件和伊拉克战争为例》，载《世界经济与政治》2006年第12期。

机构在复杂国内治理环境下的权力。

(三)"安全之幕"背后特朗普政府的国际国内目标

1. 经济层面：通过高关税推动资本回流，辅佐美国再工业化战略

对特朗普而言，再工业化对于重振美国经济，实现"让美国再次伟大"的目标十分重要。再工业化战略源自金融危机之后美国对20世纪"去工业化"转型的深刻反思。奥巴马政府提出再工业化，欲重振美国制造业，提升美国经济实力。然而虽然有政府力推，再工业化战略终因受制于经济规律而效果不彰。特朗普上台后，虽然在很多政策上都和奥巴马唱反调，但在再工业化战略这一问题上却是一致的。特朗普提出，"美国制造不只是一个口号，更是一种生活方式"（"Made in America" Not Just a Slogan, It's a Way of Life）。为此，特朗普政府通过对内减税对外加税的方法形成组合拳，敦促资本回流，一方面继续国内再工业化进程，另一方面减少贸易赤字。在232措施下对进口产品加征高额关税，其意图是加重进口产品成本以及增加向美国出口的不确定性，迫使产业链进行重新调整，促使那些关注美国市场的资本回流，以重振美国制造业，振兴经济。正如其钢铁232报告提到的，通过此类措施可以"帮助美国国内钢铁业恢复闲置设备的运行，让关闭的钢厂恢复生产，通过雇用新钢铁工人保护必要的技术，增加钢产量"。

然而，再工业化战略并不能解释特朗普政府的全部。虽然特朗普和奥巴马都力推再工业化战略，但在手法上却有着非常重要的区别。奥巴马仍然是在法律的框架内去推动其各项举措，他在贸易措施上一方面密集动用反倾销反补贴等措施对进口产品进行限制，另一方面通过TPP、TTIP谈判来打造WTO PLUS的新贸易规则。相比而言，特朗普在诸多可选项中选择了232措施这种"核强度的贸易保护主义"，[10] 其本质是借GATT1994第XXI条安全例外条款，在"安全之幕"掩盖下悬置WTO规则，以最直接有效的关税壁垒去构建对美国经济振兴有利的经贸秩序。应该说，与其他措施相比，232这种"国家安全措施"在最大程度上契合了特朗普作为政治人物的独特个性和他在处理国际关系时的执政需要。

---

〔10〕 荣民：《美国"232调查"背后有玄机》，载《中国贸易报》2017年7月4日，第1版。

作为总统，特朗普有两个鲜明的特色：首先他不是传统意义上的政客，在当选总统之前没有执政经验；从个性层面来看，他性格不羁，历来对各种传统政治规范要么置之不理要么进行各种挑战。[11] 这两方面共同作用，意味着在特朗普那里，抛开 WTO 成员一贯的善意、动用 WTO 的安全例外服务于自身利益并不存在太多心理障碍。

从保护国内产业的角度来看，特朗普其实有一系列可选择的替代措施，如反倾销和反补贴措施、保障措施等。动用这些替代措施所引发的争议应该比 232 安全措施小很多，然而在特朗普政府那里，其他经贸手段具有各自的局限性：首先，在中期选举的时间压力下，特朗普迫切需要能产生立竿见影经济效果的措施。奥巴马政府两个任期内的再工业化战略均效果不彰，在特朗普眼里这种传统做法恐怕不足为取。其次，以保障措施为例，虽然该措施属于 WTO 授予成员国的"安全阀"，可以在国内产业受到严重冲击时用以自我保护，但《保障措施协定》在启动条件、因果关系分析、措施强度及适用期限等都规定了严格的纪律。美国 2002 年曾发起对进口钢材的保障措施，结果被 WTO 上诉机构裁定为不符合 WTO 协定并被终止。最后，在美国眼中，反倾销反补贴之类的措施亦是十分不便。美商务部长罗斯（Wilbur Ross）在 VOA 采访中也提到了将双反调查弃置不用的原因："这些年来，我们发起了很多涉及钢铁的贸易诉讼。我们事实上对不同国家发起过一百多起反倾销或反补贴关税的诉讼……共发起了 104 起，针对 34 个国家的产品。所以这是个十分普遍的问题……（然而）这些措施必须遵守世贸组织规则，中国最近做得更多的是，他们说要精确到产品，在一起诉讼案中，甚至说要在 0.2 毫米内，他们还说要精确到国家。这就让他们较为容易规避惩罚，因为你可以改变一点尺寸，生产上加工一下。或者不管有没有进一步加工，还可以通过其他国家转运。所以关税的问题是，虽然限制了行为，但是并没有真正解决整体上的问题，因为这个问题开始通过其他国家冒出来。"[12] 可见，

---

〔11〕 尹继武、郑建君、李宏洲：《特朗普的政治人格特质及其政策偏好分析》，载《现代国际关系》2017 年第 2 期。

〔12〕 尹继武、郑建君、李宏洲：《特朗普的政治人格特质及其政策偏好分析》，载《现代国际关系》2017 年第 2 期。

对于特朗普政府的目标而言，动用传统的双反手段意味着要受到 WTO 规则的各种约束，掣肘太多，制约了目标的实现。

相比而言，232 措施最大的特点是在"国家安全"名义下对进口设限。国家安全属于政治敏感议题，为此，GATT1994 第 XXI 条安全例外条款在表述上比其他条款如 GATT1994 第 XX 条更为含蓄和原则，成为 GATT/WTO 内"最为宽泛、争议性最强的例外条款"。[13] 该条款的模糊措辞导致了不同的解释方案，现实主义政治学派多主张国家主权至上，排斥 WTO 对国家安全例外条款的司法权。因此，WTO 争端解决机构是否有权审查此类纠纷、应如何裁决国家安全措施导致的贸易纠纷等问题均无明确答案，现实中各国遵循善意原则，尽量避免贸易纠纷升级。在美国的理解中，使用 232 "国家安全"措施来对进口设限是不应受到 WTO 的审查的。美商务部长罗斯在 2018 年 3 月接受 VOA 记者采访谈到钢铝关税问题时就清晰地传递了美国的这一"愿望"——"如果世贸组织告诉我们的总统什么符合我们的国家安全利益，在美国会非常不受欢迎。"而在被问及为何采取 232 措施时，罗斯的回答却与国家安全没有关系，"我们的贸易逆差有两个根本来源：一个是地理性的，那就是中国；另一个是产品，那就是汽车。所以，如果我们要想以有意义的方式减少我们的整体贸易逆差的话，我们必须解决中国问题和汽车问题。"[14] 可见，解决贸易逆差问题是美国关心的重点，而打国家安全牌，是因为可以抛开 WTO 纪律的约束。在操作上，美国 232 措施的法律基础条文（主要是美国《贸易扩展法》第 232 节）措辞十分含混，第 232 节第（b）（3）（A）条规定，商务部部长对"进口产品在一定的数量或一定情况下对国家安全的影响进行报告并就相关发现提出建议"。该条款未对"国家安全"进行定义，既未规定进口产品足以威胁国家安全的"一定数量"的阈值，也没有定义何为"一定情况"。此外，该条并不要求进口产品正在损害国家安全，对国家安全的影响无需是现实的或迫近的，只要有损害国家安全

---

〔13〕 Lindsay, Peter, "Note: The Ambiguity of GATT Article XXI: Subtle Success or Rampant Failure", *Duke Law Journal* 52 （2003）, pp. 1277-1313.

〔14〕 《美商务部长谈美中贸易战》，载 https://xw.qq.com/cmsid/20180324A0D0OV/20180324A0D0OV00，最后访问日期：2018 年 3 月 23 日。

的威胁就可以得出肯定性裁决。232 条款将预防逻辑与含混措辞结合起来，意味着美国国家安全是否受到威胁、关税提高到多少才能应对进口产品的威胁、国内产能需要恢复到多少才能够消除国家安全威胁，这些关键问题均可由政府任意决断。232 条款下，政府采取进口限制行动如入无人之境，可任意决断，且难以受到其他权力机构的制约。

2. 国际政治层面：通过宣告例外状态悬置 WTO 法，推动特朗普式的"美国优先"贸易秩序

232 措施发生的另一个重要背景是美国对 WTO 的满腹怨气。WTO 是美国一手推动建立的多边贸易体系，历史上美国通过打造 WTO 这套体系获得了一系列收益，包括信用收益，即美国通过多边规则的自我约束建立起领导者的信用基础；国家安全收益，即美国在二战后通过多边贸易规则体系帮助其盟国恢复经济，防止其受国内外共产主义影响，以及在冷战之后通过经济相互依存为美提供国家安全保障；此外还有动态贸易收益和国内政治收益等。然而在WTO 成立二十多年后，随着利益格局的变化，美国对 WTO 早已十分不满——近年来美国影响力下降，伴随着来自欧盟、日本等昔日盟友的竞争以及新兴经济体的不从，这套美国自己主导的贸易体系难以再为其谋取贸易利益，反而影响了国内政治平衡。WTO 由此成了替罪羊，美国开始批评多边贸易体系的合法性，不愿再为其背书。2016 年大选前，美国已经赤裸裸地因输了案子而对上诉机构韩籍大法官的连任横加阻挠，到了特朗普这里，他对 WTO 的批评更是直言不讳、登峰造极，在竞选时就曾公开表示"WTO 完全是场灾难",[15] 批评WTO "对待美国非常不好"（treats the U. S. very badly）。[16] 特朗普上任后，美国搁置 WTO 争端解决机构中上诉机构法官的选任，使这颗 WTO "皇冠上的明珠"几近瘫痪。2018 年，白宫被传起草《美国公平互惠关税法案》，该法案所提倡的互惠原则和关税方案实质上相当于宣告美国从 WTO 退群。美国

---

〔15〕 Chris Isidore, White House lauded US record with WTO, which Trump now calls a "disaster", available at https://money.cnn.com/2018/03/02/news/economy/trump-wto-white-house-economic-report/index.html, last visited on 2018-3-23.

〔16〕《特朗普：WTO 对待美国非常差尽管美国的申诉屡屡获胜》，载 http://finance.sina.com.cn/stock/usstock/c/2018-07-03/doc-ihevauxi2845721.shtml, 最后访问日期：2018 年 3 月 23 日。

政府，尤其是特朗普政府对 WTO 的怨气可见一斑。

众所周知，GATT1994 第 XXI 条是安全例外条款，成员方据此享有相当程度的自决权。施密特（Carl Schmitt）有一著名定义——"主权者就是决断例外状态之人"，揭示的就是这样一个现象：主权者通过宣告例外状态悬置整个宪法规范，进而得以不受法律限制地采取重建秩序的任何必要措施。特朗普屡屡在国际经贸中声称国家安全受到威胁，其意图十分明显，就是要利用安全例外来悬置既有国际贸易秩序。

WTO 毕竟是美国一手建立起来的多边体系，在美国历史上，像特朗普这样毫无顾忌地直接以 GATT1994 第 XXI 条为由全面抛开多边规则主张美国例外的情形并不多见。但在反恐领域以及针对个别国家的经贸问题上，"美国特殊""美国例外"的民族主义色彩一直十分强烈，美国通过例外条款和紧急状态来悬置国际法已成常态。

反恐领域，自 2001 年 9 月 14 日美国总统宣布进入例外状态之后，美国以反恐之名制定了《爱国者法案》（USA Patriot Act），对外悬置国际法，对内宣告永久的例外状态，悬置许多《美国宪法》中保障基本人权的法律。之后，美国进一步通过阿富汗与伊拉克战争延续这种例外状态。阿甘本（Giorgio Agamben）在他的名著《例外状态》（Stato di Eccezione）中一针见血地指出，在例外状态下，关塔那摩监狱中被关押的囚犯既不具有《关于战俘待遇之日内瓦公约》中的战俘地位，也不具有美国法之下的被控犯罪人的地位。他们仅仅是"关押犯"，被完全从法律的视野中抹去。在这里，主权者不仅不受法律约束，还让自身成了一部"活的法律"。[17] 战争与例外状态的结合不仅在空间上突破了民族国家的疆界，在内容上也逐渐从军事领域蔓延到社会其他领域。更值得警惕的是，战争的性格从被动防卫转向主动预防，原先针对特殊事件的例外措施变成预防性的一般准则，例外状态成为常规，变成政府治理的惯用范式。

在经贸领域，根据 1977 年生效的《国际紧急经济权力法案》（IEEPA），

---

〔17〕 刘颜玲：《"例外状态"发展简史——兼论阿甘本例外状态的常规化进程》，载《湖南社会科学》2012 年第 3 期。

当美国遭遇到对国家安全、外交政策和经济的非寻常的来自外部的强烈威胁时，总统有权宣布美国进入紧急状态，并以阻止交易、冻结资产或没收相关国家或个人在美资产等制裁方式予以应对。该法案给予美国总统的授权较为广泛，既可以是全面的干预，也可以是重点的打击，可以干预、许可或调查任何与国家安全相关的外汇交易、银行支付、证券买卖，以及进出口、投资等各项活动，禁止或限制美国公民或企业与相关国家开展经贸活动。截至目前，美国政府以 IEEPA 为由采取的制裁仍然有效的还有 27 项，涉及俄罗斯、布隆迪、南苏丹、委内瑞拉等 18 个国家，以及中东、西巴尔干等地区，还有 6 项为全球范围。由此可见，"国际紧急状态"已经逐渐失去了其名称所代表的真正含义，逐渐变成了美国政府单方面对外施加影响的工具，所谓的国际紧急状态成了常态。[18]

透过以上历史我们便不难理解，虽然 WTO 是美国亲手打造的多边规则体系，但当美国认为自己不再能从中获得好处时，其实用主义哲学势必引向通过主张美国例外来悬置 WTO 规则。这正是特朗普政府一反常态地动用 232 调查的原因：一方面，232 的预防式安全逻辑意味着美国政府可以以未来不确定性为基础来形塑现在，在这种不可能否认或知晓的"国家安全被威胁"的假设性情境中，任何情况都可以认为是例外的，政府可以在"安全之幕"下任意悬置现有的多边经贸秩序，将美国政府的各种进口干预措施合法化；另一方面，沿着这一路径，特朗普政府还可以沿用反恐领域的做法，使经贸领域的例外状态成为一种常规，使主权者不受法律约束，并让自身成为活的法律，在国际经贸中实现施密特所说的"主权专政"（sovereign dictatorship），不仅悬置现行法律，还要运用例外的权利去重建新的政治秩序。[19]

当美国感到难以再从 WTO 体系中获得贸易利益，当特朗普决定时时刻刻把美国利益放在第一，当传统的保障措施和双反调查受到 WTO 规则的掣肘而不能实现美国所期望的美国优先的效果时，232 调查可以在"安全之

---

〔18〕 周密：《美国说的"国际紧急状态"，是怎样的状态》，载《世界知识》2018 年第 10 期。

〔19〕 Schmitt, C., *Dictatorship. From the Origin of the Modern Concept of Sovereignty to Proletarian Class Struggle*, Cambridge, Polity Press, 2013.

幕"下为美国提供最便捷有效的工具，同时将难题抛给 WTO 和其他贸易伙伴国——如果 WTO 认可美国做法，那自然符合美国利益；如果 WTO 裁定美国败诉，美国退出 WTO 便有了一个新的理由。美国既然可以退出 TPP、可以退出《巴黎协定》，为什么就不能退出 WTO 呢?[20]

3. 国内治理层面：通过建构国家安全威胁增强国内凝聚力，强化政府权力

国际关系领域的研究揭示了这样一种社会事实——有关国家安全的"威胁"并非总是真实、客观的存在，而是可以凭借主观想象和观念假设制造出来的，是一定的历史及社会环境下经由主体活动所建构的政治结果。以研究安全化现象著名的哥本哈根学派的研究表明，美国这样的"超级大国"将事物安全化的本质是通过建构安全"威胁"来操纵政治话语，使其对外政策行动"合法化"。[21]

对安全"威胁""冲突"和"敌人"的社会建构乃是一种政治选择，可以起到至少两个作用：一是通过制造这类想象的外来"危险"转移国民对某个社会事件或政策行为的关注，从而把国民视线从政府不想（或不愿意）解决的问题上面移开；二是通过把建构起来的安全"威胁"或"敌人"作为政治替罪羊来回避真正需要应付的社会及政治难题。[22]这种构建起来的安全威胁如此重要，以至于每当这种威胁、冲突和敌人消失，美国政治家和决策者们便需要重新寻找、发现并重建它们，这个过程并不一定是对国际政治的"感知或现实"作出回应。[23]这样，我们就不难理解为什么特朗普政府会声称源自盟友的汽车威胁了美国国家安全了。

当国家声称自己的安全受到威胁时，正常的二权分立机制处于失效状态，政府权力被大大强化。国家安全有助于将所有决策权威集中于执行者，

〔20〕 荣民：《美国"232 调查"背后有玄机》，载《中国贸易报》2017 年 7 月 4 日，第 1 版。

〔21〕 参见贺炜：《认同、话语建构与美朝核危机》，载《国际问题论坛》2006 年夏季号；潘亚玲：《"9.11"后布什政府对"敌人"的建构》，载《外交评论》2007 年第 1 期；李菁华：《方法与应用：话语分析与美国公众外交》，载《世界经济与政治》2008 年第 5 期；孙吉胜：《国际关系中语言与意义的建构——伊拉克战争解析》，载《世界经济与政治》2009 年第 5 期；刘永涛：《建构安全"威胁"：美国战略的政治选择》，载《世界经济与政治》2010 年第 6 期。

〔22〕 刘永涛：《建构安全"威胁"：美国战略的政治选择》，载《世界经济与政治》2010 年第 6 期。

〔23〕 Jef Huysmans, *The Politics of Insecurity*, Routledge, 2006, p.146.

安全措施所要求的急切性使政府各部门的代理、审议、管制的制度机制非法化了。[24]为此，在232条款以及《国际紧急经济权力法案》下，行政部门有较大行动空间，基本不受限制，这一点令美国国内利益主体感到切肤之痛，以至于2018年6月美国国际钢铁协会提起了232条款违宪之诉，控诉在232条款下政府可以完全不受约束任意而为、可以施加"无限制的"关税或其他贸易壁垒。在诉状中，美国国际钢铁协会指出，232条款除了给予总统"开放式的选择"应对进口产品可能带来的任何威胁，还允许总统基本上可以将对美国经济的任何影响纳入"国家安全"考量中；该措施违反了权力分立原则和宪法保护的制衡机制，却没有任何法律条款允许对总统232措施进行司法审查。[25]此外，美国国会也有一些议员试图通过提案限制总统以国家安全为名征收关税，这些都从另一个方面说明了特朗普政府为何会频频动用232条款。在国家安全问题面前，美国行政当局既是宣布国家安全受到威胁的机构，同时又让自己成了执行者。这一巨大的好处导致了意大利哲学家阿甘本一针见血指出的现象——在现代国家包括所谓的民主国家，例外状态已经成了政府治理的一种范式。

在三权分立、权力制衡的结构下，怎么会发生这种情况呢？有学者指出，这种对决策者与执行者的分离原则的违背，植根于美国的总统制传统，始于亚伯拉罕·林肯（Abraham Lincoln），[26]在这种先例的基础上，美国历史的一个特点是为后来的总统在危机状态中的全权在握作辩解。[27]虽然在历

---

〔24〕 ［西］冈萨洛·韦拉斯科·阿里亚斯：《生命政治安全设制中例外的正常化》，王爱松译，载《国际社会科学杂志（中文版）》2013年第3期。

〔25〕 American Institutefor International Steel, Inc. , Sim-Tex, LP, and Kurt Orban Partners, LLC v. United States and Kevin K. Mcaleenan, Commissioner, United States Customs and Border Protection, Court No. 18-00152, available at http://www.aiis.org/2018/06/american-institute-for-international-steel-files-lawsuit-challenging-constitutionality-of-section-232-steel-tariffs/, last visited on 2018-8-25.

〔26〕 他在1861年4月12日国内战争开始时宣称自己是联邦的保护者，单方面增加一支军队，命令封锁南方各州，授权海军司令搁置人身保护令，最初是在费城和华盛顿之间，后来是在华盛顿和纽约之间。国会的授权只是在事后才取得，在同年7月14日举行的一次特别会议上，林肯辩称他的决定是对"人民的要求和公共必要性的状态"。

〔27〕 ［西］冈萨洛·韦拉斯科·阿里亚斯：《生命政治安全设制中例外的正常化》，王爱松译，载《国际社会科学杂志（中文版）》2013年第3期。

史上西方议会的立法权与统治者的行政权曾展开长久的博弈，但议会实质上已经渐渐将自己的立法权授予了行政部门。[28] 在美国，经由罗斯福、布什等的发展，从革命、内战、战争、经济危机、自然灾难到反恐，例外状态渐渐成为政府治理的常态性机制而得到了空前的发展，为了"保卫国家安全"，可以预防性地宣告一种例外状态，并实施有法律效力的特殊法令。[29] 本文住笔时，特朗普已经在 2019 年初为修墙一事宣布国家进入紧急状态，之后又签署行政令，以"科技网络安全"为由宣布美国进入紧急状态，禁止美国通讯企业与华为进行商业交易。无论史实还是现实，都反复印证了阿甘本关于"例外状态已然常规化"的论断。[30]

特朗普上台后，在话语上除了国家安全威胁论，还屡屡有"WTO 对待美国非常不好"之类的受害论修辞，将美国描述为多边贸易体系的受害者。从政治心理学角度来看，受害者心理暗示着群体的福祉与生存正受到外界威胁，统一与团结的重要性被凸显。[31] 集体受害者心理可以成为"社会黏合剂"，无论群体成员是否经历过历史的创伤，都会将过去的创伤与伤害内化，转化为强大的文化叙事，并使之成为社会身份必不可少的部分。[32] 不论真实与否，过去的悲怆经历可以引起群体对历史的集体关注，产生强烈的情感归属，加强群体的团结，增强民族身份认同，从而塑造出安德森所称的"想象的共同体"。[33] 可见，建构国家安全威胁论和美国受害者论有助于特朗普政府在复杂的国内形势下进行国内治理。

---

〔28〕 Agamben, Girgio, Kevin Attell（Translator）, *State of Exception*, University of Chicago Press, 2005, pp. 37-38.

〔29〕 刘颜玲：《"例外状态"发展简史——兼论阿甘本例外状态的常规化进程》，载《湖南社会科学》2012 年第 3 期。

〔30〕 Agamben, Girgio, Kevin Attell（Translator）, *State of Exception*, University of Chicago Press, 2005, p. 55.

〔31〕 Sarah Rosenberg, "Victimhood", in Guy Burgess and Heidi Burgess,（eds.）, *Beyond Intractability, Conflict Information Consortium*, University of Colorado, 2003. 转引自黄鹏、吴连海：《族际冲突中的受害者心理研究》，载《世界民族》2016 年第 6 期。

〔32〕 A. Robben & M. Suarez-Orozco, *Cultures under Siege：Collective Violence and Trauma*, Cambridge University Press, 2000, p. 23.

〔33〕 ［美］本尼迪克特·安德森：《想象的共同体：民族主义的起源与散布》，吴叡人译，上海人民出版社 2005 年版。

综上，特朗普政府选择 232 措施，频频在国际经贸领域称国家安全受到威胁，是回应了其特定的需要。借着"安全之幕"的掩护，特朗普政府试图在经济上以高关税促使资本回流，辅佐美国的再工业化战略；在政治上悬置美国早已非常不满的 WTO 的束缚手脚的规则，并进而强化复杂环境下的国内治理，试图超出宪法架构来强化政府权力。各国尤其应警惕的是美国惯于将例外普遍化的做法，应在观点上应加以批驳，在行动上联合抵制，防止特朗普不断地对一般规则进行悬置而借"安全之幕"实行其例外状态的治理。

三、特朗普政府 232 措施在 WTO 规则下的合法性——以 DS512 专家组裁决为基础的分析

2019 年 4 月，WTO 争端解决机构发布了俄罗斯-货物运输措施案（以下简称"DS512 案"）的专家组报告，这是 WTO 历史上第一次就安全例外条款作出裁决。在单边主义盛行使得 WTO 面临巨大挑战的 2019 年，该裁决具有重要意义。下文将简要介绍该裁决，然后以其中的分析框架讨论特朗普政府 232 措施的合法性。

（一）DS512 案裁决简介

DS512 案起因是俄罗斯对经公路和铁路运输穿越俄罗斯领土的货物采取管制措施。乌克兰起诉到 WTO，认为俄罗斯违反了其 WTO 义务。俄罗斯则以 GATT1994 第 XXI 条进行抗辩，并提出以下主张：首先，本案存在国际关系中的紧急情况，该紧急情况自 2014 年出现，直至 2018 年仍然存在；其次，该紧急情况威胁了俄罗斯的基本安全利益；再次，根据 GATT1994 第 XXI 条第 b（iii）项，应完全由成员国自己决定是否涉及"基本安全利益"以及所采取的措施是否必需；最后，WTO 不应对本案进行审查，世界贸易组织不是一个为处理此类争议而建立的组织，也不具备处理此类争议的能力。

本案专家组裁决确定了以下几个重要问题：首先，专家组有权对俄罗斯的措施是否符合 GATT1994 第 XXI 条第 b（iii）项进行审查，WTO《关于争端解决规则与程序的谅解》中未对涉及 GATT1994 第 XXI 条的争议作出任何特殊或附加规定，因此俄罗斯援引 GATT1994 第 XXI 条所提出的辩护主张在

专家组职权范围之内。其次，围绕最关键的自决权问题，专家组确认，GATT1994 第 XXI 条第 b 款下的三个单项属于客观情况，需由专家组进行客观审查，第 b 款前言中的"必需"问题以及"基本安全利益"问题由援引该条的成员国决定，然而这种自决并非毫无限制，"基本安全利益"必须根据善意原则予以解释，在"必需"问题上成员国需表明其措施和目的之间存在真实的联系。最终，专家组认定，俄罗斯措施属于 GATT1994 第 XXI 条第 b（iii）项范围内的措施。

　　虽然该案裁决可能还会经历上诉机构的审查，但笔者认为，专家组裁决正确地解决了争议已久的 GATT1994 第 XXI 条的几个关键问题。首先，该裁决肯定了 WTO 争端解决机构对案件的审查权，这一确认十分重要，有助于从根本上遏制美国这种任意宣布例外状态以悬置既有多边贸易秩序的做法。其次，该案专家组正确地坚持了善意原则在安全例外条款解释中的指导作用。专家组自始至终坚持以善意原则来解释 GATT1994 第 XXI 条，在结果上既维持了成员国的安全权利，又可以有效防止权利滥用损害其他成员权利的情况。这一解释结果符合 WTO 对各种利益的平衡，符合 GATT 的目的和宗旨，因为从立法本意来看，"安全例外"必须达到某种立法平衡。在成员方"基本安全利益"受到威胁或正被侵犯的情况下，它当然有权依据其在国际法上所享有的"内在权利"采取一切必要措施，但同时，一成员方停止履行其相关义务势必会影响到其他成员方在 GATT/WTO 内所享有的实体性权利，如果后者的实体性权利得不到保证，那么后者也可能据此认为出现了威胁其"基本安全利益"的情势，继而也行使与前者一样的"内在权利"，停止履行相应的特定义务。一旦如此反复，此种恶性循环将影响 GATT/WTO 的正常运作，GATT/WTO 推动贸易自由化的宗旨自然也无从实现。因此，"安全例外"的适用必须受到一定的限制。相比而言，那种把 GATT1994 第 XXI 条解释为完全自决权的解释路径将 GATT 置于一种非平衡的状态，背离了 GATT 谈判者的平衡意图。笔者认为，专家组裁决的这些精神值得上诉机构的肯定。

　　下文将沿用 DS512 案专家组报告的框架来分析特朗普政府 232 措施在 GATT1994 第 XXI 条下的合法性。美国最有可能援用 GATT1994 第 XXI 条第

b（ii）项进行抗辩，也可能援用 GATT1994 第 XXI 条第 b（iii）项。因此下文将重点结合 GATT1994 第 XXI 第 b（ii）、（iii）项两个分项展开分析。

（二）特朗普政府 232 措施下的"国家安全"不同于 GATT 第 XXI 条项下的"基本安全利益"

GATT1994 第 XXI 条规定，本协定的任何规定不得解释为：（a）要求任何缔约方提供其认为如披露则会违背其基本安全利益的任何信息；（b）阻止任何缔约方采取其认为对保护其基本国家安全利益所必需的任何行动：（i）与裂变和聚变物质或衍生这些物质的物质有关的行动；（ii）与武器、弹药和作战物资的贸易有关的行动，及与在直接或间接供军事机构用的其他货物或材料中所进行的此类贸易有关的行动；（iii）在战时或国际关系中的其他紧急情况下采取的行动；（c）组织任何缔约方为履行其在《联合国宪章》项下的维护国际和平与安全的义务而采取的任何行动。

GATT 第 XXI 条并没有"国家安全"字眼，其中的 a 项和 b 项第一句中使用的表述都是"基本安全利益"。从字义看，基本"essential"[34]一词具有"非常重要、不可或缺"的含义，从语言学角度分析，既然存在"基本安全利益"，则相应地存在"非基本安全利益"，这之间的界限如何区分容易引发争议。结合 GATT 立法历史可知，并非所有的安全利益都是基本安全利益——在该条起草的讨论中，美国代表曾指出，"采用'关系到成员方安全利益的任何措施'这样的措辞，会带来极大的风险。因为这将允许成员方采取'包罗万象'的措施。因此，约文应当考虑那些真正的基本安全利益。"[35]"我们意识到存在例外条款太过宽泛的危险……最好是起草一些可以考虑到真正的安全利益的条款，同时，尽我们所能地对例外条款进行限制，防止成员在每种可设想到的情况下为维护其行业发展而采取保护措施……此外，安全措施必须有一些自由度。实际上，这是一个平衡的问题。我们必须有一些例外条款。我们不能使之过于严格，因为一方面我们

---

〔34〕　See Byran A. Garner, *Black's Law Dictionary*, Thomson West, 2004, p. 585.

〔35〕　Second Session of The Preparatory Committee of The United Nations Conference on Trade and Employment, GATT Doc. E/PCT/T/A/PV/33, July 24, 1947, p. 20.

不能禁止那些纯粹为安全原因所需要的措施；另一方面我们不能使之过于宽泛，以至于在安全的伪装下，成员国将采取实际上有商业目的的措施。"〔36〕

由这段条约谈判历史可见，"基本"这个限定词是经过深思熟虑加上去的，其目的就是为了对"安全利益"进行限定，避免将任何东西都归入安全例外条款中来。那么，特朗普政府 232 措施所保护的国家安全利益与GATT1994 第 XXI 条中的"基本安全利益"是不是一回事呢？下表通过对比表明了二者在内涵、安全措施启动条件等方面的重大差异。

表 1　WTO（GATT1994 第 XXI 条）与 US（232）的对比

	WTO（GATT1994 第 XXI 条）	US（232）	
安全的基本概念	基本安全利益	国家安全	
安全的内涵	（1）与裂变材料或衍生这些材料的材料相关的行动； （2）与武器、弹药和作战物资的贸易有关的行动，及与在直接或间接供军事机构用的其他货物或材料中所进行的此类贸易有关的行动； （3）在战时或国际关系中的其他紧急情况下采取的行动。	15 C.F.R.705.4 规定，在评估产品进口对国家安全影响时考虑的因素。该条分为两部分： （a）款直接关注"国防"的要求，明确"国防"是广义的"国家安全"的一部分。	①出于国防要求的国内产品的产量； ②为达国防标准所需之国内产量与产能； ③为生产受调查产品所需的既有与预期人力资源、产品、原料及其他资源，以及其他针对国防的必要供给和服务，

〔36〕 WTO,（1995）"Analytical Index of the GATT", available at http://www.wto.org/english/res_e/booksp_e/gatt_ai_e/art21_e.pdf, last visited on 2019-3-2.

续表

	WTO（GATT1994 第XXI条）	US（232）
安全的内涵	此时考察受调查产品之进口数量或其他相关调查产品之进口情形。	④受调查产品、产业为符合国防标准所需的成长条件，以及确保上述增长的必要供给和服务，包括（产业）投资、开发和发展等； ⑤任何其他相关因素。
	（b）款集中在更广泛的经济上，明确指出，国务卿和总统"应认识到国家经济福祉与国家安全的密切关系"。 此时考察进口产品的数量、效用、特征和用途，以及右侧栏目中的三项因素。	①外国竞争对于国家安全来说是必要的国内产业的经济福利造成的影响； ②任何国内产品的被取代导致的大量失业、政府收入的减少及特殊技能、产品或投资流失，或其他严重后果； ③任何其他正在导致或将要导致美国经济弱化的相关因素。
采取行动的条件	缔约方认为行动系保护基本安全利益所必需	进口在一定数量下或一定情况下"有损害国家安全之威胁"。

  由上表可见，美国232条款虽没有定义"国家安全"，但在分析进口产品对国家安全的影响时，除分析对国防的影响外，还有一项重大增项，即经济影响分析，关注进口对行业经济福祉、国家经济弱化的影响。这样的条款构造造成的结果有二：一方面，特定行业受到的不利影响、国内经济的弱化不仅与国家安全挂钩，还可以直接等同于国家安全受到影响；另一方面，任何程度的经济问题都可能上升为国家安全问题。从这一点来看，232措施下的"安全"已经大大超出了GATT1994第XXI所说的"基本安全利益"范

畴。DS512 案认为,"基本安全利益"问题由成员国决定,但必须根据善意原则予以解释。笔者认为,根据这一裁决精神来判断,特朗普政府 232 措施尤其是钢铁措施的理由是钢铁行业经济"福祉"受到某些影响,但它既不涉及国家经济整体盘面,受影响程度也远未达到严重的程度,其与国家安全的关系仅在于钢铁行业衰退会导致生产相关国防产品的部分存在风险。在国防需求仅占美国总需求 3%、进口仅占国内消费 30%的情况下,232 措施与基本安全利益的逻辑连接不仅遥远且似是而非。

(三) 特朗普政府 232 措施是否属于 GATT1994 第 XXI 条第 b (ii) 项的范畴

根据 GATT1994 第 XXI 条第 b (ii) 项,WTO 不得阻止成员国采取"与武器、弹药和作战物资的贸易有关的行动,及与在直接或间接供军事机构用的其他货物或材料中所进行的此类贸易有关的行动"。进口钢铝和汽车显然不是"武器、弹药和作战物资质",充其量只能算作"军民两用物资"。那么,它们是否属于"直接或间接供军事机构用的其他货物或材料"呢?

"与作战物资的贸易有关的行动"和"直接或间接供应军事机构的物资有关的行动"使安全例外适用于"军民两用产品"。仅从字面来看,将进口钢铝、汽车归入"间接供应军事机构的物资"当然说得通。然而,上下文解释、目的解释以及善意解释原则并不支持这一解释结果。

DS512 案专家组指出,从上下文来看,GATT1994 第 XXI 条第 b 款下的几个单项条款都是围绕军事利益展开的。其中第 b (i) 项是与裂变和聚变物质有关,第 b (iii) 与"战时"或"国际关系中的其他紧急情况"有关,而第 b (ii) 项的前半句话"武器、弹药和作战物资的贸易有关的行动"也同样关乎军事利益,因此,第 b (ii) 项的后半句话"直接或间接供军事机构用的其他货物或材料中所进行的此类贸易有关的行动"亦不能脱离这一基本上下文而拓展到无比宽泛的行业"经济福祉"或者"经济弱化"。

不仅从上下文角度"间接供应军事机构的物资"须作狭义解释,从条约目的实现以及善意原则的要求来看,也支持狭义解释:GATT1994 第 XXI 条第 b (ii) 项不包含任何时间限定语,也就是说,援引该条并不要求发生在战时,甚至不要求国际关系紧张等特殊要件。如果对这句话作广义理解,将导致世界市场上交易的所有货物在任何时点任何情况下都能被解释为"间接供应军事机构的物资",进而得出任何国家在任何情况下都可以主张在其对任何货物采取的措施都属于 GATT1994 第 XXI 条第 b（ii）项的安全例外措施的荒谬结论。这一解释结论不仅背离了 WTO 对各种价值及各种权利义务的平衡,还背离了条约解释中的善意原则,因为善意原则要对各种解释方法得出的结果进行协调,避免不合理的解释结果。因此,货物是否属于 GATT1994 第 XXI 条第 b（ii）项,不仅要评估货物本身,还要评估具体交易,在考虑当事人身份、交易背景、市场环境等因素的基础上,判断买主是否将交易物资用于军事,交易是否与军用性质有关,无关者不能归入这一范畴。[37]

历史上最典型的一起滥用 GATT1994 第 XXI 条的案例——1975 年瑞典 - 鞋案与特朗普政府 232 措施很相似。当时瑞典推出了鞋类的全球进口配额制度,并称其措施符合 GATT1994 第 XXI 条,理由是"瑞典的经济防御应急规划是国家安全政策中一个不可分割的组成部分,国内生产的减少已经成为其关键威胁。这项政策必须维持重要行业的国内最小产能。为了确保在战争或国际关系中的其他紧急情况下,满足基本需求所必要的必需品的供给,（鞋类的供应）能力是必不可少的"。然而在 GATT 理事会对这项措施的讨论中,许多代表对该措施的正当性表示怀疑。1977 年 7 月 1 日,瑞典终止了鞋类配额。1975 年瑞典鞋案是公认的滥用 GATT1994 第 XXI 条的案例,该案说明:安全例外并不是为维持国内一些重要行业生产与产品获得（不论是"民品"还是军民两用产品）而授予成员的免责权,也不允许在和平时期限制甚至可能用于军事目的的一般产品贸易,何况是包括鞋类在内的民用产品。[38] 因此,纳入第 b（ii）项的货物首先应属于军用物资,而对于"军民两用物资"应在考虑是否具有与战争和与军事活动有关的因素下严格界定。按照这一标准,特朗普政府三起 232 措施中的货物并不符合这一要件,因此不属于

---

〔37〕 李巍:《新的安全形势下 WTO 安全例外条款的适用问题》,载《中国政法大学学报》2015 年第 3 期。

〔38〕 李巍:《新的安全形势下 WTO 安全例外条款的适用问题》,载《中国政法大学学报》2015 年第 3 期。

GATT1994 第 XXI 条第 b（ii）项范畴。

（四）特朗普政府 232 措施是否属于 GATT1994 第 XXI 条第 b（iii）项的范畴

GATT1994 第 XXI 条第 b（iii）项规定不得阻止成员国采取"在战时或国际关系中的其他紧急情况下采取的行动"。"战时"是国际关系的严重局面，作为国际公法的特定概念，是指国家间发生武装冲突或交战状态，意图用武力战胜对方而实现特定目的。并非所有武装冲突都可称为战争，应该根据冲突规模、交战各方的敌对程度、各方对冲突的态度和认识来判断。显然，美国与受 232 措施影响的主要贸易伙伴国并不处于战时状态。

"国际关系中的其他紧急情况"应该是仅次于"战时"的危机情况，这样的解释应符合立法者将两者相提并论的本意。"紧急情况"不是一般性的国与国之间一段时间关系紧张。DS512 专家组报告指出，国与国之间时常会发生一些政治或经济冲突，虽然这些冲突有时在政治意义上比较严重，但除非涉及国防或军事利益，或是维持法律或公共秩序，否则并不能算作 GATT1994 第 XXI 条第 b（iii）项意义上的国际紧急状态。此外，"紧急情况"在时间上应该不是多年以前就持续存在的情况，危机应该是突发和紧迫的，应对安全危机的措施也应该是迅速采取的措施和行动。以此判断，特朗普政府采取 232 措施时，美国并非处于"国际关系中的其他紧急情况"。美国与其钢铝或汽车出口国之间甚至不存在严重的政治或经济冲突。以美国 232 钢铁措施报告为例，其中分析了十余年来由于过度进口而导致国内钢铁遭到替代的现象，这表明美国钢铁行业的情况并非突发的、紧迫的。此外，在进口只占国内消费 30% 的情况下，即使其他国家都停止供应也远远不能得出行业已经处在紧急关口的结论，更何况其他国家并无任何减少供应的意向。

综上，作为 WTO 成员方，美国有权援用 GATT1994 第 XXI 条安全例外条款为其 232 措施辩护。但 WTO 争端解决机构对于此类案件有审查权。以善意原则解释 GATT1994 第 XXI 条，几起 232 措施发生时，美国既不在 GATT1994 第 XXI 条第 b（ii）项的范畴内，也不存在 GATT1994 第 XXI 条第 b（iii）项的"战时"或"国际关系中的其他紧急情况"。特朗普政府几起 232 措施在本质上是相关行业的经济福祉或经济弱化问题，美国的逻辑是一旦这些行业衰落将影响其国防产品的生产，问题是这一逻辑链条下232措施与国防目标的关系可谓十分遥远且似是而非，这种预防逻辑建构起来的232措施与国防安全的关系既无法证实也无法证伪。如果安全威胁可以被任意建构且不加审查地纳入GATT1994第XXI条的范畴，就将从根本上废弃WTO规则。善意原则不能容忍这样的解释结果。因此，特朗普政府几起232措施不能因GATT1994第XXI条获得合法性。

四、结语

安全的概念始终不能离开解释安全问题的情境而存在。美国《贸易扩展法》第232节出台于冷战时期。在经济深度全球化、各国紧密依存的今天，特朗普将冷战零和博弈竞争思维下的军事、反恐安全逻辑运用于经济领域，并不是出于对安全问题的真实感知，而是要通过建构的国家安全威胁来实现对外悬置国际法，对内在复杂局面下强化政府治理范式。这种做法脱离了真实的情境，不仅不能实现安全，反而会将各国带入安全困境。如果我们从国家免于被征服和摧毁的角度来理解安全，那么不同领域的安全有着完全不同的前提——在传统的军事、反恐领域，现代武器弹药和战争技术的发展意味着小概率事件可以瞬间摧毁一个国家，因此遏制"敌人"、防止小概率事件的"安全最大化"思维显得十分必要。但在经济领域，上述前提假设完全不存在，甚至完全相反：在经济规律的作用下，各种资源按照效率原则进行全球布局，全球产业链得以发展并日臻成熟，相互依存合作是主流，每个国家、行业和企业都从这种模式中发展了自身的禀赋，在全球产业链中获得了自己的位置，形成了其"免于被摧毁和征服"的基础。在合作依存的体系中，只要不出现背叛者，整个体系就是安全的，即使出现背叛者，也不会在很短时间内摧毁或征服一个国家，这一点从特朗普政府2018年对全球产业链肆无忌惮的干扰而全球经济仍继续前行的事实中就可以得到充分证明。

零和博弈竞争思维下所追求的绝对安全不仅形成自身的悖谬，还会形成杰维斯（Jervis）所说的安全困境。无需借助社会建构主义的理论术语，仅凭常识便可知，国家之间如果互相高度猜疑，都对彼此的意图作最坏的假设，在维护安全利益时完全奉行竞争与"自助"原则，就容易造成"安全困境";相反,如果有足够的共有知识或"共识"使它们能够相互信任,从而宁愿通过协商合作来解决争端也不愿轻易选择战争等对抗手段,将无疑有助于培育"安全共同体"意识直至形成真正的安全共同体。因此,国际安全的状况不仅取决于国际体系的"物质结构"或"权力分配",也受到国际社会在安全上的"文化心理结构"与"观念分配"的深刻影响。

安全的概念很重要,然而国际经济领域的安全研究中仍缺乏足够深入的探讨和分析。虽然 WTO 不是讨论安全问题最合适的场所,也不是安全治理的适宜场所,但不能否认,国际社会中,如果缺乏对例外状态的清晰界定,最终将因话语的混乱而被一些国家在"安全之幕"下任意悬置 WTO 规则。笔者赞同阿里亚斯(Arias)提出的外交现实主义的观点,不将国际法解释为一种无条件的预设,我们需要正视各个国家主权之间的利益关系,同时不否认国际法作为一种象征性调解的必要性。在经济领域,一方面,美国的贸易伙伴国应该清醒地看到特朗普政府正通过国家安全问题悬置国际法,并有将此例外普遍化的危险倾向,各国应该联合起来,在话语上正本清源,在行动上联合抵制美国的恐吓与极限施压的讹诈做法;另一方面,各国亦应广泛展开经济领域国家安全的对话,增进对以下问题的理解和沟通——为了谁的安全?为了哪些价值的安全?全球产业链的格局下如何认定在什么情况下国家安全受到了威胁?当长期和短期的安全政策可能发生冲突时,我们如何看待二者各自的成本、手段,展开理性的对话?国家安全与国际安全的关系是怎样的?

在当代,共同安全与合作安全是一种最佳选择。但国际社会的相关共识严重不足,国际安全的基础十分脆弱,安全形势因此难有根本改观。要走出这种困境,必须塑造新的国际安全文化,确立新的价值共识。经典现实主义者一般都能认识到,过度或无限制的国际权势斗争不仅会危害特定国家的利益与生存,甚至可能摧毁主权国家所构成并在其中进行各类交往互动的国际体系。国家安全不仅取决于以自强、自助与竞争为特征的安全战略,也取决于基本的国际安全,即大多数国家独立生存所必需的基本秩序与相对和平、稳定的国际环境。

三、现代国际商法

日本《商法典》下海上货物运输规则修订述评
——以责任与海运单据为核心*

马得懿** 周明园***

一、日本《商法典》下运输法制和海商法制的修订背景

现行的日本《商法典》于明治 32 年，即 1899 年 6 月起生效，内容上由"总则""商行为""海商"三编构成。[1] 其中第二编"商行为"第 8 章"运送"和第三编"海商"中的规定用以调整运输营业以及海上运输的法律关系。[2] 日本《商法典》至今已走过了百余年的历史，对明治维新后日本社会、经济发展的贡献不容小觑，也是日本主要法律中被修改最多的法典。在此期间，相较于对"总则"、公司法、票据法等的大幅度修订，调整运输营业以及海上货物运输部分的规定从未进行过实质的修订，文字上仍旧保留着古语化的片假名，且缺乏对国内航空运输关系的规范，很显然落后于当今时

* 本文系国家社科基金重大项目"军民融合战略下海上通道安全法治保障研究"（项目批准号 18ZDA155）阶段性成果。

** 法学博士，华东政法大学国际法学院教授、博士生导师，主要从事海洋法与海商法教学与科研工作。

*** 华东政法大学国际法专业博士研究生。

[1] 1899 年颁布的日本《商法典》分为第一编"总则"、第二编"公司"、第三编"商行为"、第四编"票据"以及第五编"海商"。后几经修订，在票据法、公司法单行化后目前仅余三编，内容上也有较大调整。参见刘成杰、柳经纬：《日本最新商法典译注》，中国政法大学出版社 2012 年版，引言。

[2] 日本并无单行的海商法，海上运输的相关问题由日本《商法典》进行调整，由于日本《商法典》仅适用于国内运输，有关国际海上货物运输的相关问题则由日本《国际海上货物运输法》另行规定予以调整。

代海陆空及联合运输蓬勃发展的需求。

日本早在 2001 年的司法制度改革审议会意见书中就已经提出"基本的法令应尽可能地简单明了、容易参照、预测可能性高、密切适应国内外社会、经济情势"的原则性要求。[3] 从历史的视角看,日本曾在 1935 年(昭和 10 年)的法制审议会上提出《商法商行为编及海商编的改正要纲》,后由于二战的影响,最终未能进行立法作业。从国内其他部门法的视角看,为顺应时代的发展,以民法、公司法为首的民商事基本法的修订工作正在逐步完善。[4] 从国际化的视角看,日本先后加入了《1910 年统一船舶碰撞某些法律规定的国际公约》《统一提单的若干法律规定的国际公约》(《海牙规则》)、《统一国际航空运输某些规则的公约》(《蒙特利尔公约》)等用于调整国际海上货物运输、国际航空运输的法律关系,而上述条约存在与日本《商法典》规定相冲突的地方,导致了法律适用上的障碍。

2014 年 2 月,在日本法制审议会总会第 171 回会议上,提出"为对应商法制定以来社会、经济情势的变化,以调整货主、承运人及其他运输关系人间合理的利害关系,并考虑海商法制世界范围的动向等观点出发,认为有必要对商法中运送、海商关系的规定进行修订"。[5] 继而成立了法制审议会商法(运输、海商相关)部会,开启了修订工作。在此期间共开展了 18 次部会及 7 次旅客运输分科会,得到了运输营业界、货主、保险业等社会大众的广泛参与和讨论。2016 年 2 月,法制审议总会第 176 回会议上,全会一致通过了《关于商法(运输、海商关系)等的改正纲要案》,[6] 随后,法务省的事务当局对此改正纲要案进行了法条化的整理。2018 年 2 月 6 日,法务省向国会正式提交了《商法及国际海上货物运输法的部分改正法律案》(以下简

---

〔3〕《運送法制研究会報告書》,法制審議会商法(運送·海商関係)部会第 1 回会議,参考资料 1,第 iv 页,载 http://www.moj.go.jp/shingi1/shingi04900209.html,最后访问日期:2019 年 1 月 2 日。

〔4〕 2017 年 5 月 26 日,日本《民法的部分改正法律案(债权法改正)》,[《民法の一部に改正する法律(債権法改正)》] 在参议院表决成立,同年 6 月 2 日正式公布,生效日期为 2020 年 4 月 1 日。载 http://www.moj.go.jp/MINJI/minji06_001070000.html,最后访问日期:2019 年 1 月 2 日。

〔5〕《咨询第 99 号》,法制審議会第 171 回会議,载 http://www.moj.go.jp/shingi1/shingi03500022.html,最后访问日期:2019 年 1 月 2 日。

〔6〕 日本《关于商法(运输、海商关系)等的改正纲要案》,全文参见法制審議会第 176 回会議,载 http://www.moj.go.jp/shingi1/shingi03500026.html,最后访问日期:2019 年 1 月 2 日。

称《改正法律案》）。[7] 2018 年 5 月 18 日，《改正法律案》在参议院本会议表决通过，正式宣告成立。[8] 此次修订历时四年，是 1899 年起至今一百二十余年日本《商法典》首次对运输、海商部分实质性的修订，标志着日本运输法、海商法向现代化、统一化的规制，实现了日本六法文字上从古语化片假名到现代化用语的全部规范。

本次修订分为三个部分：第一部分为"商行为"编运输法总则、物品运输、旅客运输的修订；第二部分为"海商"编船舶船长、海上物品运输、共同海损、船舶碰撞、海难救助、海上保险等的修订；第三部分为《国际海上货物运输法》（以下简称《国际海运法》）的修订。海上运输的相关内容规定在日本《商法典》"海商"编第 3 章"运输"，第 1 节物品运输（第 1 分节总则、第 2 分节提单）和第 2 节旅客运输中。本次《改正法律案》将旅客运输统一规定在"商行为"编的运输法制中，同时适用于路上、海上及航空运输，因此删除了"海商"编中有关旅客运输的规定，将第 3 章调整为"关于海上货物运输的特则"：第 1 节件杂货运输，第 2 节航次租船，第 3 节提单等，第 4 节海运单。[9]

二、承运人的适航担保义务和免责条款

（一）适航担保义务

船舶的适航能力是海上航行中保障人身财产安全的基本要求，使船舶适航是承运人的基本义务。与运输法中普遍适用的过失推定责任原则相比，[10]

---

[7] 参见 http://www.moj.go.jp/MINJI/minji07_00231.html，最后访问日期：2019 年 1 月 2 日。

[8] 正式成立的《改正法律案》参见日本参议院 2018 年第 196 回国会议案。《改正法律案》的公布日期为 2018 年 5 月 25 日，最终生效日期将在法案公布起一年内由政令另行确定。参见 http://www.sangiin.go.jp/japancsc/joho1/kousei/gian/196/meisai/m196080196012.htm，最后访问日期：2019 年 1 月 2 日。

[9] 有关旅客运输的规定参见《改正法律案》第 589~594 条，有关海上货物运输特则的规定参见《改正法律案》第 737~770 条。

[10] 日本《商法典》第 577 条规定，所运输货物灭失、损毁或延迟送达时，承运人除非能够证明自己、货运经纪人或其雇员以及其他在运输中所雇用的人在货物的受领、交付、保管及运输方面未疏于注意，否则应承担损害赔偿责任，从而明确了承运人的推定过失责任原则。《改正法律案》第 575 条维持了这一归责原则。

在海上运输领域，日本《商法典》就船舶适航担保义务的责任原则作出了特殊规定。[11] 关于此项义务的责任性质，日本曾有判例将其解释为无过失责任，学说上存在分歧。[12] 一直以来的多数观点认为，不论承运人是否已尽到注意义务，都应当对船舶不适航这一事实承担无过失责任。[13] 其理论根据为：其一，认为船舶的适航能力同海上航行安全这一公共利益相关，应对承运人加以严格的无过失责任。其二，对日本《商法典》第738条"担保"一词的文义解释以及第739条规定不得通过特别约定免除对适航能力的担保责任，承运人的适航担保义务被认为是法律的强制性规定。其三，同认为日本《商法典》第690条所规定的船舶所有人的责任不得通过证明在船员选任或监督上无过失来免除相比，[14] 把以防止海上危险目的的适航担保义务解释为无过失责任更为合理。[15] 而少数观点则基于下述理由认为承运人的适航担保义务应解释为过失责任：[16] 其一，通常来说结果责任是在不可避免的损害发生时，考量由谁承担责任更加公平的利益问题，而与为了防止损害发生的公益问题关系不大。其二，从公共政策的角度考虑，如果认可结果责任加之日本《商法典》第739条免责条款无效的规定，显然对日本国内船主而言负担过重，并不符合海运政策的要求。其三，参考《国际海运法》（详见下文）的规定，仅强调内水航行的公共利益将内航船和外航船作区别处理明显对国内承运人有失公平。

另外，在国际海上货物运输中，以《海牙规则》为基础制定的《国际

---

〔11〕 日本《商法典》第738条规定："船舶所有人应向承租人或托运人担保船舶在开航时处于适合安全航行的状态。"第739条规定："船舶所有人间即使有特别约定，也不得免除因……船舶不适航而起航所引起的损害赔偿责任。"由此就船舶适航担保义务作出了强制性规定。

〔12〕 日本最高裁昭和49，3，15第二小法廷判决，民集28卷2号，第222页。

〔13〕 ［日］田中诚二：《海商法详论》（增补3版），劲草书房1985年版，第269页；［日］石井照久：《海商法》，有斐阁1964年版，第226页。

〔14〕 日本《商法典》第690条规定，船长及其他船员在履行职务过程中因故意或过失造成他人损害时，船舶所有人应负赔偿责任。此条规定的船主责任在判例中被解释为无过失责任。即在应归责为船主责任的有限范围内，如船员的选任和监督上，无论船主是否穷尽了注意义务，造成他人损害时均应承担赔偿责任。［日］最判昭和48，2，16民集27卷1号，第132页。

〔15〕 日本学者中村真澄、箱井崇史2010年版的《海商法》，第199页。

〔16〕 日本学者中村真澄、箱井崇史2010年版的《海商法》，第200页。

海运法》第 5 条规定，"承运人本人或其受雇人在船舶开航时，应该：①使船舶处于适航状态；②妥善配备船员、装备船舶和配备供应品；③使货舱、冷藏仓和其他载货处所适于收受、载运和保管货物的状态。承运人就此三项事项疏于注意致使货物灭失、损坏或延迟交付的，承担损害赔偿责任。"由于规定了承运人对适航能力"疏于注意"致使货物损害承担责任，明确了船舶适航担保义务的过失责任原则。《国际海运法》之所以作出与日本《商法典》不同的规定，是参考民法的过失责任原则以及考虑到立法当时船舶体积日趋庞大、构造日趋复杂的原因导致承运人尽管履行了相当的注意义务，船舶设备上可能产生的瑕疵仍旧不容易被发现等原因，认为要求承运人承担无过失责任过于严苛，[17] 由此也产生了内航和外航两种不同的责任制度。

在国际立法中，《海牙规则》《汉堡规则》以及尚未生效的《鹿特丹规则》在船舶适航能力这一问题上均采取了过失责任原则。[18] 显然，无论是基于公共政策，或是平衡各方当事人的利益，以及国内外法律的统一规制等原因的考量，日本《商法典》中关于承运人的船舶适航担保义务的修改十分必要。因此，《改正法律案》第 739 条第 1 款规定："开航时，由于下述事项导致货物灭失、损害或延迟交付，承运人应承担损害赔偿责任。但是，若承运人能够证明开航当时并未疏于对下述事项的注意，不在此限：①使船舶处于适航状态；②妥善配备船员、装备船舶和配备供应品；③使货舱、冷藏仓和其他载货处所适于收受、载运和保管货物的状态。"在明确了船舶适航担保义务过失责任的基础上，一并适用《国际海运法》第 5 条的具体注意事项。

（二）免责条款

日本《商法典》第 739 条规定"船舶所有人间即使有特别约定，也不得免除因自身过失、船员及其他雇员的恶意或重大过失、船舶不适航而起航所

---

〔17〕《商法（運送、海商関係）等の改正に関する論点の検討（2）》，法制審議会商法（運送、海商関係）部会第 3 回会議，商法（運送、海商関係）部会資料 3，第 13 頁，載 http://www.moj.go.jp/shingi1/shingi04900220.html，最后访问日期：2019 年 1 月 2 日。

〔18〕《海牙规则》第 3 条第 1 款、第 4 条第 1 款规定了承运人的适航义务以及承运人自证无过失时免责的过失责任原则。《汉堡规则》并未提及适航义务，但是第 5 条第 1 款明确了承运人的过失责任基础。《鹿特丹规则》第 14 条规定了承运人的适航义务，第 17 条第 2 款规定了承运人自证无过失时免责的责任原则。

引起的损害赔偿责任",从而在立法上禁止了免责条款的适用。该条是根据1888年布鲁塞尔国际商法会议的决议制定的。该决议规定,因违反船舶适航担保义务或者同载货相关的保管、交付义务造成的损害,以及因船员等其他雇员重大过失产生的损害,即使有特别约定,船舶所有人也不能免除其责任,并建议各国采纳。[19] 尽管多数国家并未采纳,但日本却据此在《商法典》中制定了严格禁止免责条款的规定,即船舶所有人只有就船长及其雇员的轻微过失产生的损害才具有免责的利益可能。

另外,《国际海运法》规定承运人违反管货义务、适航担保义务作出的对托运人、收货人或提单持有人不利的特别协议无效的同时,[20] 认可了承运人航海过失和火灾过失免责,[21] 以及经证明因特定事由所造成的损害可以免责的制度。[22] 另外,承运人可自由作出对其自身不利的特别约定,此时托运人可以要求在提单上载明该特别约定。[23]

本次《改正法律案》基于以下理由删除了日本《商法典》第739条关于免责条款无效的规定:[24] 其一,对比日本《商法典》和《国际海运法》的规定,日本《商法典》中的承运人显然负担过重,不利于日本航运的发展。其二,现今航海运输中多采用标准内航运输条款及标准合同,对日本《商法典》的依赖性并不大。其三,日本《内航海运业法》规定,通过特定的船舶经营内航运营业,从事针对不特定的多数货主进行货物运输活动时,必须向国土交通大臣提出内航运营条款;国土交通大臣若认为该条款有可能危害货主的正当利益时,可以向经营者提出改正的命令。[25] 其四,海上运输

---

〔19〕 [日]户田修三、中村真澄:《注解国际海上物品運送法》,青林書院1997年版,第3~5页。

〔20〕 《国際海上物品運送法》第15条第1款。

〔21〕 《国際海上物品運送法》第3条第2款。

〔22〕 《国際海上物品運送法》第4条第2款。

〔23〕 《国際海上物品運送法》第15条第2款。

〔24〕 关于是否在《商法典》中引入《国际海上货物运输法》第3条第2项的航海过失及火灾过失免责,本次改正法案过程中曾有论及,但是考虑到近时国际条约(《鹿特丹规则》)的发展趋势,认为依赖双方当事人合意处理此问题更加妥当。《運送法制研究会報告書》,法制審議会商法(運送·海商関係)部会第1回会議,参考资料1,第32页,载 http://www.moj.go.jp/shingi1/shingi04900209.html,最后访问日期:2019年1月2日。

〔25〕 《内航海運業法》第8条。

合同中的当事人几乎没有自然人，参考并未规定禁止此类免责条款的陆上运输实务后，认为即使删除对免责条款禁止的规定，也并不当然地会增加此类危害货主利益的免责条款被适用的可能性。[26]

（三）小结

在本次修订中，《改正法律案》准用了《国际海运法》的规定，明确了船舶适航担保义务的过失责任，结束了学术界和实务界对这一问题长久以来的争议。尽管如此，并不能认为调整国内运输的日本《商法典》和调整国际运输的《国际海运法》具有同样的责任体系：日本《商法典》以任意性规定为原则，而《国际海运法》则具有一定的强制性色彩。[27] 日本《商法典》中并不存在《国际海运法》中有关航海过失免责、推定免责事由以及承运人责任限额等强制性规定，这一点可以说是两者最根本的区别。同时，《改正法律案》删除了海运领域承运人免责条款的禁止性规定，但在根据租船合同签发了提单的情况下，考虑到提单持有人很难知道运输合同中双方的特别约定，《改正法律案》保留了在承运人和提单持有人间因承运人违反船舶适航担保义务导致损害赔偿责任的免责条款无效的规定。此外，在件杂货运输合同中，包括国际海上件杂货运输合同，考虑到货主的地位及交涉能力等，同样保留了船舶适航担保义务的强制性规定。这一则体现出日本《商法典》中以任意性规则为基础的立法模式，二则体现出日本《商法典》就船舶适航担保义务这一承运人根本性责任的必要规制。

三、再运输合同下船舶所有人的责任

航海实务中，与船舶所有人签订租船合同的承租人可以利用全部或部分舱位与第三人进一步签订再运输合同。日本《商法典》第759条规定，在内航船中签订了再运输合同的情况下，有关在属于船长的职务范围内合同的履行，仅由船舶所有人对第三人承担履行的责任。由于再运输合同是独立于原

---

〔26〕《商法（運送、海商関係）等の改正に関する論点の検討（2）》，法制審議会商法（運送、海商関係）部会第3回会議，商法（運送、海商関係）部会資料3，第14~15页，载 http://www.moj.go.jp/shingi1/shingi04900220.html，最后访问日期：2019年1月2日。

〔27〕［日］池山明義："運送人の責任の実務的検討"，载《法律時報》第90巻第3号。

租船合同的运输合同，不能将其理解为船舶的转租或是原租船合同上的债权转让，[28] 因此，船舶所有人与再运输合同的另一方当事人之间原则上并不存在直接的法律关系。此条规定旨在使船舶所有人和第三人之间形成直接的法律关系，对于承租人而言，在船长职务范围内免除其作为次承运人的责任，让三者之间的求偿关系更加简单明了。[29] 此外，鉴于船舶所有人无论是对于承租人或是再运输合同下的第三人，均没有超出其合同约定范围内的责任，因此针对超出原合同约定范围内的责任应由承租人承担。关于这一点，日本早期的判例也明确支持了在原运输合同与再运输合同中存在不同免责条款的情况下，约定不一致的部分应由承租人承担责任这一立场。[30]

另外，《国际海运法》规定了国际海上货物运输的承运人是指从事海上货物运输的船舶所有人、船舶租赁人及承租人，[31] 日本《商法典》第759条的规定不予适用，[32] 从而明确了国际海上货物再运输合同下承租人的承运人地位。由此，在国际海上货物运输中，即使属于船长的职务范围内，也完全由合同的相对方即承租人承担承运人的责任，船东的地位被理解为履行责任的辅助者。《国际海运法》作出与日本《商法典》不同的规定，是考虑到国际海上货物运输的货主一般是基于对合同相对人，即再运输合同中的承租人的信任而与其订立合同，认为在一定范围内免除承租人的责任并不合理。另外，参考其他国家的立法，德国在1937年的商法修订中也删除了类似规定。[33]

本次《改正法律案》删除了日本《商法典》第759条的规定，修订后的规定为在内航运输中，即使再运输合同的履行属于船长的职务范围，同样

---

〔28〕 见［日］中村真澄、箱井崇史，前引书，第299页。

〔29〕《商法（運送、海商関係）等の改正に関する論点の検討（2）》，法制審議会商法（運送、海商関係）部会第3回会議，商法（運送、海商関係）部会資料3，第13页，载http://www.moj.go.jp/shingi1/shingi04900220.html，最后访问日期：2019年1月2日。

〔30〕 日本大判昭和2，4，27新聞2709号，第15页。

〔31〕《国際海上物品運送法》第2条第2款。日本《商法典》中的船舶租赁人一般多理解为光船租赁合同下的船舶租赁人，承租人一般多指归为运输合同性质下租船合同的租船人。

〔32〕《国際海上物品運送法》第20条第1款。

〔33〕《商法（運送、海商関係）等の改正に関する論点の検討（2）》，法制審議会商法（運送、海商関係）部会第3回会議，商法（運送、海商関係）部会資料3，第13页，载http://www.moj.go.jp/shingi1/shingi04900220.html，最后访问日期：2019年1月2日。

应遵守合同相对性的基本原则，由承租人对货主承担合同项下的义务。针对应由船舶所有人承担的责任，货主则可以通过日本《商法典》第 690 条规定的船舶所有人的不法行为产生的损害赔偿责任进行追责。尽管有学者认为相较于内航运输的规定，作为外航运输中的唯一责任人，承租人即使资力不足也不需要由船舶所有人承担责任这一点对货主的保护力度不够，[34] 但在《改正法律案》讨论过程中，多数学者支持删除此条突破合同相对性原则的规定而将船舶所有人责任统一调整为不法行为产生的损害赔偿责任这一立法规制。

四、海运单据的修订

（一）提单

1. 提单的交付与记载事项

日本《商法典》将海上运输合同的当事人理解成船舶所有人，有关提单的交付义务，日本《商法典》第 767、768 条规定，船舶所有人及其代理人或船长负责交付提单。《改正法律案》将履行海上运输合同义务的主体从船舶所有人修改为承运人，[35] 因此提单交付的主体也相应地从船舶所有人变更为承运人或船长，变更后与《国际海运法》的规定相一致。

有关提单副本的交付，日本《商法典》第 770 条规定，承租人或托运人，必须根据船长的请求交付提单的副本。但是实务中，承租人或托运人往往在装船前通过电子通信等方式向船长提供货物的相关情况或是事后提供有关提单的记载事项的信息，船长几乎不会请求交付提单副本。因此，《改正法律案》删除了此条规定。

有关提单的记载事项，日本《商法典》与《国际海运法》的规定基本

---

[34] 见 [日] 中村真澄、箱井崇史，前引书，第 301 页。

[35] 日本《商法典》"商行为"编将从事陆上运输的当事人称为"承运人"，"海商"编将从事海上运输的当事人称为"船舶所有人"（第 738、739 条等），有关"船舶所有人"的规定一并适用于第 704 条第 1 款中的船舶承租人。海上运输实务中，除了上述租借他人的船舶从事海上运输的船舶承租人，作为二船东的承租人（第 759 条）和货运代理人等也能够成为与托运方签订海上运输合同的另一方当事人从而取得承运人的地位，因此相较于"船舶所有人"，"承运人"这一表述更加切合实际。另外，《国际海运法》将从事国际海上运输的船舶所有人、船舶租赁人及承租人统称为"承运人"。《改正法律案》将海上货物运输合同中运输方的当事人从"船舶所有人"调整为"承运人"，实现了立法上的统一。

相同，但是《国际海运法》第 7 条规定了“货物表面状况”及“承运人的姓名或商号”作为法定记载事项，而日本《商法典》中未作此规定。日本有判例认为，通过《国际海运法》第 7 条第 1 款第 3 项规定的货物表面状况（可从外部识别的货物状况）这一提单的法定记载事项，货物装船时的外表状况得以确认，若在外表良好的状态下完成装船的货物，卸货时发现其外表状况存在异常，除非有特殊情况，否则即可推定货损发生在承运人管货期间。[36] 有关这一点，包括日本《商法典》和《中华人民共和国海商法》（以下简称《海商法》）在内的主要航运国家的现行立法都未将“可从外部识别的货物状况”一项列为提单的法定记载事项，[37]《国际海运法》参考《海牙规则》第 3 条第 3（c）款的规定明确此项记载事项，致力于通过该记载推定损害发生于承运人的管货期间，符合承运人的管货义务原则。《改正法律案》第 758 条增加了“货物外表状况”这一提单的法定记载事项，规定：“提单中应当记载以下事项，并由承运人、船长或者承运人的代理人署名或者签名盖章：①货物种类；②货物体积、重量或者包数、件数及货物标志；③可从外部识别的货物状况；④托运人或租船人姓名或商号；⑤收货人姓名或商号；⑥承运人姓名或商号；⑦船舶名称；⑧装货港及装船年月日；⑨卸货港；⑩运费；⑪签发数份提单时的签发份数；⑫签发地及签发年月日。”

2. 托运人或租船人的指示

就依据托运人的指示对提单进行记载，《国际海运法》作出了以下规定：“关于货物种类，货物体积、重量或者包数、件数及货物标志，托运人作出书面通知时，应按其通知记载。”“在有正当理由确信前款通知不正确，或没有适当的方法确认前款通知正确，或关于货物标志、货物或者其容器、包装上的标注无法维持到航海终止时仍能辨认的情况下，不适用前款的规定。”“托运人对承运人保证上述通知内容正确。”[38] 另外，日本《商法典》并未就此问题作出规定。

---

〔36〕 日本最判昭和 48，4，19 民集 27 卷 3 号，第 527 页。
〔37〕 《中华人民共和国海商法》第 73 条。
〔38〕 《国际海上物品运送法》第 8 条。

《国际海运法》作出此规定旨在平衡承运人与托运人之间的利益。对于承运人而言，必须依赖托运人的通报以了解货物；对于托运人而言，承运人为了避免对提单持有人承担损害赔偿责任，若允许其无限制地拒绝在提单上进行记载或是载入不知条款，则会有损于托运人的利益。另外，由于规定了托运人对据其指示的提单记载事项需要提供担保的义务，一旦提单的记载事项有误，承运人一方面应向提单持有人承担损害赔偿的责任，另一方面也可以根据提单文义性向提供错误信息的托运人追偿。[39] 考虑到上述理由同样适用于内航运输签发提单的情况，《改正法律案》并入了《国际海运法》的规定，并同时适用于租船合同下租船人对承运人的指示。[40]

3. 提单的文义证券性

日本《商法典》第 776、572 条规定，"提单做成时，承运人和提单持有人之间有关运输的事项应依据提单的记载。"与此条相对应的是《国际海运法》第 9 条规定，"承运人不得以提单的记载与事实不符对抗善意的提单持有人。"鉴于两者同样的立法宗旨，《改正法律案》第 760 条采用了《国际海运法》的表述方式，即"承运人不得以提单的记载与事实不符对抗善意的提单持有人"，明确了日本《商法典》下提单全部记载事项的文义证券性。[41]

（二）海运单

日本《商法典》中并无海运单的相关规定。在现今社会中，由于船舶的高速化运行、集装箱的广泛性使用，实务中常会出现船舶到达目的地时，提单仍未到达收货人手中这一两难的局面。近时，尤其是企业间及北美航线间

---

〔39〕《商法（運送、海商関係）等の改正に関する論点の検討（3）》，法制審議会商法（運送、海商関係）部会第 4 回会議，商法（運送、海商関係）部会資料 4，第 11 頁，載 http://www. moj. go. jp/shingi1/shingi04900223. html，最后访问日期：2019 年 1 月 2 日。

〔40〕《改正法律案》第 759 条。

〔41〕《海牙規則》規定了三項提单的記載事項，並認可了記載的文義效力。日本《国際海运法》認为分別設定記載事項的不同效力容易導致法律適用上的繁琐，並不合理，因此对第 9 条中適用該条規定的記載事項没有設定限制，即承認提单中所有記載事項的絕對証据效力。《商法（運送、海商関係）等の改正に関する論点の検討（3）》，法制審議会商法（運送、海商関係）部会第 4 回会議，商法（運送、海商関係）部会資料 4，第 11 頁，載 http://www. moj. go. jp/shingi1/shingi0490 0223. html，最后访问日期：2019 年 1 月 2 日。

的贸易，海运单由于其不需要被回收的特点经常被用以替代提单而广泛使用。[42]考虑到《国际海事委员会海运单统一规则》的国际立法，以及英国、德国、韩国、中国的立法中均对此作出了规制，[43]《改正法律案》增设了海运单的相关规定。

《改正法律案》第 770 条第 1 款规定："承运人或船长，在货物装船后，依据托运人和租船人的请求，交付载明货物已装船的海运单。货物接收后装船前，依据托运人和租船人的请求，交付载明货物已接收的海运单。"《改正法律案》第 770 条第 2 款规定海运单的记载事项援引提单的相关规定。《改正法律案》第 770 条第 3 款规定，"第 1 款的承运人或船长，根据法务省令，取得托运人和租船人的承诺后，可通过电子方式提供海运单的应记载事项用以替代海运单的交付。此时视为该当承运人或船长已交付了海运单。"《改正法律案》第 770 条第 4 款规定，海运单的相关规定不适用于已交付了货物提单的情况。上述规定是考虑到海运单作为运输合同的凭证时，具有不是有价证券、不需要回收等特点，结合了实务中托运人及租船人请求承运人交付海运单以替代提单的做法明确了已接收和已装船两种海运单的合法性，[44]同时认可了电子交付海运单的方式。

五、日本《商法典》下运输法制和海商法制修订的动因考察

(一) 以高速发展的运输行业为基础[45]

信息时代，数字化的发展对传统的情报交换方式产生了较大的冲击，但是有形物体的移动依旧摆脱不了时间和空间上的障碍。因此，随着人与人交

---

〔42〕《商法（運送、海商関係）等の改正に関する論点の検討（3）》，法制審議会商法（運送、海商関係）部会第 4 回会議，商法（運送、海商関係）部会資料 4，第 15 页，载 http://www.moj.go.jp/shingi1/shingi04900223.html，最后访问日期：2019 年 1 月 2 日。

〔43〕《中华人民共和国海商法》第 80 条。

〔44〕《商法（運送、海商関係）等の改正に関する論点の検討（3）》，法制審議会商法（運送、海商関係）部会第 4 回会議，商法（運送、海商関係）部会資料 4，第 15 页，载 http://www.moj.go.jp/shingi1/shingi04900223.html，最后访问日期：2019 年 1 月 2 日。

〔45〕 此部分数据来源转载自［日］野村修也："運送法·海商法改正案"，载《法律時報》90 卷 3 号。

往的日益频繁，线上采购等的普及，物流行业几乎已经成为社会的支柱性产业。从运输标的的角度考察，货物运输及旅客运输均处于高速发展的阶段：一方面，各行各业几乎都离不开货物运输的支持。日本 2014 年经济普查的结果显示，运输业和邮局业的营业总额为 56 兆 1100 亿元，占全体的 4.1%。[46] 尽管从数据上看并未占很大比例，但是占比最高的零售业和制造业等产业同样离不开物品的运输，货运行业对日本经济发展的重要性不言而喻。另一方面，旅客运输的需求也在逐年增加。根据世界旅游组织的报告，2007 年世界各地接受外国游客数为 9 亿 400 万人次，到了 2015 年数据已达到 11 亿 8600 万人次。[47] 随着旅游业的不断完善和成熟，可以预测旅客运输行业持续蓬勃的发展趋势。日本国内以新干线为代表的铁路运输等也构成了日本旅客运输高度发达的交通网。从运输方式的角度考察，海陆空三种运输方式在日本国内和国际物流占比各有侧重。2017 年度，日本国内货物运输以运量吨位计，公路运输占比 91.3%，内航运输占比 7.8%，铁路运输占比 0.9%，航空运输占比不到 0.1%；以货物周转量吨公里计，公路运输占比 50.2%，内航运输占比 44.3%，铁路运输占比 5.3%，航空运输占比 0.3%。日本国际货物运输以重量计海上运输占比 99.7%，航空运输占比 0.3%；以金额计海上运输占比 73%，航空运输占比 27%。[48] 从以上数据可以看出，陆运依然占据日本国内运输行业较大比例，与此同时内航运输的重要性同样不能忽视。对国际运输业而言，传统的海上运输依旧承担着压倒性的巨大份额，而在贵重物品的运输上航空运输则具有一定优势。除此之外，集装箱的普及和多式联运的发展也促成了当今运输业的革命：一方面前所未有地提高了运输行业的效率，另一方面尤船承运人的登场导致缔约承运人和实际承运人的分离情况加剧了法律层面的风险。在这种契机下，日本顺应时代的发展

---

[46] 《平成 26 年経済センサス—基礎調査結果》，载 https://www.stat.go.jp/data/e-census/2014/kekka.html，最后访问日期：2019 年 1 月 2 日。

[47] 《数字でみる観光》（2017 年度版），第 49 页。此部分数据来源转载自 [日] 野村修也："運送法·海商法改正案"，载《法律時報》90 卷 3 号。

[48] 《数字でみる物流》（2017 年度版）。此部分数据来源转载自 [日] 野村修也："運送法·海商法改正案"，载《法律時報》90 卷 3 号。

对运输法制和海商法制进行全方位的修订，体现出法律推动行业持续性发展的内在动因。

（二）实现了运输法制和海商法制的统一规范

本次《改正法律案》基本实现了日本运输法制和海商法制的统一规范：其一，在国内运输领域，将第8章第1节的运输法总则同时适用于陆运、空运、海运的货物及旅客运输。现行的日本《商法典》分别对陆上运输和海上运输进行了规定，航空运输受限于日本《商法典》制定的时代，没有相应的规范。日本《商法典》将陆上运输定义为在陆上或是湖川、港湾的运输，[49]将日本《船舶安全法》中的湖川和港湾的"平水区域"运输划入陆上运输的范畴。[50]"平水区域"是日本特有的概念，意指包括湖川、港湾在内的地形、气象、海象等较为平稳的海岸线以内的水域。之所以将"平水区域"运输包括在陆上运输中，是考虑到日本狭小的国土范围内，没有必要对湖泊、河川、港湾上的运输进行专门性立法，仅在平水区域航行的船舶，并不适用适航担保义务等海上运输的特殊规定。但是这种着眼于立法便利性的规定不仅有悖于社会通识，同时由于日本另有《内航海运业法》对从事湖泊、河川等内航运输的相关问题进行规范，日本《商法典》对这一问题的立法规制显然不利于法律上的统一。《改正法律案》在运输法总则部分对陆上、海上、航空运输进行了定义，并将危险品的通知义务、承运人责任的消灭、承运人的不法行为责任等规定同时适用于海陆空三种运输方式，[51]弥补了原有体系中缺乏航空运输规范的不足，实现了运输法制由碎片化向系统化的发展。其二，在海上货物运输领域，采用了双轨制的立法模式。《改正法律案》将平水运输纳入国内海上运输的范围，修订后，有关国内海上货物运输的相关问题由运输法总则、海上货物运输特则进行调整，有关国际海上货物运输则由《国际海运法》另行调整。[52]在此基础上，如前所述，《改正法律案》对海

---

〔49〕 日本《商法典》第 569 条。

〔50〕《船舶安全法施行规则》第 1 条第 6 款划定了 49 个"平水区域"。

〔51〕《改正法律案》第 569、572、584、587 条。

〔52〕 陈昊泽、何丽新：《〈日本商法典〉运输总则最新修订之评析》，载《中国海商法研究》2018 年第 3 期。

上货物运输特则以《海牙-维斯比规则》和《国际海运法》为参考进行了修订，在保留水上运输双轨制立法的基础上，将国际上通行的航运惯例吸收到内航运输的规范中。

六、结论与余论：日本修法对中国完善运输法的启迪

本次《改正法律案》对海商法制的修订总体而言并未脱离《海牙-维斯比规则》的影响。而我国在 1993 年制定《海商法》时同样在很大程度上参考了上述海运公约，因此从这一点而言，《改正法律案》与中国《海商法》存在一定的内在关联性。同时《改正法律案》具有一定的先进性值得我国参考：

第一，大陆法系立法传统的坚守。《改正法律案》以运输法总则的形式对承运人责任等问题进行了概括性的规定，这有利于立法上的统一和实践中的法律适用。日本将海商法制作为运输法制的特殊规范一并规定在《商法典》中，这种立法体系在大陆法系国家中并不罕见——1807 年的《法国商法典》率先将海商法并入其中，时至今日，诸如日本、德国等大陆法系国家仍沿用了这种做法。可以说，尽管海商法是基于海上风险的特殊性而逐步发展成熟的颇具特色及影响力的部门法，但从根本上仍具有商法的基本属性。我国的现行法律中，不同的运输方式存在不同的立法，相互之间难免存在冲突。[53] 实践中寻找法律时需要先区分运输方式，再区分货物运输或旅客运输以及国内运输或跨境运输也增加了法律适用上的障碍。[54] 我国对运输法进行整合时可以参照日本，以"运输总则"的方式对水运、空运和陆路运输的共同点进行统一和概括，也有助于我国"商法典"的自身构建。

第二，法典基本体系稳定性的维系。尽管本次《改正法律案》修订的范围较大，但《改正法律案》对日本《商法典》的修订并未脱离日本商法原有的体系，依旧维持了日本海商法作为商法体系下部门法的立法模式。我国交通部近期公布了《海商法（修订征求意见稿）》，并于 2018 年 11 月 5 日——

---

[53] 除海商法外，我国另有铁路法、公路法、民用航空法等与运输相关的单行法。

[54] 郑志华：《海运、空运与陆运：规则的割据与统一》，载《中国海商法研究》2012 年第 3 期。

12 月 7 日向社会公开征求意见。在本次《海商法（修订征求意见稿）》中，新增了"国内水路货物运输合同"一章以调整内河水域的运输法律关系，同时新增了"船舶污染损害赔偿责任"一章以规范船舶污染损害赔偿法律制度。[55] 尽管这种立法模式能够在客观上较为迅速地弥补现行法律的空白，但这并不是海商法可以任意扩张的理由，同样以海商法是单行法因而可以适度扩张为由进行立法所形成的海商法体系是混乱且臃肿的。海商法的特殊性很大程度上体现为其强制性体系，而对于内河运输的规范多偏重于私法的性质，若将海商法的调整范围由海上扩大到内河运输，则从根本上改变了海商法的立法体系。这种扩张型的修法方式忽视了一般民商法的核心地位，未能很好地平衡海商法与一般民商法体系的关系，必然危害到海商法典的体系模式的形成。[56]

第三，商法价值的弘扬。《改正法律案》很大程度上体现了民商法领域私法自治的核心精神。例如，《改正法律案》在"海商"编第 1 章第 4 节新增了"定期租船"一节，但是由于考虑到实践中标准条款的广泛应用，最终在条文上仅仅增加了四条规定。[57] 相比之下，我国《海商法》对定期租船合同的规定则较为具体，[58] 未能很好地体现合同领域中的契约自由精神。在《海商法》修改的讨论中，如何在保证《海商法》与民商法制度的协调性的基础上，尊重《海商法》作为特别法的自体性特色是法律修订的重点。《海商法》作为民商法体系下的特别法，在立法上同样应该体现出特殊性与侧重点，[59] 即与海上风险特点相关的制度应尽可能地详尽规定，一则通过保障交

---

〔55〕 我国目前缺乏国内水路货物运输的法律规范，《国内水路货物运输规则》已于 2016 年 5 月 30 日被废止。

〔56〕 马得懿：《作为补充型特别民法之海商法的丰富性与体系性》，载《社会科学战线》2016 年第 8 期。

〔57〕 《改正法律案》第 704 ~ 707 条分别对定期租船合同的定义、依据定期租船人的指示、费用的负担、运输以及光船租赁的准用进行了规定。

〔58〕 《海商法》第 129 ~ 143 条。《海商法（修订征求意见稿）》对此部分未作调整。

〔59〕 曹兴国、初北平：《作为特别法的〈海商法〉的修改——制度体系、修法时机及规范设计》，载《政法论丛》2018 年第 1 期。

易安全以促进交易效率，[60] 二则体现出海商法的自体性价值。而与此关联不大的制度应该不予保留，直接适用一般法的规定，如此一来有利于立法上的统一，也能更好地体现商事自治原则。日本《商法典》第 1 条第 2 款规定，有关商事活动，本法未规定的事项依照商习惯，商习惯未规定的，依照民法的规定处理。在日本商法体系下，从立法上肯定商习惯的优先效力并明确民法的适用具有一定的合理性。[61] 我国《海商法》的修订同样可以借鉴这种理念，在特别法未能穷尽一切可能时，发挥民商法制精神的效用。

本次日本《商法典》的修订是 1899 年至今海商、运输领域最大幅度的修订，涉及的法条超过二百条；涉及的范围包括货物及旅客的运输；涉及的内容包括运输总则、海上运输特则及航空运输、多式联运的新设。《改正法律案》修改了船舶适航担保义务条款、删除了免责条款无效等规定，在海运单、定期租船合同等新增条款上同样仅在最小范围内作出规制以平衡船方和货方的利益，将多数问题留给当事人自治，充分体现了商事领域最大限度地尊重当事人合意的原则。同时，《改正法律案》调整了商法中与《国际海运法》规定不一致的地方，将国际条约的规则进行了国内化立法，力求海上运输领域内航、外航与国际立法的统一。此外，《改正法律案》紧密结合实务，删除了诸多任意性条款以期更好地依赖于实务中的标准合同，体现了法律支持实务发展的立法宗旨。可以说，在法律不可能穷尽所有状况的客观现实下，日本《商法典》力求最小限度的法律规制、最大限度的实务依托的修改宗旨切合商事领域的立法模式，也体现出日本修法工作严谨而克制的态度。因此，可以期待《改正法律案》正式生效后实务中更加安全、高效、现代化的海上运输行业的发展。

---

〔60〕 何丽新：《论新民商立法视野下〈中华人民共和国海商法〉的修订》，载《中国海商法年刊》2011 年第 2 期。

〔61〕 曹兴国、初北平：《作为特别法的〈海商法〉的修改——制度体系、修法时机及规范设计》，载《政法论丛》2018 年第 1 期。

亚投行之投资争端解决机制的法律完善

张继红* 顾郡雯**

亚洲基础设施投资银行（以下简称"亚投行"）于 2015 年 12 月 25 日正式成立，作为一个政府间的亚洲区域多边开发银行，其在"一带一路"建设实施过程中发挥着基础设施投资、促进亚洲经济发展的重要作用。然而，无论是亚投行与主权国家，抑或是与非主权国家贷款人之间的争端，目前尚无具体法律规范或国际协议加以规定。虽然成员国与亚投行之间的投资争端还未凸显，但亚投行具有融资金额大、融资风险高等特征，一旦在投资过程中出现争议，将面临巨大风险和挑战。对于新矛盾、新问题，确有必要未雨绸缪。

一、亚投行之投资争端解决：可能面临的困境

目前，多边开发银行提供的资金极为有限，形成了巨大的金融资金缺口，以亚洲开发银行为例，2017 年提供给所在区域基础设施项目的融资不到 200 亿美元。[1] 投资与基础设施的巨大缺口与强烈需求形成巨大反差，世界银行 2018 财年的投资额不到 230 亿美元，银行增资仍是一项巨大挑战。[2]

---

* 上海政法学院教授。

** 上海对外经贸大学 2018 级研究生。

〔1〕 参见 ADB Annual Report 2017，载亚洲开发银行网：https://www.adb.org/sites/default/files/institutional-document/411996/adb-annual-report-2017.pdf，最后访问日期：2018 年 9 月 28 日。

〔2〕 参见 Annual Report 2018，载世界银行网：http://documents.worldbank.org/curated/en/630671538158537244/pdf/130320-v1-english-replacement-PUBLIC.pdf，最后访问日期：2018 年 9 月 30 日。

亚投行的建立则大大缓解了丝绸之路经济带上国家及地区的基础设施融资压力。亚投行作为"南南合作"和"国际平权"在金融领域的具体体现，是全球经济一体化的重要一环。但同时，其周期长、融资额度大，主要的融资对象是亚洲地区发展中国家，易产生借款人违约、主权国家的法律与政策的情势变更等情况。这也增加了亚投行的法律风险，一旦引发法律争端，将会给亚投行造成相应的贷款损失。

不同于一般的投资争端，亚投行的投资争端类型以及主体具有其特殊性。投资争端主体通常为国家与国家之间，抑或是私人与私人、东道国与私人之间等几种形式。但是对于亚投行来说，投资争端主体相对固定，主要是国家政府与亚投行，涉及国家豁免以及国家政策等。亚投行的投资方式主要为间接投资，其投资方向不限于基础设施，同时还涵盖节能减排、跨境并购等方向。针对可能产生的投资争端，目前尚无可直接适用的法律。

相较于世界银行和亚洲开发银行，亚投行的贷款条件更为宽松。[3]这也将产生更多风险。以印度基础设施基金为例，亚投行于 2017 年 6 月 15 日批准了 1.5 亿美元的股权投资用于印度基础设施基金。该融资模式，相当于先将资金投资于金融中介机构，再由中介机构转贷至子项目或下一级的客户。多方主体的介入，不仅加大了投资风险，使得法律关系愈加复杂，而且亚投行已设立的社会标准、融资标准将被稀释，融资透明度亦会大打折扣。与此同时，"一带一路"成员主要分布在中亚、南亚、东南亚、中东欧和西亚、北非等地区，涉及的法律体系囊括了民法法系、普通法系和伊斯兰法系，各个国家身处不同的法律环境，也是不同国际条约和贸易集团的签署国。[4]各国对于投资争端的解决模式必然有所差异，以上种种更加剧了争端处理的难度。

此外，亚投行之投资争端解决的实际执行亦存在一定阻碍。"一带一路"

---

〔3〕 See Paola Subacchi, "The AIIB Is a Threat to Global Economic Governance", *Foreign Policy*, 2015.

〔4〕 See Malik R. Dahlan, "Dimensions of the New Belt & Road International Order: An Analysis of the Emerging Legal Norms and a Conceptionalisation of the Regulation of Disputes", *Beijing Law Review*, 2018, 9 (1): 87–112.

成员中，超过 50 个成员为《承认及执行外国仲裁裁决公约》（又称《纽约公约》）的缔约成员，中国于 1987 年加入该公约。然而，目前与中国签署民事或刑事司法协助条约的国家不到 20 个，一旦发生投资争端，其仲裁结果可能难以得到承认与执行。从目前实践看，争端解决的执行主要依赖两国之间的互惠安排以及外国法院的协助。例如，日本法院在"夏淑琴申请执行南京市玄武区法院判决案"中，认为中日之间的司法案件并未达到互惠标准，以此为由拒绝承认和执行中国法院的判决。[5] 鉴于此，亚投行的投资争端解决结果能否得到执行，仍然具有很大的不确定性。加之，亚投行目前尚未建立投资争端解决的承认与执行机制，可以预见未来一旦发生投资争议，仍然依赖其成员国的自愿履行来执行。

二、多边开发银行争端解决机制之比较分析

从世界层面来看，目前活跃的区域性开发银行主要有亚洲开发银行（ADB）、泛美开发银行（IDB）、欧洲复兴发展银行（EBRD）和亚投行（AIIB）等，但是不同的价值取向使得此类区域性开发银行在其框架协议中的争端解决规则有所差异，各家银行的基础协定亦呈现出不同的制度特色。

（一）多边区域开发银行框架协议下的争端解决机制比较

1. 现有框架下的仲裁机制

应该说，ADB、EBRD 与 IDB 都采纳了仲裁为争议解决方式（见表1）。《ADB 协议》第 61 条[6]、《IDB 协议》（Agreement Establishingthe Inter-American Development Bank）第 13 条[7]、《EBRD 基础文件》（Agreement Establishing the European Bank for Reconstruction and Development）第 58 条[8]等条款均规定，当成员国终止了其成员资格，在多边开发银行与该国发生争议时，应将争议提交仲裁庭，由三名仲裁员组成仲裁庭。

---

〔5〕 冯茜：《日本法院对我国财产关系判决的承认执行问题研究》，载《武大国际法评论》2017 年第 3 期。

〔6〕 See ADB Article 61.

〔7〕 See ADB Article 13.

〔8〕 See EBRD Article 58.

表1　ADB、IDB、EBRD 与 AIIB 对争议解决方式的规定

	ADB	IDB	EBRD	AIIB
框架条款	《ADB 协议》 第 61 条	《IDB 协议》 第 13 条第 2 款	《EBRD 基础文件》 第 58 条	《AIIB 协定》 第 55 条
仲裁员 的选任	提交由三名仲裁员组成的仲裁庭进行仲裁，一名由亚行任命，一名由有关国家任命，第三名由国际法院院长或亚行理事会通过的条例规定的其他当局指定。	由三名仲裁员组成的仲裁庭进行仲裁。一名由银行任命，另一名由有关国家任命，第三名由美洲国家组织秘书长任命。	由三名仲裁员组成的仲裁庭进行仲裁。一名由银行任命，一名由协议成员/前成员任命，第三名仲裁员由国际法院主席或理事会通过的规章所确定的其他权力机构来任命。	提交由三名仲裁员组成的仲裁庭进行仲裁。一名由银行任命，一名由涉事国家任命，第三名由国际法院院长或银行理事会通过的规章中规定的其他当局指定。
仲裁效力	最终裁决，对双方均有约束力。	并未直接规定仲裁结果的效力。	最终裁决，对双方均有约束力。	最终裁决，对双方均有约束力。
共同特征	对于仲裁员作了详细的规定，但是对于仲裁地、仲裁适用的法律等并未明确指明。			

　　相比之下，可以发现上述多边开发银行在其基础协定中，对于三名仲裁员的选定略有差异。由美国所主导的 IDB，仲裁员的选任呈现强权色彩。在争议双方各自选定一名仲裁员后，如果双方对于首席仲裁员的选任不能达成一致的，则由美洲国家组织秘书处选任。ADB 与 EBRD 则规定在双方未达成合意时，由国际法院或理事会所认可的组织进行选任。这种争议解决的模式，其实是沿用了世界银行的争议解决方法。在仲裁的终局性方面，三个区域性多边开发银行的效力也有所不同。《IDB 协议》并未规定仲裁的效力，《ADB 协议》和《EBRD 基础文件》规定了争议双方作出的仲裁为最终仲裁，具有终局性，但是均未规定仲裁的上诉机制。而且，各个多边开发银行都未表明具体交由什么仲裁机构解决争端，也未指引仲裁机构的选择方式，

仲裁程序的可操作性还有较大的提升空间。

相较而言，AIIB 仲裁程序更加具体、明确。《AIIB 协定》第 55 条[9]规定了亚投行的仲裁争议解决，仲裁形式及内容与 ADB 与 EBRD 协定具有高度一致性，即在成员国终止其成员资格后，可以提起相应的仲裁。《亚投行项目筹备专项资金规章制度》（以下简称《规章》）第 6 条规定，"除非仲裁各方另有协议，仲裁地点应为海牙，并适用《联合国国际贸易法委员会仲裁规则》。"[10] 这赋予争端双方，即投资方与被投资方协议选择仲裁地的权利，同时亦防止了在无协议的情况下案件管辖可能产生的争议，提高了案件处理的效率。投资仲裁机制的核心是为了保护投资者利益，实现争端解决的"去政治化"。在双方没有约定的情况下，将仲裁地选择为海牙，也是基于这样的一种考虑。

从仲裁的受案范围以及争端解决类型来看，亚投行呈现出更大的包容性。如国际投资仲裁中心只受理一方为国家或者指定机构为主体，另一方为他国国民之间的投资争端。而不同的缔约国之间的投资争端并不属于该中心的管辖范围。而亚投行对成员国与非成员国之间的投资争端都作了安排，在尚未终止成员国资格时，双方基于《AIIB 协定》友好协商解决；在终止成员资格后，双方有权利将投资争端提交至仲裁庭。

但是，AIIB 在实体法律的适用上仍存在模糊点。《规章》第 6 条规定，仲裁庭适用的法律为成员国与出资人签订的出资协议。[11] 看似对于适用的法律作出了指引，但是当协议条款出现分歧时，仍需要引用其他条约来进行解释，也为亚投行争端的有效解决埋下了隐患，亟待仲裁法律适用条款的进一步细化。如果没有明确的可适用法律，仲裁裁决结果出现冲突的情况就会多有发生。以国际投资仲裁争端解决中心为例，多个案件在争端事实或争端案情几乎一致时，因适用的法律不同其仲裁结果可能截然相反，不确定性极大。

目前，对于仲裁机制的改革，英美持截然不同的态度，美国主张在现有

---

[9] See AIIB Article 55.

[10] See AIIB Section 6.

[11] See AIIB Section 6.

的机制上进行改革，而欧盟则倾向于建立新的机构来解决争端。[12]欧盟认为，仲裁本身具有的秘密性，是仲裁的优势，但是争端双方各自选择仲裁员，这种程序必然导致仲裁机构的非中心化特征以及仲裁裁决的不一致性。[13]亚投行总法律顾问杰拉德·桑德斯（Gerard Sanders）指出，亚洲地区的仲裁，往往以客户为中心，且具有很大的创新性，对于重点的基础设施项目越来越不可或缺。同时，技术、人工智能可能会对解决争端产生变革性的影响。[14]因此，亚投行的仲裁模式亦应考虑技术、成本等因素，采用灵活变通的方式与时俱进。尽管亚投行的文件中规定了仲裁地，但也不能排除将来通过网络通信技术在网上进行仲裁的可能性。相应地，亚投行的仲裁规定也需要同步更新。

2. 投资争端解决中调解机制的适用

IDB、ADB、AIIB 等多边开发银行在其框架性文件中都未设定调解程序，亚投行的争端解决机制目前也规定了仲裁一种形式。目前设立调解程序的是世界银行与国际复兴开发银行。《国际复兴开发银行公约》第 62 条指出，调解或仲裁程序应在中心的事务所进行。其调解程序仅限于调解私人投资争端，在金融机构与对应的成员国之间并未设立相应的调解机构。世界银行下设的 ICSID 则采取机构化模式进行调解，为成员国与外国投资者之间的争端解决提供救济路径。作为一种合作的、非对抗性的争议解决程序，其主旨是澄清当事方之间的争议问题，并努力就双方可接受的条款达成协议。为此，调解委员会可以要求提供相关文件，听取证人证言，进行实地访问并提出建议，以协助双方达成均可接受的条款以解决争议。[15]

---

〔12〕 Stefanie Schacherer, "TPP, CETA and TTIP Between Innovation and Consolidation—Resolving Investor-State Disputes under Mega-regionals", *Journal of International Dispute Settlement*, Volume 7, Issue 3, 2016, pp. 628 – 653.

〔13〕 Mark A. Clodfelter, "The Future Direction of Investment Agreements in the European Union", *Santa Clara Journal of International Law*, 2014, p. 173.

〔14〕 AIIB, "AIIB Conference Focus on Dispute Resolution", *Asia Business Law Journal*, 14 November 2018.

〔15〕 See Overview of Conciliation under the ICSID Convention, available at https://icsid.worldbank.org/en/Pages/process/ICSID-Convention-Conciliation.aspx, last visited on Oct. 11, 2018.

ICSID 调解程序由当事人提交调解申请而启动。由于调解案件的调解员必须从仲裁员名册和调解员名单中选定，ICSID 将确立调解员的数量以及调解方式并完成委任。此外，ICSID 还对调解的一些具体法律程序，如调解委员会的管辖权问题、调解协议的作出及其效力等问题进行释明。这种全面、具体的规定提升了 ICSID 处理争端案件的效率。总体而言，ICSID 在调解委员会的组成、调解程序、调解请求等各个方面作出了相对完备的规定。

鉴于仲裁机制可能存在的不足，亚投行在争端解决机制上亦可引入更为灵活的调解机制。在保障调解专业人才的前提下，在争端伊始，调解程序就能够及时介入，有助于降低投资争端解决的成本。

（二）亚投行之投资争端解决的主张和立场

亚投行关于争议解决的条款，主要规定在第 46 条。《AIIB 协定》第 46 条，即亚投行法律程序上的豁免权，除银行为筹资而通过借款或其他形式行使的筹资权、债务担保权、买卖或承销债券权等引起的案件外，银行享有程序上的豁免。相应地，一旦出现上述相关案件，则需要向有管辖权的法院提起诉讼。《AIIB 协定》虽然对以上三类事项之外的案件规定了司法豁免权，但是也仅免除了国内法院对银行的管辖权，并不能排除银行因合同或侵权而对第三方承担实体法律责任的可能性。[16]《AIIB 协定》第 46 条对银行资产的执行也作了限制，即在对银行作出最后裁决之前，均不得施以任何形式的没收、查封或强制执行。[17]《规章》第 6 条也有类似的规定，它指明即使条文另有规定，规章或任何供款协议所载的任何条文，不得直接放弃或视为放弃豁免权。也就是说，亚投行在国家豁免问题上采用的是限制豁免的立场，这与中国作为《AIIB 协定》的签署国及亚投行的创始成员国一贯采取的绝对豁免立场相矛盾。[18]亚投行这种应对模式，其实是"积极应诉"的体现，

---

〔16〕 郭华春：《"金砖银行"司法豁免权与第三方权益保障》，载《上海财经大学学报》2015 年第 1 期。

〔17〕 See AIIB Article 46.

〔18〕 莫世健、陈石：《AIIB 协定下国家豁免原则与中国法的冲突与协调》，载《政法论丛》2016 年第 1 期。

避免因"消极怠诉"而影响到其发展。[19]

以发展中国家建立的最大自由贸易区中国—东盟自由贸易区为例,《中华人民共和国与东南亚国家联盟全面经济合作框架协议》第 11 条要求,在本协议生效之日起一年内,建立正式的争端解决程序和机制,在此之前应当友好解决或是通过协商或调解方式解决争端。显然,我国对于国际争端解决,更倾向于协商、调解等低成本的争端解决模式。通常情形下,磋商作为调解的先决条件,不仅有助于保持双方之间的良好关系,还能最大限度地解决冲突和争议。

总体来说,目前《AIIB 协定》仅在框架层面对争端解决进行了规范指引,但是如何适用到具体案件尚不明确。有学者借用奥地利社会学家奥图·扭拉特(Otto Neurath)对亚投行作了形象的比喻,将其看作是海员们在远离大陆的茫茫大海中进行船舶的重建,但是由于没有海港和良好的材料,所以海员们只能一块木板接一块木板更换船舶上的材料。但是海员们却又不得不保证船舶能够始终具有通航的能力。[20] 2015 年以来,亚投行开始招募临时秘书处成员,要求这些人员在环境保护、公共采购、法律和贷款审批等领域具有实际经验,作为每一领域的专家为亚投行献力献策。[21] 仲裁机构的能力以及权限也在进一步延伸,如深圳国际仲裁院的职权已经延展至国家政府与投资者之间的争端,[22] 亚投行亦是如此。通过招募专业人士及扩大争端解决机构的职权范围,为解决投资争端创造足够的条件。但这也仅是在弹性范围内作出的努力。若要有效地解决投资争端,尚需对管辖权的正当性、法律解释、争端解决规则等作进一步的规范。

---

〔19〕 杨玲:《欧洲的国家豁免立法与实践——兼及对中国相关立场与实践的反思》,载《欧洲研究》2011 年第 5 期。

〔20〕 彭岳:《亚洲基础设施投资银行贷款协议法律适用问题前瞻》,载《法商研究》2016 第 1 期。

〔21〕 See Zheng Yangpeng, "Infrastructure Bank Searching Globallyfor Talent", *CHINA Daily USA* (Apr. 8, 2015), available at http://usa. chinadaily. com. cn/us/2015-04/08/content_20032290. htm, last visited on Mar. 16, 2019.

〔22〕 何东闽:《深圳国际仲裁院投资仲裁制度发展前瞻》,载《经济研究导刊》2017 年第 6 期。

三、亚投行投资争端解决之若干建议

(一) 学习既有经验，完善争端解决的相关法律规范

依托国际组织建立争端解决机制是目前国际组织投资争端解决的通行做法。亚投行投资争端解决机制当然也可依托上合组织、金砖国家等已建立的争端解决机制。目前，国际上较为完善成熟的投资争端解决机制是世界银行主导下的 ICSID。[23] ICSID 是高度集中化的国际组织，拥有包括仲裁庭的组成及仲裁裁决的修改、解释或撤销等一整套具体程序。[24] 尽管 ICSID 至今历经四轮改革，但其解决机制仍然不够完善。国际上常用的争端解决方式诸如磋商、调解、诉讼等，ICSID 并未采用。虽然仲裁理论上具有高效、便利性等优点，但是从统计数据看，ICSID 当前裁决一个案件平均花费时间为 4.1 年。[25] 而且，ICSID 不存在平行的上诉程序，其解决争端的效率以及结果的公正性被广为诟病。

亚投行是否能将全部纠纷提交 ICSID 仍然有待商榷。将纠纷提交给 ICSID 解决的前提是亚洲国家之间达成双边投资协定以接受 ICSID 的管辖，但这些双边投资协定的数量相对有限。[26] 加之，亚投行的投融资目标国既可以是成员国，也可以是非成员国、企业或实体经济组织，而 ICSID 仅解决缔约国政府与缔约国国民之间的争端，其受理范围明显受限。由此可见，ICSID 受理案件范围的局限性阻滞了亚投行将其纠纷提交至 ICSID 解决。

亚投行的项目回收期通常为 18 年，特殊情况下可以达到 20 年。从亚投行 2015 年成立以来，许多投融资项目仍在运行建设中。现阶段投资争端并未显现，也并没有任何纠纷解决案例可供参考。为解决未来可能产生的纠

---

[23] See ICSID Processes Updatesto Investment Dispute Settlement Rules, available at https://icsid. worldbank. org/en/Pages/resources/ICSID - Convention, - Regulations - and - Rules. aspx, last visited on Oct. 23, 2018.

[24] See ICSID, *ICSID Convention*, *Regulations and Rules*, Washington, D. C., 2006, pp. 22 - 28.

[25] Joongi Kim, "Streamlining the ICSID Process: New Statistical Insights and Comparative Lessons from Other Institutions", *Reform of Investor-State Dispute Settlement*, 2015.

[26] 王军杰：《"亚投行"在突破 TPP 壁垒中的法律应对》，载《山东警察学院学报》2015 年第 6 期。

纷，有学者建议在亚投行内单独设立一个机构——投资争端解决中心（AC-SID）。[27] 在 ICSID 框架的基础上，设立全新的投资争端解决中心亦为一个切实可行的纠纷解决途径。换言之，亚投行可以借鉴 ICSID 的仲裁机制与争端解决模式，对仲裁庭的选择与组成及仲裁裁决有效性认定、执行、撤销等方面作出具体规定，使争议解决具有实效。这里需注意的是，ACSID 应与亚投行保持相对独立，而非亚投行的下属部门，这将有助于 ACSID 在处理成员国与私人投资者或是银行与成员国之间争端时保证争端解决的公平与公正。亚投行也可以引入磋商、调解、仲裁、诉讼等多元争端解决方式，供当事人进行选择，促使争端解决更加便捷化。

（二）拓宽法律适用空间，增加争端解决的灵活性

IDB、ADB、EBRD 与 AIIB 等多边开发银行均对于银行的豁免权作出规定，但是银行因筹资权、债务担保权、买卖或承销债券权等引起的案件，则不享有司法豁免权。如上文所述，司法豁免仅仅免除了国内法院对多边开发银行的管辖权，并未排除多边开发银行在国际法院的诉讼，以及将案件争议提交仲裁的可能性。一旦发生争端，如何进行法律适用也存在极大的不确定性。

国际上法律适用主要采用两种模式：一是 EBRD 的"国际法模式"，另一种为世界银行和 ADB 所采用的"建设性模糊模式"。[28] 两类模式的主要区别在于，国际法模式将国际的条约、惯例等作为法律适用条款，完全规避了国内法律的适用；而建设性模糊模式则指向了法律的事后确定，在银行与另一方的法律文件或是协议中并不明确规定所适用的法律，而是交由仲裁庭根据准据法加以确定。根据《AIIB 协定》第 46 条第 1 款的规定，"银行对一切形式的法律程序均享受豁免，但银行为筹资而通过借款或其他形式行使的筹资权、债务担保权、买卖或承销债券权而引起的案件，或者与银行行使这些权力有关的案件，银行不享有豁免。"由此可以看出，仅《AIIB 协定》明

---

〔27〕　黄进、孔庆江：《关于设立亚洲基础设施投资银行投资争端解决中心的探讨》，载《国际经济评论》2017 年第 6 期。

〔28〕　彭岳：《亚洲基础设施投资银行贷款协议法律适用问题前瞻》，载《法商研究》2016 年第 1 期。

确提到的情形方能在国家境内对银行提起诉讼。这实则是亚投行对于争端在国内解决持否定态度，即使在国内具有管辖权的法院进行诉讼，也是限于仅有的几种情形。《AIIB 协定》第 46 条第 2 款更是规定了成员、成员的机构或单位等实体、个人不得对亚投行提起诉讼，而是积极鼓励这些实体通过协议或合同中规定的特别程序进行争端解决。《AIIB 协定》第 46 条第 1 款限制了银行与银行客户之间的争端解决的途径，使得这种争端限于诉讼框架内，而《AIIB 协定》第 46 条第 2 款则排除了银行客户起诉的可能性，对此种情况下寻求救济的银行客户则明显有失公允。因此在目前亚投行的制度框架之下，限制了银行寻求其争端解决的选择途径，也使得银行客户处于不确定的国家司法管辖权下，减损了银行客户的救济权利途径。[29]

"建设性模糊模式"的设立使得规定能够借力于解释与适用得到不断澄清，增强法律规则的适应性并为其预留发展演变的空间。[30] 这种事后确定法律的模式将为亚投行的法律适用增加更多的灵活性，当事人就有机会朝着符合自己利益的方向对法律适用进行解释。亚投行当前并无明确的法律争端解决模式可以直接适用，因此可以依托已有经验，采取"建设性模糊模式"。尽管目前"建设性模糊模式"的法律适用仍然存在一定的模糊性与不确定性，但就亚投行当前的实际情况看，不失是一种切实可行的路径。亚投行的业务领域主要集中在亚洲基础设施建设领域，与世界银行和亚洲开发银行的联合融资贷款项目上，双方业务存在很大重合。为了便于争端解决以及与亚洲开发银行、世界银行的紧密合作，亚投行的法律适用模式亦应与世界银行和亚洲开发银行接轨。相比之下，欧洲复兴银行把国际法模式作为其主要的争端解决依据，与欧洲独特的历史地理背景有关。欧洲复兴银行争端解决的法律引用模式，更像是一种独特的政策性贷款的例外情形。而亚投行的贷款发放具有更强的商业目的，政治性因素较低，也无意于干涉别国内政。因此，在法律适用上选择"建设性模糊模式"具有更大的合理性。

---

〔29〕 黄进、孔庆江：《关于设立亚洲基础设施投资银行投资争端解决中心的探讨》，载《国际经济评论》2017 年第 6 期。

〔30〕 韩逸畴：《国际法中的"建设性模糊"研究》，载《法商研究》2015 年第 6 期。

（三）完善内部框架，促进自力救济

亚投行作为一个国际性组织，主要由国际公法对其进行管辖。其内部法律框架在法律和逻辑上源于协议条款以及理事会、董事会等所承担的责任和能力。通过理事会的规则和条例以及董事会制定的政策，获得其权力来源。同时，亚投行法律框架内约束力的来源也是由国际行政法原则确立的，所以归根结底这种原则源于国际公法，依托国际公约、国际习惯法、一般法律原则和确定法律规则进行机构的管辖。[31]

同时，《AIIB 协定》本身也构成了国际法的渊源，各成员国应该遵循并接受该协定的约束。亚投行在其框架性协议外的基础性文件中对于违约行为制定了法律救济途径。一旦与亚投行订立投融资协议后，双方就应当受投融资合同义务的约束。倘若借款人违反了协议，或是未完全履行其义务，亚投行可以根据法律协议进行补救。银行可以在适当情况下与当事人协商，并在需要时采取及时和适当的补救措施，[32]具体包括：①暂停支付未提取的贷款金额；②取消未提取的贷款金额；③加快贷款到期的付款。[33]由此可见，亚投行对于借款人的违约，主要采取停止支付已经批准的贷款项目，并限制其后续贷款的批准。

对于借款方的违约标准，亚投行设立了 30 天的违约期限。如果超期 30 天未偿清欠款，且成员国或成员国内的个人或实体提出新的贷款协议，执行董事会不予通过，已经通过的贷款协议，董事会将停止在协议上签字。[34]如果违约方在超期 45 天后仍不偿付，除非成员国支付超期未支付的借款并缴付一定的赔偿额，或提供担保人，否则其将无法获取更多的贷款。[35]该协议规定迟延支付的最高超期期限为 60 天，如若应付款在 60 天内未偿付，则亚投行有权停止对该会员国所有贷款的发放。[36]通常，在银行实施纠正措施之

---

〔31〕 See AIIB, The AIIB under International Law, available at https://www.aiib.org/en/about-aiib/who-we-are/role-of-law/index.html, last visited on Mar. 22 2019.

〔32〕 See AIIB Article 3.5.6. AIIB Operation Policy on Financing.

〔33〕 See AIIB Article 5.1.3. Ibid.

〔34〕 See AIIB Article 6.1.1. Ibid.

〔35〕 See AIIB Article 6.1.2. Ibid.

〔36〕 See AIIB Article 6.1.3. Ibid.

前，应当与当事方进行磋商，但在少数情况下，如非主权融资担保等情形，亚投行可直接采取法律救济措施。

总体而言，对于投资争端的法律救济，《AIIB 协议》已建立初步框架，如若产生违约，主要采用自力救济，通过对贷款实施相应限制措施，督促违约方及时履行协议。今后，为了更好地完善亚投行的争端解决机制，可以在现有自力救济措施基础上制定更加完善的纠纷解决执行机制，融于亚投行与成员国的合作机制之中，大力推进"一带一路"争端解决机制建设。

（四）灵活协调非政府机构，建立紧密合作机制

"与我们现有的以法院为中心的争议解决方法相比，真正的争端解决'替代性方式'并非通过采用新的技术，它真正的突破口在于促进当前的机构与非政府机构之间形成有序的系统。"[37]亚投行的争端解决机制的完善，需加强与非政府组织的合作，特别是协商与申诉机制等。以世界银行为例，世界银行设立了两个协商机构，分别为市民社会小组（Civil Society Team）和市民参与小组（Participation and Civic Engagement Team）；两个申诉机构，分别为合规监察员（Compliance Advisor/Ombudsman）和监督小组（InspectionPanel）。这些非政府组织独立于政府机构之外，在其他群体或自身利益遭受损失之时，通过申诉的途径以实现世界银行的自我纠错功能。[38]从其实际运行效果来看，非政府组织的介入取得良好成效，其要求均得到了重视与审查。[39]再如国际金融公司（IFC），该公司曾于 2008 年投资印度基础设施投资基金，该基金准备投资当地一家大型煤电厂。当地社区随即向 IFC 的合规顾问监察员（CAO）进行了投诉，认为其 2/3 的客户与煤电厂和矿山有关联。最后由合规顾问办公室对其合规性进行了调查，从内部解决了该问题。合规顾问监察员作为独立的投诉机制和事实调查机构，主要面向因 IFC 资助项目而受到不利影响的人。合规顾问监察员接到投诉后，监察员办公室即开

---

〔37〕 See Arthur Pearlstein, "The Justice Bazaar: Dispute Resolution through Emergent Private Ordering as a Superior Alternative to Authoritarian Court Bureaucracy", *Ohio State Journal on Dispute Resolution*, vol. 22, 2007.

〔38〕 王丽华：《亚投行参与区域金融治理的法律分析》，载《法学》2016 年第 2 期。

〔39〕 孟昊：《非政府组织参与全球金融治理的法律分析》，武汉大学 2010 年博士学位论文。

展调查，以评估 IFC 是否遵守现有的政策与程序，以防止投资项目可能对人或环境造成的损害。

不仅如此，非政府组织的参与，将提升法律争端解决的效率。非政府组织拥有专业知识、分析能力以及信息资源，[40] 有时候非政府组织甚至可以成为政府的"智力竞技者"（Intellectual Competitors）。[41] 将非政府组织纳入争端解决的辅助性环节，在亚投行认为私营部门风险过大或是争端已经产生之时，非政府组织可以成为政府和亚投行之间的一个沟通桥梁，如此一来可以大大减少政治风险，并有助于协商解决争端。目前，亚投行之国际咨询委员会承担着听取外部建议的职责，如日本前首相鸠山由纪夫成为亚投行顾问中的一员。不同于亚投行内部设立的争端解决机制或是单独成立的纠纷解决机构，非政府组织更具独立性，可在一定程度上保障争议结果的公正性与可接受性。

四、结语

目前已有九十多个国家或地区加入亚投行，亚投行为经济合作开辟新途径的同时，仍面临诸多挑战。传统贸易体系侧重于市场准入和事先审查机制，"一带一路"倡议背景下建立的亚投行，通过对成员基础设施建设的投资，为经济贸易提供了更多便利。不同于传统的投资模式，亚投行在基础设施投资过程中，向东道国输送相应的劳力，从去政治化的角度建立了属于亚投行特有的经济合作框架。这种去政治化的经济模式，更加凸显了亚投行的公平、公开、公正的特质。尽管亚投行在其基础协定中采取了限制豁免的方式，但这并非是权利的克减或是无奈情形卜的一种让步，其实质是亚投行在争端解决中采取的积极应诉态度。因成员国之间存在利益冲突，亚投行投资争端解决的过程必然会考虑更多因素，解决方式亦呈现多元化趋势。鉴于"一带一路"沿线国家及地区特殊的政治和社会环境，亚投行可采取前置咨

---

〔40〕 闫宏光：《浅析 NGOs 参与 WTO 活动》，载《世界贸易组织动态与研究》2011 年第 1 期。

〔41〕 See Gabrielle Marceau and Peter N. Pedersen, "Is the WTO Open and Transparent?", *Journal of World Trade*, 1999, p. 6.

询程序，即在提出争端解决诉求之前通过专门的咨询机构事先调解，如果调解不成，再根据法律规定，采用诉讼或仲裁等其他争端解决方式，以促使投资争端得以高效解决。

独立保函欺诈例外类型化的中国司法认定

杨鹏飞[*]

2016 年 12 月 1 日起施行的《最高人民法院关于审理独立保函纠纷案件若干问题的规定》（以下简称《规定》）所界定的"审慎认定独立保函独立性原则的例外 + 排除合理怀疑的证明标准"是应对独立保函欺诈的中国方案。这是自 2006 年 1 月 1 日起施行《最高人民法院关于审理信用证纠纷案件若干问题的规定》（以下简称《信用证规定》）以来，以中国新形势下国家经济与全球经济相互融合，国际贸易、国际投资进一步深化交流等客观实际为背景，结合独立保函在国际商事交往中的重要作用及中国司法面临的日益增多的独立保函欺诈纠纷急需解决的实际而出台的，是服务中国现今的"一带一路"建设、企业"走出去"等国家战略以及积极回应建设中国独立保函业务全球化发展的重大举措。

但独立保函固有的独立性和单据性特征，致使独立保函在实践中容易出现独立保函欺诈情形，有阻国际贸易的顺利开展。欺诈例外规则作为开立人免于付款的唯一免责事由，不仅仅涉及当事人的程序权利，更会影响当事人的实体权利。因而各国通过立法、判例等方式试图对该规则进行界定，但是基于国际商事交往的复杂性，如何清晰界定独立保函欺诈情形的例外规则仍然是各国所面临的难题。

---

* 上海对外经贸大学法学院国际法专业研究生。

一、研究现状及问题的提出

中国关于独立保函欺诈例外的研究按时间维度大体可分为三个阶段：第一阶段为《最高人民法院关于审理独立保函纠纷案件若干问题的规定（征求意见稿）》（以下简称《规定意见稿》）出台前，第二阶段为《规定意见稿》出台后到《规定》颁布前，第三阶段为《规定》颁布实施后。

在第一阶段，李国安总结了国际担保实践中，对于受益人的欺诈索赔，国际上主要有两种认定模式：一种是进一步划分为欺诈和滥用权利；另一种是不划分，而是强调受益人恶意行使索赔权利的事实的存在。他列举了独立担保人或担保申请人通常可基于以下五种情况认定受益人的索赔存在欺诈，并据以行使欺诈例外抗辩权：一是特定情况下的基础合同解除或无效；二是基础合同已履行或未届履行期；三是受益人违约；四是索赔要求与基础合同无关；五是提示伪造或不实单据。[1] 陆璐从欺诈例外规则的产生和存在的争议及必要性介绍了欺诈例外规则的起源，通过一系列的案例分析，对比了欺诈例外规则在美国和英国的发展及适用，并结合中国颁布的《信用证规定》，对中国完善信用证法律制度提供了思路。[2] 此阶段学者们以研究独立保函欺诈例外原则的基本内涵及中国的引入为重心。

在第二阶段，随着司法实践中独立保函欺诈纠纷日益增多，独立保函欺诈例外议题逐渐受到我国实务界和理论界的关注。在理论研究方面，刘斌梳理了独立担保欺诈例外的法理基础，并归纳了独立担保欺诈例外的类型，包括单据欺诈、单据无效和实质性欺诈三种。[3] 陆璐提出了当前中国独立保函国内引入的难题——保函欺诈问题，之后分析了产生此问题的诱因为独立保函的独立性。以"安徽省技术进出口股份有限公司诉奥斯沃化工肥料有限公司保函欺诈纠纷案"为例，总结出中国司法是以民法的诚实信用原则作为应

---

〔1〕 李国安：《独立担保欺诈例外法律问题研究》，载《现代法学》2005 年第 2 期。

〔2〕 陆璐：《欺诈例外条款在英美法系信用证实践中的运用比较》，载《江海学刊》2008 年第 1 期。

〔3〕 刘斌：《独立担保欺诈例外的类型化——兼评我国独立保函司法解释征求意见稿》，载《比较法研究》2014 年第 5 期。

对独立保函欺诈问题的基本法律依据，并分析了相应的优点及弊端。之后提出了中国当前对欺诈例外条款的适用建议——"修正的受益人欺诈说"。最后，从独立担保的立法选择和欺诈例外条款在独立担保法律关系中的严格适用两方面提出建构中国的独立担保制度的建议。[4]

在司法实践研究方面，在"中材装备集团有限公司与格里布瓦尔水泥有限公司、中国工商银行股份有限公司天津分行保险欺诈纠纷案"中，二审法官认为实务中以下两种情形通常被认定为欺诈性索款：一是受益人提交内容虚假或伪造的单据；二是受益人的索款请求缺乏事实基础和可信依据。在审判实务中，后一种情形更加常见。二审法官认为人民法院在适用欺诈例外原则时，"要对独立保函确定的'先付款、后争议'的商业安排给予充分尊重，不应轻易干预当事人的意思自治，随意止付银行保函，破坏独立保函机制的稳定运行，影响银行和人民法院在国际上的信誉和形象。因此，该类案件的审查方式成为审理中的难点问题，人民法院应严格把握当事人举证责任分配、对基础合同有限审查的广度和深度。"[5]之后，一审法官对该案的审理提出了自己的见解，总结了欺诈性索赔的认定标准为两点：其一，基础合同相对方已履约，但索款人故意向保证人编造基础合同相对方未履行合同义务的虚假情况，或提供虚假单据材料；其二，基础合同相对方违约，但该违约系索款人的故意不当行为导致。[6]此案之后，天津市高级人民法院法官翟红、杨泽宇分析了独立保函欺诈例外的基本特征，从独立保函制度的缺陷、投资环境与司法环境因素两方面分析了独立保函欺诈产生的原因，提出了审理独立保函欺诈的有限审理原则，并从四个方面详细论述了独立保函欺诈例外的具体认定：一是单据不实或伪造之审查；二是基础合同无效或被撤销；三是申请人完全履行基础合同义务；四是受益人存在阻却性事由。[7]此阶

---

〔4〕 陆璐：《独立保函国内适用难题研究——以信用证欺诈例外规则的引入为视角》，载《苏州大学学报（哲学社会科学版）》2014年第6期。

〔5〕 耿小宁、杨泽宇：《受益人欺诈性索款构成银行独立保函独立性的例外》，载《人民司法》2014年第12期。

〔6〕 李季红、王丽平、姚强：《独立保函见索即付的违法阻却事由》，载《人民司法》2015年第6期。

〔7〕 翟红、杨泽宇：《独立保函欺诈例外的分析与认定》，载《人民司法》2015年第13期。

段，中国的学者和实务工作者，对独立保函欺诈例外有了更深入的理解，并逐步将研究重心从传统的理论研究转向实务研究，更加重视独立保函欺诈例外规则在实务当中的具体应用难题破解研究，并对中国出台相应的司法解释提出了非常宝贵的实践经验。

在第三阶段，《规定》出台之后，张勇健、沈红雨介绍了《规定》第 12 条[8]认定独立保函欺诈例外的逻辑及与其他条款的关系，并对法院依据该条认定独立保函欺诈例外需达到"高度可能性或排除合理怀疑的证明标准"，并总结了这些条文所体现的"人民法院审慎干预独立保函独立性、维护独立保函金融信用流通功能的价值取向"。[9]蒋琪、金李评价道："虽然《独立保函规定》的颁布为保函欺诈提供了有效的事后救济措施，但是欺诈例外原则作为司法救济与事后救济的手段应当是防范保函风险的补充方式。首要的防范风险方式应当是事前对保函条款进行有效的设计，形成事前防范体系。"并建议"为了预防受益人恶意欺诈风险，申请人应要求受益人索款时不但要提交书面付款要求和违约声明，而且要提交权威机构或其他无利害关系第三人出具的违约证明，甚至是法院判决或仲裁裁决，证实索赔的条件确已成立，而不能只要求提供由受益人自己制作的单据。这样可以在一定程度上限制受益人不合理索赔和欺诈的发生"。[10]刘斌认为除了《规定》第 12 条所涵盖的三种付款例外情形之外，"独立担保司法实践中还面临显失公平、基础交易违法、单据无效、独立担保违法等情形。综观多种修正情形，循其对独立担保的独立性破坏程度，由强至弱，其谱系为显失公平、基础交易违法（与无真实基础交易相当）、明显滥用付款请求权（权利滥用）、单据无效、单据欺诈、独立担保违法。"对于《规定》，他评价道："最高人民法院对独

---

[8]《规定》第 12 条规定，具有下列情形之一的，人民法院应当认定构成独立保函欺诈：①受益人与保函申请人或其他人串通，虚构基础交易的；②受益人提交的第三方单据系伪造或内容虚假的；③法院判决或仲裁裁决认定基础交易债务人没有付款或赔偿责任的；④受益人确认基础交易债务已得到完全履行或者确认独立保函载明的付款到期事件并未发生的；⑤受益人明知其没有付款请求权仍滥用该权利的其他情形。

[9] 张勇健、沈红雨：《〈关于审理独立保函纠纷案件若干问题的规定〉的理解和适用》，载《人民司法（应用）》2017 年第 1 期。

[10] 蒋琪、金李：《保函纠纷审慎适用欺诈例外规则》，载《法人》2017 年第 2 期。

立担保的独立性设定的例外较美国《统一商法典》更为宽泛，体现了更加重视公平而非效率的价值判断。"并建议适用《规定》认定独立保函欺诈时，"不能将显失公平作为独立担保的付款例外事由，同时，所谓'其他滥用付款请求权的情形'应当限制在基础交易违法以及更为严重的情形。"[11] 陆璐对《规定》中的独立保函欺诈例外进行了解读，她认为《规定》所界定的保函欺诈例外中国式适用是对英国"受益人欺诈"标准的吸收和补充，是对美国"实质性欺诈"标准的审视与修正，并且创设和补充了欺诈止付双重证明标准。[12] 殷敏、张晖结合《规定》第 12 条分析了我国关于欺诈的认定和类型，并从主观故意、实质性欺诈和一般性欺诈的区分以及受益人违约三方面对欺诈认定进行了解读。同时殷敏、张晖对欺诈例外规定的完善提出四点建议：一是排除缺乏真实的交易基础作为付款例外；二是对于单据欺诈和付款请求缺乏可信依据等情形，应当限定在实质性欺诈范围内；三是应对兜底性条款进行严格的限制；四是与《规定》第 14 条第 2 款进行严格区分。[13]

此阶段，学者和实务工作者们更加重视对《规定》的理解和适用，以《规定》第 12 条所列举的独立保函欺诈例外具体情形为分析样本，结合国内外司法实践，对中国法院如何认定独立保函欺诈例外提出了相关的建议。

综上，中国目前对于独立保函欺诈例外规则的历史渊源、基本含义、规则适用以及对《规定》之解读的研究已有了比较繁多和经典的成果。但是，中国尚未有关于独立保函欺诈例外规则实证研究方面的成果，本文将以最高人民法院指导案例 109 号——"东方置业案"为例，总结《规定》颁布前后中国法院认定独立保函欺诈例外之司法观点，同时结合其他案例进一步分析差异产生的原因，为今后我国法院更加正确地理解和适用《规定》第 12 条提供必要的参考。

---

〔11〕 刘斌：《论独立担保的修正类型谱系——兼评最高人民法院独立保函司法解释》，载《法学》2017 年第 12 期。

〔12〕 陆璐：《保函欺诈例外：一例国际商事规则的中国式创新诠释》，载《河南师范大学学报（哲学社会科学版）》2018 年第 1 期。

〔13〕 殷敏、张晖：《"一带一路"实践下独立保函若干法律问题阐释——兼评〈关于审理独立保函纠纷案件若干问题的规定〉》，载《上海大学学报（社会科学版）》2019 年第 3 期。

二、以"东方置业案"看《规定》前后中国司法对独立保函欺诈例外的认定

（一）中国法院现今审理独立保函欺诈案件的司法现状

在中国裁判文书网上以"独立保函欺诈"为关键词进行检索，共有48条结果，均为民事案件。其中29份为裁定书（15份为管辖裁定、行为保全裁定、财产保全裁定、执行异议裁定），19份为判决书。案由包括：合同、无因管理、不当得利纠纷；与公司、证券、保险、票据等有关的民事纠纷；侵权责任纠纷三类。[14] 具体案件数量如表1所示：

表1 独立保函欺诈案件数统计

裁判年份	2014	2016	2017	2018	2019
案件数	1	3	18	25	1

注：数据来源于中国裁判文书网。

自2016年12月1日起《规定》施行以来，中国法院审理独立保函欺诈案件的数量陡增，体现了《规定》对于解决中国司法实践面临的保函欺诈认定困境的重大意义，增强了人民法院审理独立保函欺诈案件的可操作性，有利于案件的顺利解决，能更好地维护当事人的权益。

通过进一步研读、梳理相关裁判文书，自2014年以来，中国法院共审理了15件以独立保函欺诈为实质内容的案件，其中一审案件4个，二审案件7个，再审案件4个。可见，独立保函欺诈例外的案件上诉率比较高，法院间在认定案涉保函是否构成独立保函欺诈的观点方面存在冲突，具体如表2所示：

---

[14] 资料来源于中国裁判文书网，由于裁判文书在不断更新，本文仅以2019年4月30日之前的检索结果作为分析样本，载 http://wenshu.court.gov.cn/list/list/? sorttype＝1&number＝GZD2J28U& guid＝df715f5c-bc02-f137f155-946b84a8b7ca&conditions＝searchWord+QWJS+++全文检索：独立保函欺诈，最后访问日期：2019年4月30日。

表 2　我国法院关于独立保函欺诈案件审理统计

案件名称	案号及审判时间	审判层级	法院关于案涉保函是否构成欺诈的认定观点
浙江金盾压力容器有限公司与油金属制造有限公司国际货物买卖合同纠纷案	（2011）浙绍商外初字第68号	绍兴市中院一审	法院认为构成独立保函欺诈
	（2013）浙商外终字第134号	浙江省高院二审	法院认为构成独立保函欺诈
中电电气（南京）光伏有限公司与阿尔法公司侵权责任纠纷案	（2014）宁商外初字第2号	南京市中院一审	法院认为不构成独立保函欺诈
	（2017）苏民终423号	江苏省高院二审	法院认为构成保函欺诈
成都市四建与四川国栋建设、建行深圳南山支行建设工程施工合同纠纷案	（2016）川01民初1021号	成都市中院一审	法院认为不构成独立保函欺诈
中机新能源开发有限公司、华西能源工业股份有限公司信用证欺诈纠纷案	（2015）自民二初字第87号	自贡市中院一审	法院认为基础合同已履行完毕
	（2017）川民终72号	四川省高级人民法院二审	法院认为构成独立保函欺诈
	（2017）最高法民申4879号	最高人民法院再审	法院认为构成独立保函欺诈
五冶集团上海有限公司与中国建设银行股份有限公司启东支行保证合同纠纷案	（2016）苏0681民初1221号	启东市人民法院一审	法院认为不构成独立保函欺诈
	（2016）苏06民终2779号	江苏省南通市中级人民法院二审	法院认为不构成独立保函欺诈
工行义乌分行与中国技术进出口总公司信用证欺诈纠纷案	（2016）浙民终922号	浙江省高级人民法院二审	法院认为不构成独立保函欺诈
	（2017）最高法民申4754号	最高人民法院再审	法院认为不构成独立保函欺诈

案件名称	案号及审判时间	审判层级	法院关于案涉保函是否构成欺诈的认定观点
中国十五冶金建设集团与新疆昌吉特变能源公司信用证欺诈纠纷案	（2017）鄂0203民初1016号	湖北省黄石市西塞山区人民法院一审	法院认为构成独立保函欺诈
	（2018）鄂02民终182号	湖北省黄石市中级人民法院二审	法院认为构成独立保函欺诈
杭州长乔旅游投资集团公司与杭州银行西湖支行信用证纠纷案	（2017）浙0106民初4086号	浙江省杭州市西湖区人民法院一审	法院认为不构成独立保函欺诈
东方置业房地产有限公司、安徽省外经建设（集团）有限公司信用证欺诈纠纷案	（2012）合民四初字第00005号	合肥市中院一审	法院认为构成独立保函欺诈
	（2014）皖民二终字第00389号	安徽省高院二审	
	（2017）最高法民再134号	最高人民法院再审	法院认为不构成独立保函欺诈
辽宁高科能源集团有限公司、工业园18有限公司信用证欺诈纠纷案	（2017）最高法民申5067号、5068号、5069号	最高人民法院再审	法院认为不构成独立保函欺诈
特变电工衡阳变压器公司与浙江石油化工公司及第三人中国银行衡阳分行信用证欺诈纠纷案	（2018）湘0406民初1152号	衡阳市雁峰区人民法院一审	法院认为不构成独立保函欺诈
辽宁奉天机械贸易有限公司与"SINO"股份公司、中信银行沈阳分行合同纠纷案	（2017）辽0192民初44号	辽宁省沈阳高新技术产业开发区人民法院一审	法院认为不构成独立保函欺诈

续表

案件名称	案号及审判时间	审判层级	法院关于案涉保函是否构成欺诈的认定观点
中机新能源开发有限公司、保定天威保变电气股份有限公司信用证纠纷案	（2016）冀 0602 民初 2869 号	保定市竞秀区人民法院一审	法院认为构成独立保函欺诈
	（2018）冀 06 民终 4480 号	保定市中院二审	法院认为构成独立保函欺诈
苏州金螳螂幕墙有限公司与中国农业银行苏州吴中支行、重庆万汇置业有限公司保证合同纠纷案	（2017）苏 0506 民初 6764 号	苏州市吴中区人民法院一审	法院认为构成独立保函欺诈
	（2018）苏 05 民终 6210 号	苏州市中院二审	法院认为构成独立保函欺诈
中国电力工程有限公司、中国能源建设集团山西电力建设第三有限公司信用证纠纷案	（2017）晋民初 55 号	山西省高级人民法院一审	法院认为案涉保函不是独立保函
	（2018）最高法民终 417 号	最高人民法院二审	法院认为案涉保函是独立保函，但不构成独立保函欺诈

注：数据来源于中国裁判文书网。

由上表可知，"中机新能源案""辽宁高科能源案""中国工行义乌分行案""东方置业案"历经一审、二审、再审，"辽宁高科能源案""中国工行义乌分行案"各级法院最终判决都一样，均认为案涉保函不构成独立保函欺诈，"中机新能源案"各级法院均认为案涉保函构成独立保函欺诈。而"东方置业案"最高院推翻了一审、二审法院认定的案涉保函构成独立保函欺诈的观点，认为不构成独立保函欺诈。

以《规定》实施日期为界分，归纳中国法院的裁判思路，可以看到，中国法院在《规定》出台前认定独立保函欺诈是基于基础合同与独立保函的关联性，着重审查基础合同的违约事实，以"诚实信用原则+索赔是否有事实依据"为判断标准；《规定》出台后中国法院对于独立保函欺诈例外规则的认识更加深入，将独立保函和基础合同区分开来，坚持独立保函的独立性，将受益人的行为归入《规定》第12条进行类型化判断，以"审慎认定独立保函独立性原则的例外＋排除合理怀疑的证明标准"来认定受益人是否构成独立保函欺诈。

（二）评析中国法院对"东方置业案"中东方置业是否构成独立保函欺诈认定之争

"东方置业案"一审时（2012年2月23日提起诉讼），中国法律、司法解释并没有关于独立保函欺诈例外认定的规定，一审法院是在参考《联合国独立保证与备用信用证公约》等有关规定的基础上，采取"独立保函的独立性原则＋诚实信用原则"综合考虑的观点，对本案所涉及的独立保函欺诈例外问题进行分析认定。

申请人外经集团公司以建行安徽省分行为被申请人，哥斯达黎加银行作为转开行，以哥斯达黎加湖畔华府项目作为保证事项，担保的是外经中美洲公司能够按约履行施工合同，向受益人东方置业公司开立了履约保函（即G051225履约保函）。2013年7月9日，哥斯达黎加建筑师和工程师联合协会裁决认定东方置业公司在履行合同过程中严重违约，并裁决东方置业公司向外经中美洲公司支付1号～18号工程进度款共计800 058.45美元及利息。[15]一审法院认为，在认定独立保函欺诈时，需以审查基础合同的履行情况为基础，若该基础合同已经被境外法院或仲裁机构作出生效裁判的，该生效裁决所查明的事实可以作为中国法院审查该基础合同履行情况的证据。由此，一审法院认为，根据哥斯达黎加建筑师和工程师联合协会的裁决，东方置业公司严重违约且不能举证证明外经中美洲公司在履行合同的过程中严重违约，并在明知外经中美洲公司就双方合同履行争议已向哥斯达黎加建筑师和工程师联合协会提起仲裁裁决的前提下，仍然向哥斯达黎加银行索赔，违

---

[15] 安徽省高级人民法院（2014）皖民二终字第00389号民事判决书，载中国裁判文书网：http://wenshu. court. gov. cn/content/content？DocID＝d16ef579－c511－40fb－a43c－7e6605364f17，最后访问日期：2019年4月30日。

反了诚实信用原则，构成保函欺诈，其索赔行为无效。[16] 二审法院支持了一审的判决：驳回上诉，维持原判。

最高院再审时，由于《规定》已颁布实施，东方置业公司结合一、二审的判决提供了新的证据，最高院最终给出了不同于一、二审的认定结论。

首先，在审查基础交易方面，最高院坚持"有限原则+必要原则"，以独立保函"见索即付"的制度价值为取向，从主观方面审查受益人是否明知基础合同的相对人不存在基础合同项下的违约事实或不存在其他导致独立保函付款的事实。与一、二审不同的是，最高院并未因外经集团公司证明东方置业公司在基础合同违约而否认东方置业公司索赔的权利，却因外经集团公司未能提供证据证明东方置业公司在索赔即实现案涉保函时完全不具有事实基础或提供了虚假、伪造的证明材料，从而肯定了东方置业公司向哥斯达黎加银行索赔具有事实依据。

其次，在认定东方置业公司是否构成独立保函欺诈方面，最高院的论证体现了《规定》审理独立保函欺诈，法院应当坚持"独立保函独立性+审慎将受益人自身在基础交易中的违约纳入"的精神。与一、二审认定的担保事项不同，最高院认为，本案中，保函担保的事项是施工质量和其他违约行为，而受益人未支付工程款项的违约事实与工程质量出现问题不存在逻辑上的因果关系，东方置业公司作为受益人，其自身在基础合同履行中存在的违约行为，并不必然构成独立保函项下的欺诈条款。在采用哥斯达黎加建筑师和工程师联合协会的裁决方面，最高院认为，该裁决仅是依据外经集团公司的请求认定了东方置业公司违约，并未认定东方置业公司因该违约使得外经集团公司获得免除付款或获得赔偿的权利。

法不溯及既往，再审时《规定》是不得适用的。但经法院释明后，外经集团仍坚持法院不得违反《规定》的精神，法院对《规定》所涉及的问题进行了解释。本案涉及的是《规定》第12条第3项的内容，最高院认为东

---

[16] 安徽省高级人民法院（2014）皖民二终字第00389号民事判决书，载中国裁判文书网：http://wenshu. court. gov. cn/content/content? DocID = d16ef579 - c511 - 40fb - a43c - 7e6605364f17，最后访问日期：2019年4月30日。

方置业公司未支付工程款项的违约事实，未使外经集团公司获得免除付款或获得赔偿的权利，即外经集团公司仍有付款的义务，东方置业公司向哥斯达黎加银行索赔不符合《规定》第12条第3项，不构成独立保函欺诈。[17]

对比上述审判思路和判决结果可以看到，在《规定》颁布施行前，中国法院在审理涉外独立保函欺诈时，对独立保函的独立性原则理解得还不够深入。往往认定独立保函依附于基础合同，以基础合同中受益人存在违约事实否认受益人的索赔权，最后依据诚实信用原则及国际惯例的相关理论认定受益人构成独立保函欺诈。《规定》实施以后，最高院在审理第109号指导案例——"东方置业案"时坚持"有限原则+必要原则"审查基础交易，合理界定基础合同违约和申请人索赔存在欺诈之间的联系与区别，不以申请人在基础交易中存在违约事实为由，否认申请人索赔无事实依据，从而肯定了申请人索赔具有事实依据。此外，最高院更加重视独立保函的独立性，在"审慎认定独立保函独立性原则的例外"的前提下，对证明申请人索赔存在欺诈、作出终局止付判决要求达到排除合理怀疑的证明标准；明确了案涉独立保函的担保事项，并以此说明申请人的违约并未免除付款人的付款责任，东方置业不构成欺诈。最高院这一裁判思路，对于中国各级法院正确理解、适用《规定》第12条及引导中国各级法院正确处理独立保函欺诈例外案件，统一司法裁判观点具有非常重要的意义。

三、评析《规定》对独立保函欺诈例外类型化提出的中国方案

（一）《规定》中认定独立保函欺诈例外的法理基础

1. 《规定》对独立保函法律性质的界定

《规定》在第3条[18]中列举了三种情形作为识别保函为独立保函的标

---

[17] 最高人民法院（2017）最高法民再134号民事判决书，载中国裁判文书网：http://wenshu.court.gov.cn/content/content? DocID=923d5a37-1226-4a8f-a4a5-a86c00bf7739&KeyWord=独立保函欺诈. 最后访问日期：2019年4月30日。

[18] 《规定》第3条第1款规定：保函具有下列情形之一，当事人主张保函性质为独立保函的，人民法院应予支持，但保函未载明据以付款的单据和最高金额的除外：①保函载明见索即付；②保函载明适用国际商会《见索即付保函统一规则》等独立保函交易示范规则；③根据保函文本内容，开立人的付款义务独立于基础交易关系及保函申请法律关系，其仅承担相符交单的付款责任。

准，在第 1 条[19]中明确规定了独立保函的性质为开立人为受益人出具的附单据条件的付款承诺，即独立保函独立于基础合同，受益人无需证明债务人的履行行为构成违约，即可向开立人提交符合独立保函要求的单据后，要求开立人独立承担付款责任。

《规定》结合第 1 条和第 3 条[20]将独立保函与中国《中华人民共和国担保法》（以下简称《担保法》）规定的保证予以区分。《规定》中的独立保函虽然是开立人直接对受益人（债权人）独立承担付款责任，担保债权人债权的实现，与保证担保在实现债权的效果上有异曲同工之妙。但两者的运行机理不同：保证担保的保证人承担的保证责任是从属于基础合同中债务人的付款责任，而独立保函中的开立人承担担保责任是依据独立保函中开立人为受益人出具的附单据条件的付款承诺，而不是基础合同，开立人并不享有我国《担保法》中规定的主债务人抗辩权和先诉抗辩权。

《规定》对于独立保函性质的明确界定，不仅对各国关于独立保函法律性质的争论给出了中国答案，还有助于统一中国法院对于独立保函的认识，正确处理独立保函的相关纠纷。

2. 《规定》对独立保函独立性原则和单据性原则的规定

独立保函机制的特点在于扭转了传统的违约证明及诉讼风险分配方式，通过金融信用的介入，使债权人在基础交易违约争议期间能够先从开立人处获得付款，债权人和债务人嗣后再解决违约争议，故被形象地称为"先付款，后争议"机制。独立保函的独立性原则和单据性原则是保障这一机制运行的基石。[21]依据独立保函的"独立性"和"单据性"特征，在受益人向开立人提交符合保函要求的单据，请求开立人支付相应款项时，开立人应当

---

[19] 《规定》第 1 条第 1 款规定：本规定所称的独立保函，是指银行或非银行金融机构作为开立人，以书面形式向受益人出具的，同意在受益人请求付款并提交符合保函要求的单据时，向其支付特定款项或在保函最高金额内付款的承诺。

[20] 《规定》第 3 条第 2、3 款规定：当事人以独立保函记载了对应的基础交易为由，主张该保函性质为一般保证或连带保证的，人民法院不予支持。当事人主张独立保函适用担保法关于一般保证或连带保证规定的，人民法院不予支持。

[21] 《最高法院发布审理独立保函纠纷案件司法解释》，载中华人民共和国最高人民法院网：http://www.court.gov.cn/zixun-xiangqing-31221.html，最后访问日期：2019 年 4 月 28 日。

立即向受益人支付相应款项，除非出现独立保函欺诈情形，开立人才可免于付款。

《规定》第6条[22]以两款分述明确规定了独立保函的独立性原则和单据性原则，即只要受益人依据独立保函，向开立人提供了符合独立保函要求的与独立保函条款、单据表面相符的单据，开立人就必须向受益人支付款项，独立承担付款义务，不得援引基础交易或开立申请关系对受益人进行抗辩。除非具有《规定》第12条列举的受益人欺诈的情形，开立人才可进行付款抗辩。

此外，《规定》第7条[23]明确了人民法院认定表面相符的标准，第8条[24]规定了开立人独立审查单据表面相符的权利与义务。这两条既尊重了独立保函的国际商事惯例——开立人的审单权利，又肯定了中国法院在解决独立保函纠纷时的审单权限，有助于平衡和保护双方当事人的权利。

3. 《规定》对开立人付款责任的明晰

《规定》在明确了独立保函的性质为开立人为受益人出具的附单据条件的付款承诺，特征为独立性和单据性的基础上，于第6条规定了开立人的付款责任。唯有出现符合《规定》第12条认定的独立保函欺诈的情形时，开立人才可免除付款责任。

（二）《规定》对独立保函欺诈例外类型化提出的中国方案

1. 独立保函欺诈例外为开立人免于付款的唯一豁免事由

独立保函欺诈例外规则是开立人唯一免于付款的基本规则，即如果确认

---

〔22〕《规定》第6条规定：受益人提交的单据与独立保函条款之间、单据与单据之间表面相符，受益人请求开立人依据独立保函承担付款责任的，人民法院应予支持。开立人以基础交易关系或独立保函申请关系对付款义务提出抗辩的，人民法院不予支持，但有本规定第12条情形的除外。

〔23〕《规定》第7条规定：人民法院在认定是否构成表面相符时，应当根据独立保函载明的审单标准进行审查；独立保函未载明的，可以参照适用国际商会确定的相关审单标准。单据与独立保函条款之间、单据与单据之间表面上不完全一致，但并不导致相互之间产生歧义的，人民法院应当认定构成表面相符。

〔24〕《规定》第8条规定：开立人有独立审查单据的权利与义务，有权自行决定单据与独立保函条款之间、单据与单据之间是否表面相符，并自行决定接受或拒绝接受不符点。开立人已向受益人明确表示接受不符点，受益人请求开立人承担付款责任的，人民法院应予支持。开立人拒绝接受不符点，受益人以保函申请人已接受不符点为由请求开立人承担付款责任的，人民法院不予支持。

受益人的索赔符合欺诈情形，则开立人有权利也有义务拒绝付款。如果开立人明知或者应当知道受益人存在独立保函欺诈情形，依然对受益人的索赔进行付款，开立人则丧失向申请人追偿的权利，只能在付款之后，向法院提起诉讼，要求受益人赔偿损失。此外，对于申请人而言，若其认为受益人请求开立人付款的行为符合信用证欺诈的情形，可以请求法院颁发止付令进行救济，这有助于双方进一步解决基础合同纠纷，避免损失进一步扩大，稳定担保关系。

2. 《规定》关于独立保函欺诈例外的认定

中国在借鉴德国"诚实信用原则+严格条件"认定模式之先进经验的基础上，汲取了美国"实质性欺诈"过于重视审查基础合同、有违独立保函独立性原则，以及英国以受益人的主观欺诈作为核心认定要件、司法机关难以认定的深刻教训，[25] 结合中国司法实际，审慎规定了独立保函独立性的唯一例外情形，在第 12 条以"列举+概括"的方式将独立保函欺诈情形类型化为无真实交易、单据欺诈和明显滥用付款请求权三类。该条第 1 项规定了无真实交易情形，第 2 项规定了单据欺诈情形，第 3、4 项规定了明显滥用付款请求权的情形。鉴于明显滥用付款请求权的情形和基础交易违约争议可能产生混淆，实践中不易准确把握，第 12 条第 3、4 项分别规定必须依据基础交易的司法判决或仲裁裁决、受益人自身确认的证据作出认定，防止在独立保函欺诈纠纷中实体审理违约争议。[26] 最后，第 12 条第 5 项概括规定了受益人滥用付款请求权的其他情形。

《规定》关于独立保函欺诈例外的认定采客观主义，即从独立保函运行的客观实际予以认定独立保函欺诈而不考虑当事人的主观心态。此外，《规定》于第 20 条[27]规定了中国法院认定存在独立保函欺诈情形、作出终局判

---

〔25〕 陆璐：《保函欺诈例外：一例国际商事规则的中国式创新诠释》，载《河南师范大学学报（哲学社会科学版）》2018 年第 1 期。

〔26〕 《最高法院发布审理独立保函纠纷案件司法解释》，载中华人民共和国最高人民法院网：http://www.court.gov.cn/zixun-xiangqing-31221.html，最后访问日期：2019 年 4 月 28 日。

〔27〕 《规定》第 20 条规定：人民法院经审理独立保函欺诈纠纷案件，能够排除合理怀疑地认定构成独立保函欺诈，并且不存在本规定第 14 条第 3 款情形的，应当判决开立人终止支付独立保函项下被请求的款项。

决必须要达到排除合理怀疑的证明标准。但是排除合理怀疑的证明标准属于中国法院自由裁量权的范围，实际上强化了开立人的举证责任，只有当开立人所举证据能够排除法官的合理怀疑确认受益人存在独立保函欺诈的情形，开立人才能享有付款豁免。

四、我国独立保函欺诈例外规则司法适用困境

（一）认定依据效力层级较低

在《规定》实施以前，中国尚未有关于独立保函欺诈例外的相关规定，法院在审理"浙江金盾压力容器有限公司与油金属制造有限公司国际货物买卖合同纠纷案"等案件时，关于独立保函欺诈例外的认定主要依据《中华人民共和国民法通则》《中华人民共和国合同法》《中华人民共和国涉外民事关系法律适用法》等法律以及最高院颁布的《最高人民法院关于贯彻执行〈中华人民共和国民法通则〉若干问题的意见》中第68条关于欺诈的规定。但自《规定》实施以来，法院在审理"中国电力工程有限公司、中国能源建设集团山西电力建设第三有限公司信用证纠纷案"等案件时，直接适用《规定》第12条对独立保函欺诈例外进行认定。虽然有了专门关于独立保函欺诈例外规则的规定，但仅限于司法解释，效力层级较低。

（二）与基础合同违约关系界定不清

法院在认定基础合同违约与独立保函索赔欺诈之间存在冲突，主要表现在两个方面：其一，未明确独立保函担保事项，将受益人在基础合同中的其他违约事实等同于受益人滥用付款请求权，从而认定受益人构成欺诈。如在"东方置业案"中，一审、二审法院认为受益人未支付工程款项，构成基础合同违约，丧失付款请求权。而最高院明确了涉案保函担保的事项是施工质量和其他违约行为，而受益人未支付工程款项的违约事实与工程质量出现问题不存在逻辑上的因果关系，不构成欺诈。[28] 其二，未明确独立保函与基础

---

[28] 参见最高人民法院（2017）最高法民再134号民事判决书，载中国裁判文书网：http://wenshu.court.gov.cn/content/content? DocID=923d5a37-1226-4a8f-a4a5-a86c00bf7739&KeyWord=独立保函欺诈，最后访问日期：2019年4月30日。

合同的关系，过度认定独立保函独立性的例外。在"中电电气（南京）光伏有限公司与阿尔法公司侵权责任纠纷案"中，一审法院南京市中院认为：阿尔法公司向交行江苏分行提出索赔并非基于基础交易债务的履行问题，而是认为中电电气公司未在当年期限届满前 15 天提供新的保函，案涉保函载明的付款到期事件已经发生。中电电气公司没有提供证据证明阿尔法公司系明知没有付款请求权仍滥用该权利，阿尔法公司不构成独立保函欺诈。而江苏省高院认为：在涉案基础合同已经履行完毕，保函有效期已届满，且涉案货物亦不存在保函约定的质量问题的情况下，独立保函被赋予的履约质量保证功能已实现，可以认定本案独立保函项下的权利义务已经终止。在此情形下，独立保函索赔的基础已不再具备，阿尔法公司的索赔请求构成欺诈。[29]

（三）证明标准司法自由裁量权较大，难以把握

《最高人民法院关于适用〈中华人民共和国民事诉讼法〉的解释》（以下简称《民诉解释》）第 108 条[30]把"高度可能性"作为民事诉讼证明标准，但允许根据案件性质的不同及证明难易程度的不同确定不同的标准。[31]《规定》要求法院裁定开立人中止付款、判决开立人终止付款所依据的欺诈情形分别要达到高度可能性和排除合理怀疑的证明标准，[32]即法院作出临时止付令裁定和终局止付判决所依据的欺诈情形分别要达到高度可能性和排除合理怀疑的证明标准，是对《民诉解释》第 108 条和第 109 条[33]的具体

---

〔29〕 江苏省高级人民法院（2017）苏民终 423 号民事判决书，载中国裁判文书网：http://wenshu. court. gov. cn/content/content? DocID=02d0dfe1-d46d-4f0b-80ad-a9ba00d01cc7&KeyWord=独立保函欺诈，最后访问日期：2019 年 4 月 30 日。

〔30〕《民诉解释》第 108 条规定：对负有举证证明责任的当事人提供的证据，人民法院经审查并结合相关事实，确信待证事实的存在具有高度可能性的，应当认定该事实存在。对一方当事人为反驳负有举证证明责任的当事人所主张事实而提供的证据，人民法院经审查并结合相关事实，认为待证事实真伪不明的，应当认定该事实不存在。法律对于待证事实所应达到的证明标准另有规定的，从其规定。

〔31〕 陈光中主编：《证据法学》（第 3 版），法律出版社 2015 年版，第 371~372 页。

〔32〕 张勇健、沈红雨：《〈关于审理独立保函纠纷案件若干问题的规定〉的理解和适用》，载《人民司法（应用）》2017 年第 1 期。

〔33〕《民诉解释》第 109 条规定：当事人对欺诈、胁迫、恶意串通事实的证明，以及对口头遗嘱或者赠与事实的证明，人民法院确信待证事实存在的可能性能够排除合理怀疑的，应当认定该事实存在。

适用。

在"荷兰合作银行有限公司上海分行与北京皕格林进出口有限公司、美利华股份有限公司独立保函纠纷案"中，荷银上海分行提出两项抗辩意见：其一，销售合同中仅预估装船日期，未明确约定的情况下，不应认为美利华公司有义务在 2015 年 1 月中旬完成装船。其二，皕格林公司晚于销售合同约定的预计装运时间向美利华公司发送基础交易所需的进口许可证，导致了美利华公司晚于合同约定的预计时间装运，以及皕格林公司晚开立信用证的行为表明了皕格林公司与美利华公司合意对销售合同的权利义务进行了修改，销售合同已履行完毕。上海一中院认为前述抗辩意见均未达到排除合理怀疑的证明标准，不能作为认定皕格林公司滥用索赔权的事实依据。之后该案上诉到上海市高院，上海市高院撤销了一审判决，认为案涉保函尚未生效。[34]

根据《规定》及《民诉解释》的文义，排除合理怀疑的证明标准要高于高度可能性的证明标准。排除合理怀疑的证明标准给予法院在认定独立保函欺诈时较大的自由裁量权，法院只有在判断所举证据已排除合理怀疑地证明案涉保函存在欺诈后，才能作出开立人是否可以终止付款的判决。这就要求诉讼中对证据的审查判断仍要依赖于法官的知识经验与智慧，根据自由心证原则对全部的证据资料进行审查判断。[35]但由于此项证明标准是从刑事诉讼法中借鉴过来的，在民事诉讼司法实践中，相关的司法裁判经验还十分稀缺，法官在适用该项标准进行审理时还难以把握。此外，中国各级法院审判人员自身的素质参差不齐，法官在根据自由心证原则认定该标准时还存在偏差，导致不同审级会出现不同的裁判结果。

五、中国独立保函欺诈例外类型化司法适用完善之路展望

（一）在《民法典》债的担保部分增加独立保函

随着独立保函在国际商事交往中起到越来越重要的作用，司法实践中独

---

〔34〕 上海市高级人民法院（2017）沪民终 222 号判决书，载中国裁判文书网：http://wenshu. court. gov. cn/content/content? DocID＝53f64813－1e93－4432－8e32－a9e00093f816&KeyWord＝独立保函欺诈，最后访问日期：2019 年 4 月 28 日。

〔35〕 王福华：《民事诉讼法学》（第 2 版），清华大学出版社 2015 年版，第 249 页。

立保函欺诈的纠纷日益增多，中国有必要在法律层面对独立保函进行明确规定。由此，可以在《民法典》的编撰中，在债的担保部分纳入独立保函，在法律层面对独立保函进行规范，明确其法律属性，界定其与保证之间的区别。为法院认定独立保函欺诈例外提供上位法依据，使法院在裁判时可以直接援引法律条文，增强说服力，与当事方的裁判预期相协调。

（二）深刻理解独立保函的独立性，区分基础合同违约与索赔欺诈

在理解独立保函的独立性方面，各级法院可以最高人民法院指导案例109号——"东方置业案"为参照，结合具体案情，梳理案涉独立保函与基础合同的关系，在此基础上区分基础合同违约与索赔欺诈。在司法实践中法院需要注意两点：其一，合理界定案涉独立保函的实际担保事项，审查受益人是否因担保事项违约从而丧失付款请求权，而不以索赔方在基础合同中的违约事实即判定索赔方丧失付款请求权；其二，要坚持"审慎认定独立保函独立性原则的例外"的认定规则，独立性原则是独立保函的根本原则，但并不意味着独立保函脱离基础合同而存在。根据《规定》第12、18条的规定，[36]法院在认定无真实交易和明显滥用付款请求权独立保函欺诈例外时，需要审查基础交易的相关事实、界定案涉独立保函与基础合同之间的关系才能作出索赔方是否欺诈的判断。

（三）明确排除合理怀疑的证明标准要求，规范自由裁量权的行使

在民事诉讼中适用排除合理怀疑的证明标准，需要注意两点："其一，排除合理怀疑强调的是排除'合理'的怀疑。所谓合理怀疑，是指普通的理性人依据日常生活经验对待证事实存在与否形成的审慎怀疑。但排除合理怀疑并非是排除所有的怀疑，而是用合理性进行筛选：任意的、纯主观想象的怀疑应该被排除。然而，并非细小的或者可能性不大的怀疑均应被排除。其二，排除合理怀疑并不是要求待证事实有百分之百的可能性存在，尤其在民事诉讼中，适用排除合理怀疑的证明标准也要衡量公平与效率的关系。"[37]

---

〔36〕《规定》第18条规定：人民法院审理独立保函欺诈纠纷案件或处理止付申请，可以就当事人主张的本规定第12条的具体情形，审查认定基础交易的相关事实。

〔37〕 江必新主编：《新民诉法解释法义精要与实务指引》（上册），法律出版社2015年版，第232页。

具体到独立保函欺诈例外认定方面，法官需要结合《规定》所"列举+概括"的独立保函欺诈例外的具体类型，参照指导性案例审判逻辑并结合付款人所举证据进行归纳判断。在此前提下，思考认定索赔方构成或者不构成独立保函欺诈是否已经排除"合理"怀疑，排除合理怀疑有没有坚持"人民法院审慎干预独立保函独立性、维护独立保函金融信用流通功能的价值取向"[38]。

---

〔38〕 张勇健、沈红雨：《〈关于审理独立保函纠纷案件若干问题的规定〉的理解和适用》，载《人民司法（应用）》2017 年第 1 期。

四、与贸易有关的法律问题

ICSID 仲裁规则修订稿对第三方资助披露义务的完善与建议*

张丽英** 李晶晶***

投资仲裁高昂的费用一直以来都是经济状况不占优势的投资者寻求救济的阻碍之一，近年来，投资仲裁的成本仍在不断上升。《全球仲裁评论》（*Global Arbitration Review*）最近的一篇调查显示，2013 年之后截至 2018 年年初，申请人平均费用为 741 万美元，被申请人为 519 万美元。在 2013 年之前的案件中，申请人平均费用为 443 万美元，被申请人为 460 万美元，分别增长了 68% 和 13%。[1] 大幅度增加的仲裁费用使得投资仲裁的当事人步履维艰。许多投资者面对巨额仲裁支出望而却步，在权利受到侵害时无力提起仲裁请求。2018 年 8 月，ICSID 公布了投资仲裁规则修改草案，[2] 其中包含了对第三方资助披露的规定。2019 年 2 月 1 日，香港地区新修的《仲裁条例》正式生效，第 10A 部对于第三方资助仲裁作出了详细的规定。由此可见，随着第三方资助仲裁的发展，制度规范急需不断完善，以保障仲裁，尤其是涉及国家利益的投资仲裁的顺利进行。

* 本论文是国家社科专项课题项目 "'一带一路'国际合作框架机制设计"（项目号：18VSJ050）的成果。

** 中国政法大学教授。

*** 中国政法大学国际法学院研究生。

〔1〕 Global Arbitration Review，"Damages and Costs in Investment Treaty Arbitration Revisited"，available at http://www.allenovery.com/SiteCollectionDocuments/14-12-17_Damages_and_costs_in_investment_treaty_arbitration_revisited_.pdf，last visited on 2019-2-24.

〔2〕 Proposals for Amendments of the ICSID Rules-Working Paper，available at https://icsid.worldbank.org/en/amendments，last visited on 2019-2-23.

许多与案件没有利益关系的投资者纷纷对仲裁领域进行投资，并依据仲裁结果获得收益。随着这种资助模式的发展，在经济上占据劣势的当事人可以通过来自第三方的资助提起投资仲裁，保障其利益。这一资助不仅体现在商事仲裁中，[3] 在投资仲裁中也大量出现。[4] 学界对于第三方资助或褒或贬，认为第三方资助的存在虽然给当事人提供了资金支持但是也造成了滥诉和干预仲裁的风险。[5] 不可否认的是，第三方资助有其积极意义，不应被完全否定，而应通过披露的方式进行规范，[6] 以保证仲裁有序进行。

在 2018 年 8 月投资争端解决国际中心（The International Center for Settlement of Investment Disputes，ICSID）刚刚公布的《关于修改 ICSID 规则的建议稿工作文件》（以下简称《ICSID 投资仲裁规则建议稿》）中，ICSID 在第 21 条对第三方资助的范围、法律效果等作出了相关的规定，对于规范投资仲裁领域的第三方资助行为有着十分重要的意义。[7] 本文的第一部分介绍

---

〔3〕 例如，ICC 审理的商事仲裁案件 Essar v. Norscot，参见 Malcolm Simpson，Landmark Third-party Funding Decision for International Arbitration，载 https://www.financierworldwide.com/landmark-third-party-funding-decision-for-international-arbitration/#.XHFUNxEzbDc，最后访问日期：2019 年 2 月 23 日。

〔4〕 See Abaclat and others v. Argentine Republic，ICSID Case No. ARB 07/5. Agreement between the Italian Republic and the Republic of Argentina on the Promotion and Protection of Investments（signed 22 May 1990，entered into force 14 October 1993）（Italy-Argentina BIT）; EuroGas Inc and Belmont Resources Inc. v. Slovak Republic，ICSID Case No. ARB/14/14. Transcript of the First Session and Hearing on Provisional Measures（17 March 2015）145; Guaracachi America，Inc. and Rurelec plc v. The Plurinational State of Bolivia，UNCITRAL，PCA Case No. 2011-17; EuroGas Inc and Belmont Resources Inc. v. Slovak Republic，ICSID Case No. ARB/14/14.

〔5〕 第三方资助降低了当事人提起仲裁的成本，相关数据表明受资助的投资者对东道国提起的仲裁案件增加，故第三方资助极有可能造成滥诉，参见肖芳：《国际投资仲裁第三方资助的规制困境与出路——以国际投资仲裁"正当性危机"及其改革为背景》，载《政法论坛》2017 年第 6 期。也有学者认为，出于营利性的考量，第三方资助者不会贸然资助缺乏理据的主体，而受资助方诉求得到支持，恰恰证明第三方资助机制有利于实现公义，参见侯鹏：《商事仲裁中的第三方出资及其规制》，载《国际法研究》2018 年第 5 期。

〔6〕 覃华平：《国际仲裁中的第三方资助：问题与规制》，载《中国政法大学学报》2018 年第 1 期。

〔7〕 《ICSID 投资仲裁规则建议稿》第 21 条："第三方资助"是由非争议当事人的自然人或法人（"第三方资助者"）向仲裁一方当事人或其关联方或代表该方的律师事务所，为仲裁程序的提起或抗辩提供资金或其他实质性支持。此种资金或实质性支持可以通过以下方式提供：捐助或赠与；或以保险费作为回报，或全部或部分依赖仲裁结果换取报酬或补偿。当事人应当提交书面通知，披露存在第三方资助和第三方资助者的名称。该通知应当在仲裁请求登记时，或在登记之后达成第三方资助安排时，立即向秘书处发出。就前款所述信息在首次披露之后发生的任何变化，包括终止资助安排，各方当事人应当负有持续披露义务。

了第三方资助的定义和对其作出规定的重要性；第二部分总结了《ICSID 投资仲裁规则建议稿》对于 ICSID 就第三方资助作出判决的一致性，《ICSID 投资仲裁规则建议稿》的规定也与许多 ICSID 的裁判结果相吻合，同时对之前的案件进行了总结和概括；第三部分对《ICSID 投资仲裁规则建议稿》中的规定进行了分析，提出了《ICSID 投资仲裁规则建议稿》尚需完善的地方。

一、第三方资助披露义务

第三方资助的发展在给经济地位不占优势的当事人提供诉诸仲裁的物质支持的同时，也给仲裁的中立性带来了风险。因此，许多仲裁机构，如中国贸易仲裁委员会、香港国际仲裁中心等，纷纷出台相关的政策，要求受资助者对第三方资助行为进行披露，并将披露义务的履行作为仲裁费用分摊的考虑因素，促使受资助者履行披露义务。

（一）第三方资助的含义

第三方资助，英文为 Third-Party Funding，简称 TPF，也有学者译为第三方出资、第三方投资或第三方融资。关于第三方资助的定义，不同的仲裁机构在其仲裁规则中或多或少存在差异。

2018 年 8 月 ICSID 公布的《ICSID 投资仲裁规则建议稿》将第三方资助定义为"由非争议当事人的自然人或法人向仲裁一方当事人或其关联方或代表该方的律师事务所，为仲裁程序的提起或抗辩提供资金或其他物质帮助"。[8] 根据这一定义，接受第三方资助的一方可以是提起仲裁的申请人，也可以是进行抗辩的被申请人；出资方限定在自然人或法人之内。

2019 年 2 月 1 日，香港地区新修订的《仲裁条例》正式实施。香港《仲裁条例》第 609 章 10A 部第 98G 条对于"第三方资助"的含义作出规定，根据规定，第三方资助有如下几个特点：一是依据资助协议提供资助；二是向受资助方提供；三是由第三方出资者提供；四是第三方资助是指根据资助协

---

〔8〕 ICSID, Proposals for Amendment of the ICSID Rules-Working Paper, ICSID Secretariat Vol. 3, August 2, 2018, Proposed Article 21.

议，在条件成立时出资者方可获取财务利益。[9] 相较于《ICSID 投资仲裁规则建议稿》，香港《仲裁条例》中关于第三方资助的定义显得更为笼统，没有对出资人的范围进行明确的规定。虽然《仲裁条例》要求受资助者对于第三方资助的存在进行披露，但是违反这种披露义务并不会导致该方在法院或其他程序中被起诉，而仅仅是作为仲裁庭或法院在决定与此相关的事项时的参考。[10]

在 2017 年公布的《中国国际经济贸易仲裁委员会国际投资争端仲裁规则（试行）》（以下简称《中国贸仲委国际投资仲裁规则》）中，TPF 被定义为"当事人以外的自然人或实体协议承担参与争议的一方当事人在仲裁程序中的全部或部分费用的情形"。[11] 这一定义与《ICSID 投资仲裁规则建议稿》的明显区别在于，《ICSID 投资仲裁规则建议稿》中资助人的范围为自然人或法人，而中国贸仲委国际投资仲裁规则的资助人范围则为自然人或实体，意味着其他不具有法人身份的社会组织、团体，甚至是国家，都有可能成为第三方资助者。

虽然不同的投资协议多有不同，但多数投资协议的核心是当受资助的申请人获胜时，第三方资助者可以在所获得的补偿中分得部分报酬；如果败诉，则第三方资助者无法获得报酬。[12]

（二）第三方资助披露的必要性

有学者认为，目前世界上的国际投资仲裁案件至少有 40% 存在第三方资助的情况。[13] 在 2013 年提交至 ICSID 仲裁的案件中，至少有 2/3 的案件涉

---

〔9〕《仲裁条例》，载 https://www.elegislation.gov.hk/hk/cap609? xpid = ID_1546569363537_001，最后访问日期：2019 年 2 月 11 日。

〔10〕《仲裁条例》，载 https://www.elegislation.gov.hk/hk/cap609? xpid = ID_1546569363537_001，最后访问日期：2019 年 2 月 11 日。

〔11〕《中国国际经济贸易仲裁委员会国际投资争端仲裁规则（试行）》由中国国际贸易促进委员会（中国国际商会）于 2017 年 9 月 12 日通过，2017 年 10 月 1 日起施行，第 27 条第 1 款规定了"第三方资助"的含义，载 http://www.cietac.org.cn/index.php? m = Page&a = index&id = 389，最后访问日期：2019 年 2 月 24 日。

〔12〕 Gary J. Shaw, "Third-Party Funding in Investment Arbitration: How Non-Disclosure Can Cause Harm for the Sake of Profit", *Arbitration International*, 2017.

〔13〕 肖芳：《国际投资仲裁第三方资助的规制困境与出路——以国际投资仲裁"正当性危机"及其改革为背景》，载《政法论坛》2017 年第 6 期。

及第三方资助。[14] 这一数据虽然并不十分精确，但是投资仲裁中第三方资助的重要性可见一斑。

第三方资助对于投资仲裁有重要意义：首先，第三方资助为在资金上不占优势的当事人提供了资金支持，使其利益获得保护。其次，第三方资助者对被资助人进行尽职调查，对受资助人和其案件进行分析，得到资助的主体往往在案件中获胜的可能性较大。第三方资助者越来越多地参与仲裁，使其具有更多的经验可以帮助被资助人获得胜利。[15]

但不可否认，第三方资助也带来了许多风险，如第三方资助者的利益冲突风险、滥诉的风险等，都使得第三方资助成为亟待被加以规范的制度之一。由于第三方资助者倾向于不公开他们的投资细节，因此现如今很难估测第三方资助行为对仲裁带来的影响。在投资者—国家仲裁中，大量增加的第三方资助行为使人们产生了越来越多关于其潜在的利益冲突的担忧。[16] 根据资助安排的协议，第三方资助者可能会影响其资助的投资者的关键性、基础性的问题。越来越多的仲裁机构承认第三方资助行为在国际投资仲裁中的重要价值和潜在风险，无论第三方资助行为是否符合国际投资仲裁的价值和目的，这都是需要被规范的内容之一。《ICSID 投资仲裁规则建议稿》认为，第三方资助的风险使得披露成为必要。[17]

二、《ICSID 投资仲裁规则建议稿》第 21 条符合仲裁实践的要求

《ICSID 投资仲裁规则建议稿》第 21 条对第三方资助披露的含义、披露主体、披露范围等作出了规定。同时，ICSID 也就此次建议稿中一些未作规定的问题，如第三方资助造成的滥诉问题、仲裁担保费用与第三方资助的关

---

〔14〕 William W. Park and Catherine A. Rogers, "Third‐Party Funding in International Arbitration: The ICCA Queen Mary Task Force", *Austrian Yearbook on International Arbitration*, 2015, p. 116

〔15〕 Gary J. Shaw, "Third‐Party Funding in Investment Arbitration: How Non‐Disclosure Can Cause Harm for the Sake of Profit", *Arbitration International*, 2017 (33), p. 112.

〔16〕 谈晨逸：《第三方资助仲裁对仲裁员独立性的挑战与防范》，载《国际商务研究》2019 年第 1 期。

〔17〕 ICSID, Proposals for Amendment of the ICSID Rules‐Working Paper, ICSID Secretariat Vol. 3, August 2, 2018, p. 135, paras. 241‐243.

系问题、第三方资助者承担不利费用的问题提出了看法。

总体看来，此次建议稿的规定回应了近年来 ICSID 和其他国际投资仲裁对第三方资助案件的普遍裁决，肯定了仲裁庭先前的大部分做法，并将这些实践进行了归纳和总结，反映了第三方资助披露在投资仲裁中的实践。

（一）第三方资助与防止滥诉

《ICSID 投资仲裁规则建议稿》第 21 条第 1 款规定了第三方资助的含义，明确将第三方资助披露作为 ICSID 仲裁的当事人义务之一。这一做法，一方面确认了 ICSID 投资仲裁中第三方资助存在的合法性，一方面也对第三方资助的存在规定了披露要求。在实践中，部分投资东道国对于第三方资助持有消极观点，甚至完全禁止第三方资助行为，认为这使涉及国家的仲裁变得十分任意（frivolous），极易导致滥诉。[18]但是在 ICSID 实际审理的案件中，仲裁庭通常认为第三方资助的存在与管辖权之间没有必然的联系，判断管辖权的成立不因第三方资助行为的存在而受到影响。例如，在 ICSID 组庭审理的阿巴克拉特等人诉阿根廷共和国（Abaclat and others v. Argentine Republic）[19]案件中，申请人是大约六万名来自意大利的债券持有者，他们向阿根廷提起投资仲裁，并授权出售债券的意大利银行组成的名为 TFA 的实体来实现和管理他们参与的 ICSID 仲裁。TFA 接受了来自意大利银行的第三方资助。被申请人阿根廷认为，这种第三方资助行为使得 ICSID 对于本案没有管辖权，因为第三方资助可能会造成不可避免的利益冲突。但是仲裁庭拒绝了这一请求。仲裁庭认为，第三方资助本身的存在不会对管辖权的存在与否造成影响。

在《ICSID 投资仲裁规则建议稿》中，ICSID 也延续了上述案件中的思路，对于实践中仲裁庭确认的有关管辖权的判断标准予以肯定。在《ICSID 投资仲裁规则建议稿》中，ICSID 虽并没有明确就第三方资助与管辖权问题

---

〔18〕 ICSID, Proposals for Amendment of the ICSID Rules-Working Paper, ICSID Secretariat Vol. 3, August 2, 2018, p. 135, para. 241.

〔19〕 Abaclat and others v. Argentine Republic, ICSID Case No. ARB 07/5. Agreement between the Italian Republic and the Republic of Argentina on the Promotion and Protection of Investments (signed 22 May 1990, entered into force 14 October 1993) (Italy-Argentina BIT).

作出规定，但其在工作报告中对这一问题作出了解释：ICSID 认为，争端本身并不会由于第三方资助行为而改变其是否可以受理的性质。同时，ICSID 采取了许多其他的机制来防止滥诉，如现行 ICSID 仲裁规则第 41 条第 5 款规定，对于明显缺乏法律基础（manifest lack of legal merits）的索赔请求应在其不必要地消耗当事方资源之前被驳回，适用于对于管辖权的异议和对于案件实体争议的异议。[20] 也有学者认为，第三方资助者出于获得收益的考量，不会贸然资助缺乏法律基础和管辖权的当事人，反而会对争议胜诉的可能进行谨慎评估，有利于防止滥诉。[21] 无论是出于对促进经济地位不占优势的投资者参与仲裁的鼓励，还是出于对制度空缺的填补，ICSID 对于第三方资助披露的规定具有重要的进步意义。

（二）关于披露主体与范围的规定

根据《ICSID 投资仲裁规则建议稿》第 21 条第 2、3 款之规定，在案件中披露第三方资助成为强制性规定，意味着没有履行披露义务的当事人可能面临不利后果，如有学者认为违反披露义务会导致其承担更多的仲裁费用。[22] 它要求接受资助的当事人提交书面通知，披露存在第三方资助和第三方资助者的名称；且这一通知应当在仲裁请求登记或者在登记之后达成第三方资助安排时，立即向秘书处发出。同时，如果第三方资助信息在首次披露之后发生变化，包括终止资助安排，各方当事人也负有持续披露的义务。

从这一规定来看，披露的主体是案件的当事人，披露的范围是第三方资助的存在和第三方资助者的身份。这一规定与大部分实践的做法相符合。例如，自 2019 年 2 月 1 日开始实施的香港《仲裁条例》第 98U 条第 1 款规定，

---

〔20〕 ICSID 仲裁规则的现行版本于 2006 年 4 月 10 日起生效实施，第 41 条请见 http://icsidfiles. worldbank. org/icsid/icsid/staticfiles/basicdoc/partf-chap05. htm#r41，最后访问日期：2019 年 2 月 24 日；主张明显缺乏法律基础的程序请见 https://icsid. worldbank. org/en/Pages/process/Manifest-Lack-of-Legal-Merit. aspx，最后访问日期：2019 年 2 月 24 日。

〔21〕 侯鹏：《商事仲裁中的第三方出资及其规制》，载《国际法研究》2018 年第 5 期。

〔22〕 是否将第三方资助披露义务的履行作为仲裁费用分配的考虑因素，属于仲裁庭自由裁量的范围，迄今尚未有过此类实践，ICSID 草案中也尚未有明确的规定，因此有学者认为第三方资助披露的动力不足，参见肖芳：《国际投资仲裁第三方资助的规制困境与出路——以国际投资仲裁"正当性危机"及其改革为背景》，载《政法论坛》2017 年第 6 期。

受资助方需披露"已订立资助协议一事"以及"出资第三者的姓名或名称"。[23]

第三方资助披露的最首要目的是避免利益冲突，避免仲裁员与第三方资助者之间存在利益关系从而对仲裁员的中立性产生影响。从披露范围来看，大部分的仲裁规则仅要求披露第三方资助的存在和其身份，实践中仲裁庭通常认为通过对第三方资助者的身份进行披露足以判断是否与仲裁员之间存在利益关系。例如 ICSID 在 2015 年审理的欧洲天然气公司和贝尔蒙特资源公司诉斯洛伐克共和国（EuroGas Inc. and Belmont Resources Inc. v. Slovak Republic）[24]案中，接受资助的申请人披露其受到第三方资助，以澄清案件中的利益冲突问题。在该案中，要求披露的范围仅限于第三方资助者的身份。

（三）关于仲裁费用担保的规定

接受第三方资助的当事人往往无力支付高昂的仲裁费用，这也使得第三方资助通常给被资助方的相对方一种信号，即被资助方处于财物困难的状况，在败诉时可能无力承担仲裁庭裁决的仲裁费用。

《ICSID 投资仲裁规则建议稿》并未就第三方资助行为的存在与仲裁费用担保建立必然的联系，但是这一做法并非疏漏，ICSID 在对《ICSID 投资仲裁规则建议稿》进行解释时认为，[25]仅根据是否存在第三方资助就要求被资助方提供担保是片面的、不合理的。

这一观点在实践中也被 UNCITRAL 和 ICSID 的案件所肯定。在涉及与提供仲裁费用担保有关的第三方资助的案件中，在 UNCITRAL 组庭审理的瓜拉卡奇美国公司和 Rurelec plc 诉多民族玻利维亚国（Guaracachi America, Inc. and Rurelec plc v. The Plurinational State of Bolivia）[26]一案和 ICSID 组庭审理

---

〔23〕 《仲裁条例》，载 https：//www. elegislation. gov. hk/hk/cap609? xpid = ID_1546569363537_001，最后访问日期：2019 年 2 月 11 日。

〔24〕 EuroGas Inc. and Belmont Resources Inc. v. Slovak Republic, ICSID Case No. ARB/14/14. Transcript of the First Session and Hearing on Provisional Measures（17 March 2015）145.

〔25〕 ICSID, Proposals for Amendment of the ICSID Rules－Working Paper, ICSID Secretariat Vol. 3, August 2, 2018, p. 137, para. 266.

〔26〕 Guaracachi America, Inc. and Rurelec plc v. The Plurinational State of Bolivia, UNCITRAL, PCA Case No. 2011－17.

的欧洲天然气公司和贝尔蒙特资源公司诉斯洛伐克共和国（EuroGas Inc. and Belmont Resources Inc. v. Slovak Republic）[27]一案中，仲裁庭均驳回了投资母国仅因第三方资助的存在而提出的仲裁费用担保的请求。在 ICSID 另一个存在第三方资助的案件 RSM 生产公司诉圣卢西亚和欧洲天然气公司（RSM Production Corporation v. Saint Lucia and EuroGas Inc.）[28]中，虽然仲裁庭同意了关于提供仲裁费用担保的请求，但是作出这一请求的依据是仲裁庭考察了申请人的先前行为，在申请人曾参加的其他两起在 ICSID 审理的案件中，申请人不尊重仲裁庭关于仲裁费用的分配问题，而非仅依第三方资助者的存在就判定申请人在履行仲裁费用的问题上存在能力缺陷。

（四）关于仲裁不利费用的规定

所谓"不利费用"的裁决或命令，是指仲裁庭就各方当事人需要承担的仲裁费用作出分配，对于没有理据或明显夸大申请金额的仲裁请求，仲裁庭有权要求提出该请求的当事人承担因该请求而使相对方当事人产生的全部法律费用。[29]第三方资助饱受诟病的原因之一正是由于第三方资助的存在，当事人会任意夸大申请金额，滋生滥诉。因此许多学者认为应当在仲裁规则中增加关于第三方资助者承担不利费用的规定，由第三方资助者承担由此造成的不利费用。

但是 ICSID 在《ICSID 投资仲裁规则建议稿》中并未作此规定，ICSID 认为，由于第三方资助者不是仲裁的直接当事人，资助者只是通过协议的方式与被资助当事人建立联系，对于案件的实体争议和纠纷没有直接的权利义务关系。因此，赋予仲裁庭对案外第三方的处分权是不合理也是不切实际的。

同时，如果第三方资助者过度承担了原本应由当事人承担的法律义务，则会压制第三方资助的积极性，不利于保障和鼓励第三方资助者的投资意愿，最终受害的仍是在经济上占不利地位的被资助者。在阿尔金诉博查德线

---

[27] EuroGas Inc. and Belmont Resources Inc. v. Slovak Republic, ICSID Case No. ARB/14/14.

[28] RSM Production Corporation v. Saint Lucia, ICSID Case No. ARB/12/10.

[29] 侯鹏：《商事仲裁中的第三方出资及其规制》，载《国际法研究》2018 年第 5 期。

路有限公司（Arkin v. Borchard Lines Ltd.）一案中，英格兰上诉法院菲利普斯（Phillips）法官认为，如果判决资助者在败诉时承担对方的全部诉讼费用，将使其不愿为需要资助的法律请求出资，也就意味着当事人无法寻求应有的公义救济。[30]

三、第 21 条的修改及其问题

第三方资助披露义务仍需完善。《ICSID 投资仲裁规则建议稿》中仍有许多问题亟待解决，如披露主体范围过窄、披露内容不足、第三方资助透明度仍需增强等。仲裁实践中第三方资助的多样性、投资仲裁的特殊性等也使得投资仲裁中第三方资助披露的规定与国际商事仲裁有所不同。

（一）第三方资助披露义务的主体范围仍需扩大

《ICSID 投资仲裁规则建议稿》第 21 条规定披露主体为一方当事人（a party），而不包括仲裁员。《ICSID 投资仲裁规则建议稿》第 26 条对仲裁员的中立性和独立性义务作出了很笼统的规定，并未明确阐述哪些信息是应当披露哪些是无需披露的。从自身利益出发，仲裁员很可能会选择一些关键信息不予披露；也可能有一些无需公开的信息被披露导致当事方利益受到损害。因此，在《ICSID 投资仲裁规则建议稿》第 21 条项下明确仲裁员的披露义务十分重要，披露主体不应限于仲裁当事人，还应包括仲裁案件的仲裁员。

第三方资助案件中，律师既担任仲裁员又担任仲裁代理人的情形属于极易导致利益冲突的典型情形。[31] 举例而言，若一名律师在某一案件中作为被资助方的当事人，在另一案件中担任仲裁员审理由同一出资者资助的其他仲裁案件，在这种情况下，对另一案件中作为仲裁员的该律师的披露对于避免利益冲突变得十分重要。

---

〔30〕 Arkin v. Borchard Lines Ltd. ［2005］WLR 2005 CA para. 39.

〔31〕 Nigel Blackaby, Constantine Partasides, Alan Redfern and Martin Hunter, *Redfern and Hunter on International Arbitration*, Oxford University Pres, 2015, p. 187.

（二）第三方资助的披露范围应被明确

正如前文所述，在《ICSID 投资仲裁规则建议稿》中，当事人的披露范围仅限于第三方资助行为的存在及其名称。在大多数案件中，仲裁庭都认为公开第三方资助者的名称等信息足以确定是否存在利益冲突，但是进一步适当公开资助协议，有利于仲裁程序的完整性。虽然在 ICSID 看来第三方资助的存在与仲裁费用担保之间没有必然的因果关系，但是许多学者指出，如果第三方资助是"仲裁肇事逃逸"计划的一部分，即在受资助人败诉的情况下资助人不承担任何不利费用，则应当许可仲裁费用担保。[32]

在 2015 年 6 月的 Muhammet Cap & Sehil Ins aat Endustri ve Ticaret Ltd Sti. v. Turkmenistan（Muhammet Cap 诉土库曼斯坦）[33] 案件中，ICSID 仲裁庭要求请求人向被申请人披露第三方资助者的信息，包括资助协议的条款（funding terms）。这是 ICSID 仲裁庭第一次要求披露资助协议的细节。仲裁庭认为，披露资助协议的细节对于确保程序完整性十分重要，通过披露协议的条款，可以确定是否有仲裁员受到第三方出资者的影响。资助条款对于确定被申请人是否决定申请仲裁费用担保具有重要意义。但是，仲裁庭要求披露的条款仅限于可以帮助确定资助者身份、资助性质及影响仲裁费用担保的内容，对于资助金额等，仍然属于允许保密的范围。[34]

自 2019 年 2 月 1 日开始实施的香港《仲裁条例》规定披露的范围仅限于第三方资助的事实以及出资者的身份。但是，投资仲裁不同于一般的商事仲裁，投资仲裁往往涉及国家利益，甚至可能是经济地位悬殊的两方主体。因此，投资仲裁领域的第三方资助更为复杂，也更为敏感。第三方资助披露的存在不仅仅是为了避免利益冲突、保证仲裁员的中立性；从上述裁决可以看出，仲裁庭认为第三方资助的披露对于仲裁程序的完整性也具有重要意

---

[32] Jean E. Kalicki, "Security for Costs in International Arbitration", *Transnational Dispute Management*, Vol. 5, 2006.

[33] Muhammet Cap & Sehil Insaat Endustri ve Ticaret Ltd Sti. v. Turkmenistan, ICSID Case No. ARB/12/6, Procedural Order No. 3 (12 June 2015).

[34] Jean-Christophe Honlet, Recent Decisions on Third-Party Funding in Investment Arbitration, ICSID Review Vol. 30, No. 3 (2015), p. 701.

义，仅披露第三方资助存在和资助者身份不能保证仲裁程序的完整性。因此，通过披露"第三方资助的存在、资助者的名称，以及有助于确定利益冲突及其他促进仲裁程序完整性所必需的资助条款"来促进仲裁程序的完整性，具有重要价值。

（三）第三方资助的透明度要求

脱胎于国际商事仲裁的国际投资仲裁，在仲裁规则和程序上也借鉴了商事仲裁的诸多特点，如一裁终局、不公开审理、保守程序与实体秘密等。但是，与商事仲裁的私法性质相区别，国际投资仲裁因其一方当事人为主权国家，且多涉及东道国的公共政策，如果仍然遵循仲裁保密性原则，对于受影响的东道国国民而言并不公平，作为利益相关方，他们有权了解仲裁信息。从这一角度看，国际投资仲裁领域的透明度规则具有重要价值：首先，投资仲裁主体的特殊性意味着其往往涉及国家利益和公共利益，这一公开对于投资母国国民来说具有重要意义；其次，投资仲裁的透明度对于投资者掌握投资母国的规则和投资动向，适时地作出投资战略调整有着重要意义。

《ICSID 投资仲裁规则建议稿》规定，在双方没有明确反对的情况下，ICSID 可以在 60 日内公开仲裁裁决、补充决定、裁决更正、解释或撤销裁决。从《ICSID 投资仲裁规则建议稿》来看，关于透明度的范围仅限于裁决和决定有关的内容，而不包括第三方资助的相关情况。

但是第三方资助的存在，往往会对投资仲裁中双方当事人的行为造成一定的影响。例如在实践中，受资助当事人往往或多或少地受到第三方资助者的影响，如选聘仲裁代理人、指定仲裁员等。[35] 当事人的行为极有可能受到第三方资助者的干预。因此，对于第三方资助行为而言，透明度也有重要意义。

对于第三方资助的公开范围应当有所限缩。因为第三方资助的公开是出于透明度的目的而非是对仲裁程序产生实质影响的利益冲突等的要求，因

---

[35] 侯鹏：《商事仲裁中的第三方出资及其规制》，载《国际法研究》2018 年第 5 期；Jonas Von Goeler, *Third-Party Funding in International Arbitration and Its Impact on Procedure*, Kluwer Law International, 2016.

此，第三方资助的公开是有必要的，但是公开的内容应当有所限制。

（四）违反披露义务的后果及监督

《ICSID 投资仲裁规则建议稿》第 21 条对第三方资助的披露作出了规定，但对于违反披露义务所造成的后果缺乏明确的规定。违反披露义务会导致当事人失去仲裁请求权吗？如果裁决已经作出才发现第三方资助的存在是否会影响裁决的有效性？如果违反披露义务没有造成实质的损害是否会影响仲裁费用分摊或裁决的有效性？这些都是亟待解决的问题，但 2018 年 8 月公布的《ICSID 投资仲裁规则建议稿》没有作出明确的答复。

《中国贸仲委国际投资仲裁规则》第 27 条第 3 款规定，"就仲裁费用和其他相关费用作出裁决时，仲裁庭可以考虑是否存在第三方资助的情形。"

香港《仲裁条例》亦没有具体规定违反披露义务所应承担的后果或责任，而是仅将这一行为作为仲裁庭或法院可以考虑的事项。其第 98W 条规定，仅因没有遵守该条例中涉及第三方资助仲裁披露的规定不会导致该方在法院或其他程序中被起诉。但是，仲裁庭或法院在决定与此相关的事项时，未遵守披露规定的行为可以作为仲裁庭或法院的参考。[36]

《ICSID 投资仲裁规则建议稿》没有就仲裁费用分配问题作出明确回应。《ICSID 投资仲裁规则建议稿》第 19 条规定，在决定和分配仲裁费用时，仲裁庭应当考虑的相关因素包括仲裁程序的整体或部分的结果、当事人以快速和符合成本效益所为的行为、争议焦点的复杂性以及费用请求的合理性。该条款并没有明确将第三方资助考虑在内。

为了促进第三方资助披露义务的履行，可以将第三方资助行为的披露和第三方资助的存在纳入《ICSID 投资仲裁规则建议稿》第 19 条，作为仲裁费用分配所应考虑的双方行为（conduct of parties）。

现有的 ICSID 规则和《ICSID 投资仲裁规则建议稿》均未对第三方行为作出明确的规范，ICSID 也认为，仲裁庭对于案件当事人之外的投资者不享有管辖权，无法对资助者的行为作出直接的限制。具有相类似身份的律师，

---

[36]《仲裁条例》，载 https://www.elegislation.gov.hk/hk/cap609? xpid = ID_1546569363537_001，最后访问日期：2019 年 2 月 11 日。

通过各国的律师协会进行监督；但是对于投资仲裁的第三方资助者，在国际和国内领域目前都缺乏有效的监管办法和监管机构。这也使得第三方资助者可能会利用其在一个案件中获知的保密信息，如商业秘密、非公开谈判等，帮助其在另一个案件中资助的当事人获胜。[37] 对于第三方资助者的规范不仅需要 ICSID 通过披露的方式进行，更需要国际的合作和各国国内制度的完善。

四、结论

自从 2006 年 ICSID 公布其仲裁规则至今已经过去了十多年，投资仲裁的不断发展和实践领域的不断更新使得 ICSID 投资仲裁规则亟待完善。在金融行业迅猛发展的当下，作为一项金融衍生品的第三方资助行为从国际商事仲裁领域发展到国际投资仲裁领域。第三方资助的存在有风险也有意义，为了迎合第三方资助在投资领域的发展、规范第三方资助行为，ICSID 在《ICSID 投资仲裁规则建议稿》第 21 条规范了第三方资助行为，对于第三方资助披露的主体、范围、程序等作出了规定。

《ICSID 投资仲裁规则建议稿》是对 ICSID 近年来审理的与第三方资助有关的案件的总结与回应。在管辖权与滥诉规定上，ICSID 延续了其在审理案件中的一贯思路，认为第三方资助本身并不影响管辖权的成立与否；在披露主体与范围上，也与其大多数案件所采取的方式相同；在费用担保问题上，ICSID 对其规定作出了澄清与说明，认为虽然之前涉及第三方资助的案件允许费用担保，但是第三方资助与费用担保并无必然联系。在关于仲裁不利费用的问题上，ICSID 也作出了回应，认为对于非当事人的第三方资助者无权提出不利费用的要求。

但是，《ICSID 投资仲裁规则建议稿》仍然存在许多问题需要完善：首先，在范围上，承担第三方资助披露义务的主体不应仅限于当事人，还应包括仲裁员，应当将仲裁员纳入强制披露的主体范围之中，以避免潜在的利益

---

[37] Gary J. Shaw, "Third-Party Funding in Investment Arbitration: How Non-Disclosure Can Cause Harm for the Sake of Profit", *Arbitration International*, 2017.

冲突风险。其次，在披露范围上，第三方资助披露的目的不限于避免潜在的利益冲突，还包括可能存在的需要提供仲裁费用担保的情况、"仲裁肇事逃逸"的可能以及促进程序完整性等其他目的，因此对于相关条款的披露具有重要意义。在仲裁费用问题上，可以通过明确第三方资助作为仲裁费用考量因素的方式促使当事方履行披露义务。在违反披露义务的后果及监督上，目前国际上尚缺乏对于第三方资助机构的监督机构和监督办法，这是需要国际合作和各国国内法进行完善的地方；对于违反这一义务的后果也缺乏明确的规定，ICSID 可以将其作为仲裁庭自由裁量仲裁费用的考虑因素，以促进受资助披露义务的履行。

参考文献

1. 侯鹏：《商事仲裁中的第三方出资及其规制》，载《国际法研究》2018 年第 5 期。

2. 覃华平：《国际仲裁中的第三方资助：问题与规制》，载《中国政法大学学报》2018 年第 1 期。

3. 肖芳：《国际投资仲裁第三方资助的规制困境与出路——以国际投资仲裁"正当性危机"及其改革为背景》，载《政法论坛》2017 年第 6 期。

4. Jonas Von Goeler, "*Third-Party Funding in International Arbitration and Iits Impact on Procedure*", Kluwer Law Internation, 2016.

5. Gary J. Shaw, "Third-Party Funding in Investment Arbitration: How Non-Disclosure Can Cause Harm for the Sake of Profit", *Arbitration International*, 2017 (33).

6. Jean-Christophe Honlet, "Recent Decisions on Third-Party Funding in Investment Arbitration", *ICSID Review*, Vol. 30, No. 3, 2015.

比较分析视角下的数字经济立法[*]

杨丽艳[**] 　张　颖[***]

数字经济不仅在原有的经济体系上进行了诸多的发展和补充，从某种程度来说，数字经济作为一次新的变革，是对全球经济整体的重塑，在未来的经济发展中作为主要推动力。数字经济创造了新的需求和供给，产生了新的生产关系。数字经济时代下各种支撑平台的出现、高度的数字化以及经济的流通、共享环节等都对原有的法律规制提出了挑战，伴随着新的立法领域的产生，各国都在积极探索，寻求更加完善的法律规则来保障数字经济的发展。

一、问题的提出

数字经济是指将互联网技术应用于货物和服务的生产和贸易，正成为全球经济中日益重要的一部分。向数字经济过渡能够推动跨越所有部门的竞争力、经营和创业活动的新机会、加入海外市场的新渠道和对于全球电子价值链的参与。数字经济还能为长期存在的发展和社会难题提供新的工具，如5G、云计算、大数据、区块链、人工智能、量子芯片等高新技术迭代发展，数字经济 2.0 以持续递增的巨量数据、全球互联的端到端资产数字化以及智

* 此为西南政法大学资助项目"国际投资于国际贸易最新相关法律问题研究"（2013 - XZRCXM007）的阶段性成果，中国法学会项目 [CLS（2017）C48] 的阶段性成果。
** 西南政法大学国际法学院教授。
*** 西南政法大学国际法学院研究生。

能化的数据技术融合各行各业为特征，通过人、过程和技术之间的复杂效应实现超越传统的价值创造，原来的国际贸易和投资制度显然已经不能适应这种新型的经济形式，各国也在积极改变旧有的制度建立新的法律制度对其进行规制，试图建立一个促进数字经济发展的立法模式，提高本国的国力。同时，也通过加大包括境内境外的投资，提高数字基础设施供给标准、完善验证监管机制、明确数据权属与合理分配责任承担、规范政府数据共享、改革全球流动数据的税收机制、推动革新、鼓励投资和竞争、提升数字包容力，维护国家安全、社会稳定和个人权益等，因此国内国际立法就显得尤为重要。

就国际贸易和国际投资来说，中国在服务领域经历着贸易逆差，但在数字服务领域却是贸易顺差。在过去的两年里，中国的三大互联网公司共达成了 35 笔海外交易，而美国的三家最大的互联网公司只达成了 20 宗海外交易。中国的数字公司也正在海外扩张其业务模式，它们通过与外国合作伙伴分享技术，使得自身得以扩张。中国的数字全球化虽刚刚起步，但发展势头强劲。因此，面临着如何借助法律助力我国数字经济发展的局面。由此，对于数字经济的立法研究对我国来说就十分重要。而我国在数字经济领域的立法较为薄弱，在 2019 年的立法规划里尚未有相应的计划，而在中美贸易战里，数字经济已经被以美国为首的发达国家列入重点安全审查范围。以互联网作为载体的数字经济需要一个广阔的舞台，在当前形势下，尽管我国在地方层面的数字经济立法进行了一些积极尝试和有效探索，但国家层面的数字经济统一立法尚付阙如。秉承包容审慎的理念，回应我国数字经济高速发展过程中的制度需求，通过基础性、统筹性和前瞻性的立法，构建促进数字经济发展的法律框架，是适应全球数字经济治理规则的理性选择。

选择之首，是需要借鉴、比较、研究具有较完备的数字经济立法国家的法律。

二、数字经济立法

（一）数字经济立法目的

随着数字经济给社会发展带来的诸多变化，主要国家和地区都在积极探索推进数字经济发展的立法模式。通过规范的法律机制提高数字基础设施供给标准、完善验证监管机制、明确数据权属与合理分配责任、规范政府数据共享、改革全球流动数据的税收机制。各国正在研究促进数字经济健康发展的法律政策框架，确保重点行业得到政府财政支持和社会资本参与，提高数字基础设施建设水平，改善互联网连接通路，充分发挥数字技术推动社会发展的核心效能，全面提升国家的综合竞争力。不仅大部分发达国家已经提出了各自的数字经济发展战略和相关法案，而且许多发展中国家也在推进其优势领域数字经济的法律规制。

（二）各国数字经济立法现状

日本在 2009 年就已经制定相关数字经济战略，英国、德国等国家相继出台了数字经济战略计划。2013 年多个 OECD 国家发布数字安全的国家战略。2014 年日本实施《数字安全基本法案》并于 2015 年设立隶属于内阁的数字安全战略小组。美国于 2015 年通过《网络安全法》，这也是规制网络信息安全的一部较为完备的法律。英国于 2017 年颁布《数字经济法第 1 号条例》。[1] 白俄罗斯于 2017 年 12 月出台了《数字经济发展法案》。前述法案率先合法化智能合约，肯定加密货币采矿和交易的合法性，加强特定税收减免、外籍投资者和员工免签待遇和福利支持，推动高新技术企业通过首次代币发行广泛融资。欧盟围绕《数字单一市场战略》，通过《欧洲电子通信法案》《非个人数据自由流动条例（草案）》《公共部门信息指令（修订版）》和一系列改善网络空间安全的标准、数个《〈一般数据保护指令〉适用指南》和《居民数字教育推进规划》等，促进数字技能、电信审查、数字隐私、数字征税、数字贸易、数字物流、人工智能、高性能计算、数字知识产权、数字视听和媒体服务等长足发展。[2] 德国发布的"数字经济与法律"调研报告显示，绝大多数企业希望有更为明确的法律规范、更强的复合处理能力与更多的数字资源共享。澳大利亚政府基于"数字经济正在改变市场并

---

〔1〕 刘淑春：《以全球化视野精准助跑"数字经济"》，载《浙江经济》2018 年第 16 期。

〔2〕 蒋洁：《全球推进数字经济立法的趋势》，载《中国社会科学报》2018 年 8 月 24 日，第 5 版。

鼓励全新的商业模式。过时或矛盾的监管机制可能会扼杀创新并推高成本，但新兴技术也带来隐私、安全和道德的新风险"，应公开征求社会公众对于完善数字经济立法监管的意见。2017 年俄罗斯联邦政府正式批准了《俄罗斯联邦数字经济规划》，对俄罗斯在全球数字市场中的地位进行了分析，比较了俄罗斯与欧盟和非欧盟国家的数字经济发展差异，并且明确了发展方向和立法目标。

三、欧盟

（一）数字经济立法发展背景

欧盟的数字经济政策从 1993 年《成长、竞争力与就业白皮书》的发表开始，2000 年发布了《里斯本战略》，以 2006—2010 年五年战略计划为标志，开启了欧盟数字经济发展新阶段，2010 年之后的欧洲数字战略和 2015 年的数字单一市场战略，更是进一步强调数字技术和经济深度融合，以及数字经济在整个欧盟的纵深发展。欧盟各成员国也都相继发布数字经济战略，积极推进数字经济相关的措施。2016 年 4 月 19 日，欧盟委员会公布数字化欧盟工业的计划，提出明确的行动路线。2017 年 1 月 10 日，欧盟委员会发布政策文件《打造欧洲数据经济》，并为此提出政策和法律解决方法。欧盟近日发布了 2018 年数字经济和社会指数（DESI）报告，从宽带连接、人力资本、互联网使用、数字技术集成、数字化公共服务 5 个维度的 30 余个指标来综合描述欧盟经济社会的数字化水平和进程。2018 年欧盟议会审议通过了《非个人数据自由流动框架条例》。

（二）相关法律规制

1. 数据保护

欧盟在数字经济的诸多领域已有相关政策和法律规则，随着欧盟数字出口额的显著增加，数字贸易等领域已经逐渐形成其自由的体系模式。相比传统的自由贸易协定，欧盟在全球数字贸易中更加注重对消费者的保护。在大数据环境下，数字经济所依托的"能源"来自于大量的用户信息，包括国家信息。数据隐私的保护必须要由法律来规制并形成完善严格的执行和监督等体系。欧盟在 2016 年通过的《通用数据保护条例》，于 2018 年开始正式实施。事实上，在 1995 年就有《数据保护条例》，这一次的条款是在原来的基础上作出的调整，以适应数字经济时代的诸多变化，也可以看作是在数据保护方面进行的一次法律更新。欧盟在解决数据转移、流动等过程中产生的一些责任问题，并着手创建欧洲的数据经济政策体系，制定统一的框架，不断深挖数字经济领域下的问题，以期得到更完善的法律规制。

数据的保护和利用是数字经济的基础，《二十国集团数字经济发展与合作倡议》也提到了数据对于数字经济的重要性。欧盟在跨境数据的流通上进行了限制，由于这样的限制对欧盟本身的经济有不利影响，欧盟与美国先后签订了《安全港协议》和《隐私盾协议》。其中《安全港协议》于 2015 年失效，在《隐私盾协议》的基础上，欧盟对隐私保护的立法进行升级，出台了《一般数据保护法案》（GDPR）。欧盟很早就意识到了数字经济的到来，并且对数据信息保护的相关政策进行了许多尝试。欧盟为了欧洲"数字一体化市场"战略的实现不懈努力，2018 年 5 月生效的《一般数据保护法案》就是欧盟迈出的重要一步。

2. 欧盟在数字知识产权领域的立法

数字经济时代下，随着越来越频繁的线上交易，以及各种数字产品的出现，知识产权领域出现了新的需求，数字知识产权需要得到保障。欧盟也将数字知识产权问题纳入贸易规则制定进程，并进行了深度思考。很明显，现有的 TRIPS 条款已经无法满足数字化知识产权的保护。与美国相比，虽然欧盟在制定具体规则上依然存在差距，但欧盟在这一领域正在积极向前，欧盟与诸多发达国家进行了多边的有关知识产权保护的谈判。在具体谈判中涉及数字网络中的版权、领接权等，欧盟为了保证隐私和知识产权保护两者的平衡，所采取的谈判行为都相对谨慎，即既要保证数据在可控限度内自由流动，又要对数据流通中出现的知识产权问题给予相关保护。

（三）立法领域的发展趋势

欧盟在个人数据保护立法进程上较为领先，截至 2018 年 6 月，世界已有 126 个国家拥有个人数据保护法。就具体的发展程度来看，欧盟国家几乎都已完成了现代个人数据保护法基本框架的制定。非欧盟国家也正在努力实现这一阶段目标。南非和韩国在数据保护方面比较突出，其次是阿根廷、马来西亚、澳大利亚等国家，中国香港地区和中国台湾地区相比于大陆地区在个人数据保护方面的立法进程要较快一些。以色列、日本等国近几年也在积极推进个人数据保护法律规则的制定。因国情不同，中国和美国在数据保护方面并未选择欧盟数据保护的模式，而是从各自的优势领域进行技术上的数据信息保护。

欧盟在数字经济的立法趋势上主要是通过立法和执法来推动欧盟内整体的数字经济的发展，同时在其内部制度确定的情况下，对全球数字经济市场的秩序带来一定影响。从社会民众的权利需求上看，欧盟需要在以往的权利保护基础上更加强化个人的数据控制力。[3] 在全球数字经济发展的大趋势下，应当既保证本土数据的控制力，同时也要促进创新和技术的发展，通过立法来达到数字经济下各个领域的动态平衡。

四、美国

（一）数字经济发展现状

美国注重数字经济市场发展的整体布局，对大数据和云计算进行了战略规划，尤其是在工业等领域的运用，体现出美国的互联网基础建设和科研技术的先进性。对于专利和知识产权保护等领域，美国在其原有的较为完善的法律规制下，不断采取措施使其转化成适应数字经济市场的新模式。

美国在 2000 年与约旦签署的 FTA 中就已经包含了关于电子商务的章节，虽然仅仅是形式上的规则体现，但也表明了美国对数字经济发展的态度。直到 2015 年美国主导的 TPP 协定，其中关于数字贸易已经有完整的章节体现出来。在美国主导的区域中，美国对数字贸易的重视程度日渐明显。从最初的电子商务章节开始，美国在不断地加强规则完善，在跨境服务贸易、信息技术合作、跨境投资以及知识产权等方面都有所体现。为了在全球数字经济的大环境下实现数字产业的发展和流动，各国都在积极制定新的规则，但在 WTO 多边谈判中，始终很难有所进展。其中的原因就包括美国一直试图建立全球标准来规制全球数字经济贸易，以维护其自身的贸易地位。就美国主

---

〔3〕 苗振林：《欧盟数据可携权立法评析》，载《许昌学院学报》2018 年第 5 期。

导的双边、多边谈判来看，TPP、TISA、TTIP 等协定都体现了美国在全球数字经济立法规制上的主动态度。

（二）美国的数据流通自由化

相比于欧盟的数据保护立法，美国在对待数据保护的问题上更为开放。美国主要立足于贸易规则的实施，在个人信息以及其他公共政策得到保护的前提下，提倡全球信息和数据的自由流动。美国更重视数据非强制本地化，在数字货物和数字服务跨境流通中积极寻求解决数字经济贸易壁垒的方法，如何理解数据流通的"属地原则"以及在跨境运营过程中的监管问题都是美国在数字经济立法方面的主要考量，也是其立法的困难之处。

美国一直认为数据的本地化会影响全球范围的数据流通，会造成全球数字经济的分割。但是美国坚持的前提条件是保证其公共政策，这其中主要是国家安全的保障。美国具有全球领先的互联网技术和相关企业，产生的数字货物和服务贸易在美国贸易总额中占比较大。为了促进和推动数据的自由流动，美国出台了一系列政策。2015 年《贸易促进授权法》明确指出了对数字贸易的待遇、禁止数据贸易和数据流的限制等。

欧盟、俄罗斯等国家坚持认为数据的自由流动会给隐私保护带来威胁，在美国的技术领先的前提下，数字领域的多项技术极易被垄断，这会给数据隐私带来更多无法掌控的因素。欧盟一直坚持的本地化与美国所提倡的数据自由流动存在很大差异，这也是欧盟和美国在各自的数据隐私保护和数据流通领域立法侧重点不同的原因之一。2016 年《欧盟-美国隐私保护协定》代替了《安全港协定》，规定了有关机构可以主动进行监控和执法，欧盟与美国之间的数据传输也得到确保。之后，美国与瑞士也签订了相关的隐私保护协定。可以看出，美国倾向于采取双边谈判的方式来解决各国关于数据保护的分歧。

（三）数字贸易立法发展

美国的数字贸易中存在大量的贸易壁垒，不仅是体现在有关的关税和配额，还包括了数字经济下各领域的非关税壁垒。这些非关税壁垒与传统的非关税壁垒存在巨大差异，主要有本地化数据保护、跨境流通的限制、电子产品及数据的知识产权和网络安全风险等。这些新型的非关税壁垒无法用传统的法律法规来进行规制和调整，其本身具有复杂和不易察觉的特征。若是无法正确地加以规制，不仅会扰乱数字贸易市场的秩序，也会严重阻碍数字贸易的自由流动。那么，由此产生的数字贸易摩擦又该如何解决呢？这也是立法方面值得深入思考的问题。传统的贸易争端解决机制在数字贸易新环境下面临着更多挑战。

美国在寻求解决数字贸易之诸多问题的过程中，制定了不同的政策，并在多方谈判和诸多的行动中，整理出相关报告，并制定了数字贸易的发展策略。美国于 2013 年和 2014 年分别发布了《美国数字贸易和全球经济》系列报告 1 和 2，在 2016 年制定了数字贸易参赞计划，并在之后编制了《2017年外国贸易壁垒评估报告》。[4] 从《国际服务贸易协定》（TISA）的谈判中就能明显看出，美国的主要利益在于数字规则。美国看重数字贸易中跨境数据流的规则，而欧盟却在这些问题上与美国存在分歧。美国在数字贸易领域的立法趋势在于掌握数字经济下新的贸易模式，对这些贸易投资进行评估，制定符合美国利益的全球数字贸易规则。

五、中国

（一）数字经济背景

中国的数字经济不同于其他国家，主要体现在用户数字化和产业数字化。中国拥有数量巨大的数字消费者群体，各互联网公司在满足消费者需求的同时，不断加强产品、服务的数字化提升程度。中国总体的科研水平与世界一流水平还存在差距，但是在数字经济的新形势下，中国在电子商务、大数据、人工智能等领域都创造了可观的成就。区块链、物联网领域的技术要求更高，在未来数字经济市场占比更大的前提下，中国也正在不断进行突破和发展。这些方面的立法在国内还处于空白阶段，国际上也仅在技术保护和隐私安全方面有相关规则。目前，中国主要的数字经济立法集中在电子商务以及个人数据保护等方面。《中国数字经济发展白皮书（2017 年）》显示出

---

〔4〕 崔艳新、王拓：《数字贸易规则的最新发展趋势及我国应对策略》，载《全球化》2018 年第 3 期。

我国虽在数字经济的市场规模上取得了巨大发展，但制度规范还相对滞后，尤其是新兴行业的立法规范空白导致法律滞后的问题越来越突出。

（二）主要领域立法问题分析

1. 电子商务

电子商务作为数字经济的基本领域，涉及人类生活的许多方面。中国的电子商务发展相对成熟，经济规模也处于世界领先。从实践上来说，电子商务在我国的发展态势良好，涉及面广。数字经济可以服务于实体经济，在数字技术与各行业相结合的前提下，电子商务改变了众多的传统行业。目前我国已经出台了《中华人民共和国电子商务法》（以下简称《电子商务法》），这是完善电子商务立法的重要一步。完善的法制规范不仅能解决数字经济下衍生出的诸多问题，更有助于提高国家竞争力。《电子商务法》作为电子商务领域的基本法律，是为了应对电子商务迅速发展中紧迫的立法需求。但是，《电子商务法》本身的规则制定及具体实施还存在难点，法律的局限性也很难忽视，尤其是在数字经济快速发展的时代，《电子商务法》很容易因为行业数年内的急速变化而落后。因此中国目前更需要促进数字经济法律保障的轨道化，为数字经济提供更加完善的法律保障，出台数字经济法，高度重视数据本身的价值，对数据经济时代的新的生产关系给予法律方面的调整和保护，对知识产权领域提供更完备的保护规则。

2. 跨境税收

数字经济下的跨境税收主要集中在跨境电商领域，我国的跨境电商虽然起步较晚，但发展迅速，大量的中小企业甚至个人都从事跨境电商。大量的数字产品通过网络进行交易，使税收征管愈加复杂。数字化的产品不仅涉及交易过程，还要保证其产权以及税收征管。某种程度上看，数字化的商品交易属于服务贸易，但这类的服务贸易很难区分，尤其是在现有海关关税法律制度下如何进行监管和规制都存在诸多困难。

数字化商品应否征税，国际跨境电子商务实践对此也没有统一做法。在美国，以征收国内税为主，2014 年经国会讨论通过的《数字商品及服务公平税收法案》从概念上严格界定了数字商品及服务的范围，为避免多重征税，各州只能对纳税地址在本州内的网上数字化商品和服务的消费者征税。

欧盟成员国认为，虽然数字化商品及服务不具有一般商品的交易方式，但本质上属于广义的商品，因此，为促进市场交易的公平性及实体企业的发展，欧盟对这类产品的消费者及交易企业均征收增值税。考虑到数字化商品和服务交易的特殊性，经济合作与发展组织（OECD）现有税收征管体制无法对其征收进口税，实践中采用逆向课税制。在我国，虽然数字化商品电子商务及跨境电子商务已广泛存在，但对这类商品是否及如何征收进口关税和国内税的研究仅限于理论层面。[5] 现有《电子商务法》对跨境税收问题并未详细规定，在这一方面需要更加完善，在法律的有效范围内实现电子商务与跨境税收的有效衔接。同时，需制定完善的跨境税收制度，利用数据技术进行监管，提高跨境税收制度的信息化管理。

3. 大数据下的知识产权

数字技术的不断发展带来的不仅是新的服务和产品，在数字时代的大数据结构中，诸多问题也逐渐显现，尤其是大数据中涉及的侵权问题。大数据的出现本身就是信息技术发展到一定程度的必然现象，在这种情况下，大数据与知识产权的保护和管理密切相关。数字经济市场下的知识产权保护是基于数据的高度协同化及共享状态，这是在原有的大数据管理中加强对知识产权的管理和监督。尽管数据的流通和共享容易造成知识产权侵权问题，但也是在数据大量整合的基础上对知识产权的标准进行统一。通过立法规范数字技术的使用来加强知识产权管理，可以对网络侵权现象进行有效治理。

国外的数据开放和共享程度较高，如欧盟在此背景下对知识产权的保护就是基于国家间的审查机制，从庞大的数据中对各国的产权进行识别和统一处理，防止侵权问题的发生。日本也是利用大数据平台来整合资源，管理信息，进而加强对知识产权的保护。国内在这一方面的立法还处于空白阶段，主要原因是大数据知识产权意识较薄弱，并没有形成专业的大数据应用体系来实现知识产权规范化。对于数据平台上的资源整合还远远不够，导致在立法上无法统一标准，国内的知识产权数据很难与其他国家相衔接。知识产权

---

〔5〕 张莉：《我国跨境电子商务税收制度的演进与实践》，载《中国流通经济》2018 年第 10 期。

管理永远不可能脱离实际技术来进行管理工作。[6]尤其是在数字经济时代，既要对大数据下的知识产权侵权现象进行法律上的规制，又要结合数据管理，制定更加符合数字经济的知识产权保护规则。

（三）各国立法对中国数字经济法律规制的启发

1. 数据开放与隐私保护

立法的不完善使得对数据使用过程中的诸多侵权现象无法规制，数据开放中的责任机制缺失导致无法保护数据使用中的合法权利。我国在数据使用与权利保护方面的立法要想达到平衡，必须要有完善成熟的法律体系作为保障。可以借鉴美国在数据权利保护方面的立法体系，寻找适合我国数字经济发展的数据法治化路径。数据开放使用最初规定在美国于 1789 年颁布的《管家法》，目的是实现行政机关的数据开放。随后，在信息公开化不断进行的过程中，许多国家都已经出台了开放的数据政策，并形成了相应的法律体系。大数据时代，政府可以最大限度地使用公共数据，进行有效管理。但是对于数据使用中的侵权现象和风险问题必须要由法律和相关政策来预防和协调。1966 年美国出台的《信息自由法案》为美国的数据制度提供了法律依据，为其他国家的数据开放立法提供了指引。为了平衡数据行为与个人权利利益之间的冲突，美国在 1974 年通过了《隐私权法》，表明了美国对个人权利的重视和维护，之后又陆续颁布了十余部个人信息保护法律，为数据开放过程中的隐私保护提供了法律保障。欧盟在 2013 年的《网络安全战略》中确定了多方利益相关者治理原则，美国在其数据立法中也多次强调隐私保护的重要程度，这是一种在数据开放下追求各方利益平衡的状态。

我国在数据保护上的力度正在不断加强，在借鉴其他国家的数据保护立法的同时，也要结合我国数字经济发展趋势，制定一部专门的个人信息保护法，使数据保护与传统的民事、行政和刑事立法保护手段相结合，全方位地维护大数据时代的数据信息安全。在数据开放中的风险预防和控制也要在法制的监督和管理中得到体现，建立完整的预警机制。在完善个人信息保护制

---

〔6〕 程中楠、王学松：《大数据环境下知识产权管理改革研究》，载《自动化与仪器仪表》2017 年第 7 期。

度的同时，也要形成专门的监督问责机制，网络数据隐私保护范围不仅包括个人隐私，也包括商业隐私以及国家数据安全。只有通过立法规范，从各方面与数据开放和保护相融合，才能有效促进数字经济的健康发展。

2. 数字技术与法律体系

数字技术的发展带来了经济社会的转型，对各方面的法律规制也相应地提出了要求。数字技术的发展离不开正常化、标准化的法律规则，法律体系也要在保证数字经济市场的正常秩序下，随着技术变化和发展而不断地进行自身的调整和完善。数字技术的定义广泛，在发展过程中产生了相关的理论及公共政策战略框架。数字经济融合了互联网、云计算、大数据、物联网等高新技术，这就要求存在完整的、相适应的法律规制体系，因此处理好数字技术与法律体系的关系至关重要。在电子商务、共享经济、人工智能等数字化领域的快速发展中，技术正在深刻地改造经济社会，而法律的制定却无法同步进行。这是法律的滞后性和局限性所决定的。因此，数字经济时代的法律制定离不开数字技术的使用，立法调研和审查更是要深入了解数字技术的运用过程。

数字时代是实体与虚拟的结合，法律如何界定数据的权属，如何协调虚拟世界的私人领域和公共领域等问题都需要得到解决。由于数字技术本身的复杂性，法律很难从逻辑上形成足以应对数字技术中各种问题的机制。新兴技术的出现虽然给人类的生活带来了诸多便利，但由此产生的风险和责任该怎样规避和判定则必须交由法律来处理。法律的制定必须要跟上技术的变化，及时弥补漏洞。技术在更新的同时，法律体系也要相应的更新。数字技术的应用与发展带来了许多的不确定性，这些不确定因素对于科技研究和商业运作来说本身属于可预测的风险范围，但是对于法律规制体系来说，这样的不确定性给法律的规范化和具体实施带来诸多阻碍。应当在实践中明确发展方向，及时调整相关的法律规制，以适应快速变化的数字环境，给予社会中所有的参与者以充分的保护。美国在数字技术这一专业领域的布局较为完善，并在具体领域不断深入探索。就产业布局来说，美国对知识产权的高度重视值得我们借鉴。美国的核心领域已经形成了专利化体系，而我国的数字经济体系尚未形成专业领域的立法规制。我国应积极应对数字技术对法律体系提出的挑战，将法律体系的变化融入数字技术的更新迭代中。

六、结语

数字经济立法是全球化经济市场和法律变革发展的必然趋势，在数字技术构成的多样化数字体系中，传统的法律规制很难适应高新技术下的经济体制。我国在全球数字经济快速发展的大环境中，应积极推进数字经济的立法进程，以完备的法律规则来应对数字经济中的各种挑战，并妥善处理数字化的法律问题。国内的立法必须紧跟数字经济的发展步伐，将数字经济的发展纳入正常的法制轨道，使数字化趋势真正有利于我国经济社会的健康发展。数字产业化是我国的重要战略，为使我国在全球化数字经济体系竞争中保持优势，并维护经济社会的稳定与安全，理当建立起符合我国数字化发展的多边数字经济模式，尽快推动数字法律制度的建立和调整，增强法律的可操作性。在数字经济的国际规则制定方面，要充分利用我国数字经济优势领域，积极参与对外谈判，借鉴国外数字经济立法经验，结合我国国内安全和国家利益的实际，协调区域关系，推动多边发展，完善国际规则。

参考文献

1. 逄健、朱欣民：《国外数字经济发展趋势与数字经济国家发展战略》，载《科技进步与对策》2013 年第 8 期。

2. 王利明：《论个人信息权的法律保护——以个人信息权与隐私权的界分为中心》，载《现代法学》2013 年第 4 期。

3. 于潇宇、陈硕：《全球数字经济发展的现状、经验及对我国的启示》，载《现代管理科学》2018 年第 12 期。

4. 张亮亮、刘小凤、陈志：《中国数字经济发展的战略思考》，载《现代管理科学》2018 年第 5 期。

5. 蓝庆新、窦凯：《共享时代数字经济发展趋势与对策》，载《理论学刊》2017 年第 6 期。

6. 钟春平、刘诚、李勇坚：《中美比较视角下我国数字经济发展的对策建议》，载《经济纵横》2017 年第 4 期。

7. 鲁春丛：《发展数字经济的思考》，载《现代电信科技》2017 年第 4 期。

8. 赵鹏：《数字技术的广泛应用与法律体系的变革》，载《中国科技论坛》2018 年第 11 期。

9. 王春晖：《繁荣数字经济的基本方略》，载《中国信息安全》2018 年第 3 期。

10. 周念利、陈寰琦：《数字贸易规则的谈判与制订：中国 VS 美国》，载《世界知识》 2017 年第 16 期。

11. Peter Swire, Yianni Lagos,"Why the Right to Data Portability Likely Reduces Consumer Welfare：Antitrust and Privacy Critique", *Maryland Law Review*, 2013.

FIDIC 合同框架下国际工程分包合同争议解决机制研究

——兼论"一带一路"基础设施建设中的中国应对

师　华[*]　白莹莹[**]

当今世界，国际工程建设市场需求依旧旺盛，尤其是经济欠发达国家为了促进本国发展，都有大规模兴建基础设施的意愿。2013 年，中国提出"一带一路"倡议，将基础设施互联互通作为"一带一路"建设的优先领域，[1]给国际基础设施投资与建设市场带来了新的发展机遇，得到了众多国家和工程承包企业的积极响应，越来越多的企业走出国门，开展国际工程承包活动。

由于各国关于建筑工程承包的法律制度各不相同，因此在国际工程建设市场推广和使用标准合同文本来应对复杂的国际承包市场，成了国际工程管理领域的习惯做法。国际咨询工程师联合会（International Federation of Consulting Engineers，以下简称 FIDIC）便是当今世界国际建筑工程领域最权威的组织之一，其编制的合同范本得到了世界银行、亚洲开发银行、非洲开发银行等国际及区域性组织的广泛采用。1996 年，中国工程咨询协会代表我国加入 FIDIC，成为其正式成员。针对国际工程分包，FIDIC 现行有效的合同文本为 2011 年出版的《施工分包合同条件》（Conditions of Subcontract for Construction，First Edition 2011，以下简称"分包合同 2011 版"）。分包合同

---

　　* 同济大学法学院教授，研究方向：国际经济法。

　　** 同济大学法学院国际法专业研究生。

　　〔1〕《推动共建丝绸之路经济带和 21 世纪海上丝绸之路的愿景与行动》，载国家发展和改革委员会网：http://www.ndrc.gov.cn/gzdt/201503/t20150330_669162.html，最后访问日期：2019 年 5 月 19 日。

2011 版与 FIDIC 其他施工合同条件中有关分包合同的内容一道，构成了国际工程分包管理较为完善的合同体系。

一、FIDIC 合同框架下的国际工程分包合同制度

（一）分包合同的性质

分包（subcontracting）是指（主）承包商（以下简称"承包商"）将部分工程交由他人（即"分包商"）实施和完成的行为。[2] 分包是国际工程承包项目中普遍存在的现象，有着其自身特殊的规则和规律，而在国际工程实施过程中，最复杂和棘手的问题之一就是工程分包。

对于工程分包的法律性质，存在"第三人代为履行"与"并存的债务承担"这两种不同的观点。根据合同的相对性，债务应由债务人履行，但在例外情形下，各国法律大都允许由债务人之外的第三人参与进来，向债权人履行一定的义务。第三人代为履行与并存的债务承担均属此列，但从债法原理来看，二者存在很大不同。

第三人代为履行又称"第三人代为清偿"，"指第三人以自己的名义有意识地清偿他人（债务人）的债务"。[3] 各国民事法律中对第三人代为履行均有规定，[4]《中华人民共和国合同法》（以下简称《合同法》）第 65 条也规定了相关内容。[5] 并存的债务承担则与免责的债务承担相对应，属于广义的债务承担的一种，指"新债务人在原债务人之外承担债务的清偿责任"，[6] 即债务人不脱离原有的债务关系，只是债务份额有所减少。由此可见，第三人代为履行与并存的债务承担在理论上的主要区别为：债务是否发

---

〔2〕 崔军、钱武云编著：《国际工程承包总论》（第 2 版），中国建筑工业出版社 2012 年版，第 402 页。

〔3〕 韩世远：《合同法总论》，法律出版社 2008 年版，第 205 页。

〔4〕 参见《法国民法典》第 1249～1251 条、《德国民法典》第 267 条、《美国统一商法典》第 2-210 条及《日本民法典》第 474 条等。

〔5〕 《合同法》第 65 条规定：当事人约定由第三人向债权人履行债务的，第三人不履行债务或者履行债务不符合约定，债务人应当向债权人承担违约责任。

〔6〕 ［德］迪特尔·梅迪库斯：《德国债法总论》，杜景林、卢谌译，法律出版社 2004 年版，第 539 页。

生转移，即第三人代为履行中的第三人没有加入原债务关系成为合同关系的当事人，与债权人之间没有合同关系，履行协议仅在债务人与第三人之间产生效力，债务没有发生转移，债权人不得直接要求第三人履行合同；而并存的债务承担中，债务发生了转移，债权人可以直接要求承担人（即原来的第三人）在约定范围内履行义务，承担人与债权人之间建立了直接的合同法律关系。

工程分包符合第三人代为履行的特征，不属于并存的债务承担。分包商并非业主与承包商之间承包合同（以下简称"主合同"）的当事人，其只是代替承包商承担一部分工程，承包商作为主合同的债务人仍需向债权人即业主履行全部的合同义务。承包商不能以分包商不履行、不完全履行或履行不符合约定为由向业主进行抗辩，逃避自身合同义务。FIDIC 分包合同 2011 版对于分包的法律性质的规定体现在第 1.10 款［与业主无合同相互关系］（No Privity of Contract with Employer）：分包合同中的任何规定都不应被理解为在分包商与业主之间可能存在任何合同关系，分包商与业主没有合同关系，"分包商的履约属于分包商代表承包商的受托履约，除非主合同另有约定，承包商仍要对工程承担全部责任。"[7]

（二）分包合同的特征与种类

基于工程分包的上述性质，再结合 FIDIC 对分包合同的相关规定，可知 FIDIC 框架下的工程分包合同具有以下特征：其一，分包合同属于从合同，依附于主合同的存在而存在。分包合同的成立以业主与承包商之间签订的主合同的成立为前提，随主合同的消灭而消灭。其二，分包合同中分包商只承揽一部分工程而不是全部，这一点是分包与转包的最大区别，而转包不仅为 FIDIC 所禁止，[8] 也被某些国家的法律明文禁止。[9] 其三，分包商与业主没有关系，即承包商对业主承担合同责任，分包商对承包商承担责任，业主与

---

［7］ John Uff, *Construction Law*, Sweet & Maxwell, 2005, p. 309.

［8］ 参见 FIDIC《施工合同条件》（1999 版）第 4.4 款规定：承包商不得将整个工程分包出去。

［9］ 参见《中华人民共和国建筑法》第 28 条：禁止承包单位将其承包的全部建筑工程转包给他人，禁止承包单位将其承包的全部建筑工程肢解以后以分包的名义分别转包给他人。

分包商彼此之间的指令或联系都应该通过承包商进行，二者也不能直接以对方为对象提起诉讼或仲裁。其四，分包合同的形式、争议解决的方式与地点等可与主合同不同，并且没有明示约定，主合同的规定不能被解读为直接包含在分包合同中。

按照不同的分类标准，可以将国际工程分包划分为不同类型。首先，以分包商选择方式的不同，可以将之划分为指定分包、提名分包与自雇分包。自雇分包又称一般分包，是指由承包商自主选择分包商并与之签订分包合同的分包。提名分包是指业主在招标过程中，向承包商提名推荐分包商，一旦该提名分包商中标并与承包商签订分包合同，其就成为自雇分包商，与业主没有任何关系。FIDIC 合同条件各个版本都对指定分包进行了规定，[10] 如果某部分工程具有较强的专业技术要求，业主或工程师就可以指定某一具有该种专业技术能力的承包商直接作为分包商，但指定分包商仍需与总包商签订分包合同。其次，根据分包商来源的不同，分包还可以分为当地分包、国内分包与第三国分包。顾名思义，当地分包是国际工程总包商直接在东道国选择分包商的一种分包方式，具有成本低廉、可以帮助解决当地就业等优点，常常是业主乐于选择的一种方式，因此往往与业主指定分包相对应。国内分包、第三国分包则分别是指从总包商本国及东道国以外的第三国选择分包商的分包方式，二者在不同的国际工程市场中都有着不同程度的应用。[11] 此外，根据分包商所承包项目的不同，可以分为专业分包、土建分包和劳务分包等。

二、FIDIC 合同框架下分包合同争议解决机制

前文已经提到，工程分包是国际工程承包项目中普遍存在的现象，分包商的加入使得分包合同法律关系更加复杂，当事人之间发生争议的风险也有

---

〔10〕 如 FIDIC《施工合同条件》（1999 版）第 5.1 款规定：在总承包合同中，指定分包商指：A 在总承包合同中明确约定了他就是一个分包商或者 B 工程师根据 FIDIC13 节规定，指示总承包商雇佣他作为分包商。

〔11〕 梁学光、隋海鑫、郝利华：《基于 FIDIC 施工分包合同条件对国际工程分包管理的几点思考》，载《石油工程建设》2016 年第 5 期。

所增加。由于分包商"与业主无相互合同关系",主合同的规定不能直接在分包合同中加以运用。针对分包合同这一特性,FIDIC 分包合同 2011 版通用条款第 20 条以及第二部分《专用条款编制指南》第 20.6 款作出了专门规定,用于处理承包商与分包商之间发生的因分包合同而产生的争议。

(一)"相关争议"与"无关争议"的区分处理程序

为了避免分包合同与主合同争议之间纠缠不清、更有效地解决分包合同争议,FIDIC 分包合同 2011 版在其第二部分《专用条款编制指南》中根据分包合同争议源于"相关索赔"还是"无关索赔",[12] 将其分为"相关争议"和"无关争议",并规定了不同的争议处理程序。

如果分包合同争议源于无关索赔,则被视为"无关争议"。此时,承包商或分包商任一方当事人均可以将无关争议书面提交给双方共同任命的分包合同争议裁决委员会（Dispute Adjudication Board,以下简称 DAB）,由该委员会在符合规定的期限内作出决定。除非或直到双方友好协商或进行仲裁裁决作出了修改,否则分包合同 DAB 的决定对双方当事人均有约束力。如果分包合同争议源于相关索赔,则应被视为"相关争议",此时应由承包商代表承包商和分包商,从双方共同利益出发,在规定的期限内将相关争议提交主合同 DAB 作出决定,在此过程中,分包商负有向承包商提供所有信息和帮助的义务,同时享有知情权、参与权,对于主合同 DAB 决定不满的,分包商有权向承包商发出不满通知,寻求后续救济。如果分包合同争议既不是源于相关索赔也不是源于无关索赔,则应由承包商先作出判断并给出理由,如果分包商不认同承包商作出的判断,则适用国际商会的预仲裁裁决程序,由裁决员作出该争议属于无关争议还是相关争议的决定。[13]

---

〔12〕 参见分包合同 2011 版第二部分《专用条款编制指南》第 20.2 款规定:如果分包商的索赔基于的事项也可能在主合同下产生可索赔的额外付款和/或时间的延长;索赔事项也是根据主合同 20.1 款［承包商的索赔］发出的承包商索赔的事项;涉及主合同下承包商和业主之间的争议事项,则视为"相关索赔",反之为"无关索赔"。

〔13〕 梁学光、何伯森、郝利华:《FIDIC〈施工分包合同条件〉之八——通知、分包商的索赔和争议》,载《国际工程与劳务》2016 年第 11 期。

（二）多级争议解决机制

不同于一般的国际贸易活动，在国际工程建设项目中，工程分包合同由于工期长、工程庞大、人员繁杂，争议的成因及争议的后果都十分复杂，因此，FIDIC 作为国际建设工程的"圣经"，为当事人提供了一套完善的多级争议解决机制，包括 DAB、友好协商以及仲裁。

1. 分包合同 DAB

在 FIDIC 分包合同 2011 版出版以前，分包合同 1994 版只规定了友好协商和仲裁两种途径，而实践中承包商与分包商在发生分歧时往往难以通过协商达成一致，大量的争议最终都走向了仲裁，这大大增加了当事人解决争议的成本。FIDIC 分包合同 2011 版借鉴了 1999 年版《施工合同条件》的 DAB 机制，形成了分包合同争议裁决委员会制度。[14]

在分包合同 DAB 的任命方面，根据 FIDIC 分包合同 2011 版第 20.5 款 ［分包合同 DAB 的任命］的规定，分包合同 DAB 是临时性机构，各方在争议通知函发出后 42 天内由承包商和分包商任命。如果双方未能在规定时间内完成任命，则由 FIDIC 主席或其指定人员进行最终任命。分包合同 DAB 可由一名或三名具有适当资格的裁决员组成，分包合同双方当事人应分别负担一半的 DAB 成员的费用。双方当事人可以经协商一致共同决定终止 DAB 成员的任命，单独一方的决定无效。

在分包合同 DAB 的裁决程序方面，根据 FIDIC 分包合同 2011 版第 20.6 款的规定，应适用主合同第 20.4 款 ［获得 DAB 的决定］的相关内容。[15] 主合同第 20.4 款是关于 DAB 程序的规定，内容包括 DAB 的启动程序、DAB 决定的作出程序和对 DAB 裁决的异议程序。启动 DAB 的一般程序是：当事人一方向另一方发出提交 DAB 裁决争端的通知、当事人在发出通知 28 天之内共同组建 DAB；DAB 决定的作出程序包括：当事人交付预付款、当事人

---

〔14〕 崔军、钱武云编著：《国际工程承包总论》（第 2 版），中国建筑工业出版社 2012 年版，第 433 页。

〔15〕 参见分包合同 2011 版第 20.6 款 ［获得分包合同 DAB 的决定］：任何一方都可以根据第 20.4 款以书面形式向分包合同 DAB 提交争议，同时抄送给另一方。除本款明文规定外，主合同第 20.4 款 ［获得 DAB 的决定］的各个方面都应适用于分包合同争议的解决。

一方向 DAB 提交书面索赔请求、另一方提交书面回复、双方共同向 DAB 提交相关资料、召开听证会和进行询问调查、当事人支付所有款项以及 DAB 作出决定并通知当事人；对 DAB 裁决的异议程序为：当事人任一方向对方表示不满的通知、友好协商、提交仲裁。[16]

在分包合同 DAB 的裁决效力方面，根据分包合同 2011 版第 20.6 款的规定，分包合同 DAB 的决定对合同双方都具有约束力。如果合同一方当事人在收到该决定的 28 天内发出了不满通知，则该裁决不生效，也不具有任何法律约束力。若双方当事人均没有在约定时间内发出不满通知，DAB 裁决就具有约束力，相当于在当事人之间成立了一个合同。值得一提的是，和其他替代性纠纷解决机制（即 ADR）一样，DAB 并不是有强制执行力的组织，DAB 的裁决并不具有强制执行力，因此，对该裁决不能直接申请司法机关强制执行，而必须通过仲裁或诉讼后才能申请司法机关强制执行。

2. 友好协商与仲裁

友好协商即当事人自行和解，其不同于 DAB 或调解（必须有第三方参与其中），而是由当事人之间直接进行谈判，经协商一致解决争议。这种友好协商的方式既节省了大量的成本，又维持了双方之间的友好合作关系，无疑是国际工程建设项目解决争议的最好方式。作为一种非对抗式解决争议的做法，友好协商方式与 DAB 机制一道，发挥着避免承包商与分包商之间将争议诉诸仲裁和诉讼的作用。根据 FIDIC 分包合同 2011 版第 20.6 款的规定，如果任何一方当事人在收到 DAB 决定之后的 28 天之内，发出了不满通知，则双方当事人应在仲裁程序开始之前通过友好协商的方式解决争议。除此之外，FIDIC 合同对于友好协商解决争议的形式和程序没有其他具体规定。这样一来，当事人可以根据具体情况，随机应变地采取双方均易于接受的操作方法。

在国际工程分包项目发生争议时，一般首先通过上述 DAB 和友好协商方式进行解决，如果无法解决争议，当事人还可以采用仲裁或诉讼方式。仲裁这种准司法途径解决争议的方式相比诉讼具有专业性、灵活性、保密性等

---

[16] 张晓君主编：《涉外工程承包法律实务》，厦门大学出版社 2017 年版，第 233~235 页。

优点，因此也得到了 FIDIC 系列合同条件的推崇。上述 20.6 款继续规定：除非双方当事人另有约定，仲裁程序应在发出不满通知的第 28 天后开始，即使双方当事人并未进行友好协商。如果一方当事人未能遵守分包合同 DAB 作出的决定，另一方可根据第 20.7 款的规定将争议诉诸仲裁。由此可见，不同于 DAB，友好协商并非争议解决的必经程序，并且应遵守 28 天的时效限制。第 20.7 款［分包合同的仲裁］规定，如果分包合同 DAB 的决定未能成为终局决定，双方也未能友好解决，则争议应按照国际商会的仲裁规则最终解决；并且主合同第 20.6 款［仲裁］也适用于分包合同争议，争议是由按照上述规则任命的一名仲裁员作出裁决的情形除外。根据主合同第 20.6 款的规定，当事人可以在竣工前或竣工后启动仲裁，仲裁过程中 DAB 的任何决定都可以作为仲裁中的证据，而当事人在 DAB 进行过程中所提出的证据或论据也不会成为仲裁过程中的限制。最后，因为仲裁机构是民间性质的机构，没有强制执行的权力，因此仲裁裁决的执行往往需要结合 1958 年《承认及执行外国仲裁裁决公约》由当事人申请法院执行。

三、"一带一路"基础设施工程分包争议解决机制

基础设施互联互通是"一带一路"倡议的核心内容之一，"一带一路"实现过程必然伴随着巨大的基础建设需求。亚洲开发银行发布的报告显示，亚洲及太平洋地区（亚太地区）若保持现有增长势头，到 2030 年其基础设施建设需求将超过 22.6 万亿美元（每年 1.5 万亿美元）。[17] 中国作为基础设施修建能力最好的国家，在技术、资金、劳工这三大修建基础设施的基本条件上具有很大优势，[18] 越来越多的中国对外承包工程企业正以一种前所未有的积极姿态，投身到"一带一路"基础设施建设中去。

在对外承包工程数量迅速增长的同时，与之相关的纠纷也在不断增加。

---

〔17〕《亚洲基础设施需求较前期预测翻一番，每年超过 1.7 万亿美元》，载亚洲开发银行网：https://www.adb.org/zh/news/asia-infrastructure-needs-exceed-17-trillion-year-double-previous-estimates，最后访问日期：2019 年 5 月 20 日。

〔18〕 王文：《中国是基础设施修建能力最好的国家 没有之一》，载央广网：http://tv.cnr.cn/zt/hsyzw/ydylsznxlft/20170122/t20170122_523518505.html，最后访问日期：2019 年 5 月 20 日。

工程分包是国际工程承包中的常见做法，工程分包争议在"一带一路"基础设施建设中成为主要的纠纷种类之一。为了更好地促进沿线各国基础设施互联互通建设，顺利实现"一带一路"倡议，帮助我国企业更好的"走出去"，中国有必要结合当下"一带一路"现状，采取措施减少和避免国际工程分包争议的发生。

（一）"一带一路"基础设施工程分包争议解决的问题及原因

根据笔者在中国裁判文书网检索到的涉及"一带一路"国际工程分包争议的案例来看，相关争议主要集中在管辖、分包合同的成立与效力、分包合同的变更和解除、分包合同的履行以及域外证据的审查与认定等问题上，有些案例甚至同时出现上述几个问题，裁判人员处理起来十分棘手。究其原因，主要有下述几个方面：

"一带一路"国际工程分包合同法律关系十分复杂。首先，国际工程承包肯定具有涉外性，承包商作为外来企业进入东道国，对当地的法律、政策、风俗习惯、宗教传统等都不熟悉，如果产生争议，承包商将十分被动。其次，虽然分包合同从属于总承包合同，但在分包商选择、分包合同谈判、开工、索赔、竣工等方面都有一套不同于主合同的规则，而一个国际工程总承包合同又往往会与数个分包合同相关联，这无疑增加了分包合同争议发生的风险性。最后，"一带一路"国际工程分包合同的法律关系主体也十分复杂。"一带一路"基础设施建设中，中国企业参与国际工程分包主要有两种可能：一是中国企业作为分包商与外国的总包方签订分包合同，即合同的一方是中国企业，另一方是外国法人；二是中国企业在境外与作为总承包商的中国企业签订分包合同或劳务分包合同，承担中国总包企业分包的工程项目或中国的分包企业再分包或劳务分包的工程项目，即合同双方都是中国企业。[19] 此外，因为"一带一路"基础设施所需资金量大，工程浩大，涉及重大社会利益，往往会受到东道国政府的干涉，一些繁琐的审批程序也是产生争议的潜在风险因素。

---

[19] 檀中文：《"一带一路"背景下中国企业间境外分包工程的主要争议及裁决思路分析》，载《北京仲裁》2018 年第 3 期。

　　"一带一路"国际工程分包合同应遵守的法律依据多种多样。与其他对外投资企业一样，国际工程承包企业走出国门，在东道国开展工程承包活动，不仅要遵守本国的法律法规，也要符合东道国国内的法规，同时还要受到相关国际法规则的约束。截至 2019 年 4 月 30 日，中国已经与 131 个国家、30 个国际组织签署了 187 份共建"一带一路"合作文件，[20]这些国家的法律涵盖了大陆法系、英美法系、伊斯兰法系，并且各国法律体系健全程度不同，具体执法的松紧情况也各有优劣。譬如，每个国家和地区对承包工程的项目取得、承包商资质、承包合同、环保要求、融资、税务等都有不同的规定，[21]而具体执法中，各国之间甚至一国不同地区之间的做法都不统一，既给企业增加了隐形成本，又埋下了产生争议的隐患。此外，国际法也是国际工程承包的重要法律依据，包括双边协定、国际条约和国际惯例。双边协定是目前"一带一路"中国与其他国家开展合作的主要的文件形式，如中国与伊朗签订的《中华人民共和国和伊朗伊斯兰共和国关于建立全面战略伙伴关系的联合声明》、中国与泰国签订的《共同推进"一带一路"建设谅解备忘录》等。同时，在国际工程承包领域，国际条约和国际惯例也是非常重要的法律渊源。本文所述及的 FIDIC 就是在国际工程承包中使用最广泛、认可度最高的国际惯例，自 1984 年云南鲁布革水电站第一次使用 FIDIC 合同条款以来，FIDIC 对中国工程建筑行业的影响越来越深远。中国企业对外承包工程，即使不采用 FIDIC 合同条件，也免不了参照 FIDIC 合同条件的规定。

　　（二）中国应对"一带一路"基础设施工程分包争议的措施

　　首先，要加强沟通，防范争议发生。诉讼不如仲裁，仲裁不如调解，而调解又不如预先防止发生法律纠纷，[22]尤其在讲求"以和为贵"的国际工

---

〔20〕《已同中国签订共建"一带一路"合作文件的国家一览》，载中国一带一路网：https://www.yidaiyilu.gov.cn/xwzx/roll/77298.htm，最后访问日期：2019 年 5 月 20 日。

〔21〕郑一争、宣增益：《"一带一路"建设中对外工程承包的法律风险及应对》，载《河南大学学报（社会科学版）》2018 年第 2 期。

〔22〕［英］施米托夫：《出口贸易》，对外经济贸易大学对外贸易系译，对外贸易教育出版社 1985 年版，第 522 页。

程承包中，这种观念显得更加重要。国际工程承包具有长期性、复杂性，一个企业要想在一个国家长久立足，就必须懂得如何避免或减少争议的发生。为此，在国家层面，我国应继续加强与"一带一路"沿线国家的政策沟通，通过签订双边或多边协定的方式，明确各方权利义务，事先约定争议解决方式，更好地实现互利共赢；从企业层面，作为国际工程承包的直接利益相关当事人，企业应更加注重争议风险防范。国际市场不同于国内市场，各国的风俗习惯、宗教信仰、政治环境及经济状况各不相同，风险因素更加复杂。企业只有在了解相关国家情况的基础上，制定出符合东道国法律、国际规则的经营策略，才能在国际工程竞争市场中立于不败之地。此外，在具体的国际工程承包项目中，承包商还应注意提前与业主做好沟通，明确双方权利义务，在合同拟定过程中事先确定争议解决的方式和地点。

其次，要因地制宜，创新解决方式。目前，"一带一路"并未特别设定专门的争议解决制度，一旦发生争议，双方当事人往往在现有机制里寻求办法，但传统争议解决机制大多数根植于西方普通法系国家，运用到"一带一路"中难免会出现"水土不服"的情况。所以，更为合适的做法应是在现有争议解决机制的基础上因地制宜，构建符合"一带一路"区域性特点的争议解决机制。在国际工程分包领域，传统的争议解决方式有协商、调解、仲裁和诉讼，而 FIDIC 分包合同条件中的 DAB 制度则在众多 ADR 中占据着举足轻重的地位。"一带一路"的多数基础设施项目都是通过世界银行、亚洲基础设施投资银行等机构贷款，因此根据这些机构的要求，"一带一路"上的大多数国际工程承包合同采用的也是 FIDIC 合同条件。而 FIDIC 合同条件本身作为一项任意性规范，其部分合同条款是允许当事人选择适用的。因此，对于那些与"一带一路"国家国情存在脱节的合同条款，当事人可以予以舍弃或修改后适用。

最后，要完善立法，实现国家"标准"国际化。应该看到的是，虽然我国对外承包工程取得了骄人的成果，但我国关于建设工程领域争议解决方式的法律规范还存在许多与实际需求脱节的地方。而回顾历史，当今世界众多区域性或国际性组织的协议文本大都来自于美国等西方发达国家的国内法，因此，为了增强我国企业在"一带一路"国际工程承包市场中的话语权，掌握未来发展的主动权，我国有必要对现有法律进行完善，在尊重各国国家主权的基础上推行科学合理、方便快捷的争议解决方式。2016 年 10 月 28 日，武汉仲裁委员会在北京宣布成立"一带一路"（中国）仲裁院，这是中国仲裁界首家服务"一带一路"倡议的专业仲裁院。该仲裁院的成立，是我国仲裁工作的一项重要创新，是中国仲裁机构走向自信和成熟的标志。[23] 而对于我国涉外承包企业来说，国内仲裁具有地域、成本、语言三大优势，而"一带一路"国际工程分包争议当事人多为中国企业，往往更加青睐于选择国内仲裁。可以预见，国内仲裁机构在"一带一路"建设中潜力巨大。

今年是"一带一路"提出的第 6 年，在此期间，中国已经和多个国家在基础设施领域开展了良好的合作，取得了可喜成果。当前世界各国对基础设施建设的需求依旧旺盛，但也面临诸多问题和挑战，其中无法回避的就是争议解决问题。面对纷繁复杂但又潜力无穷的国际工程承包市场，任何国家和企业都不应因噎废食，而是应该加强沟通，提高风险防范意识，在互相尊重的基础上，规范地行使权利、履行义务，合理地避免或化解各类争议，积极推进"一带一路"建设。

---

〔23〕 郑丽娟：《"一带一路"（中国）仲裁院成立》，载国务院新闻办公室网：http://www.scio.gov. cn/31773/35507/35510/35524/Document/1528890/1528890. htm，最后访问日期：2019 年 5 月 23 日。

WTO 与直接税[*]

那　力[**]

一、直接税与国际税法

19 世纪末以来，所得税成为英美等多数资本主义国家（法国、意大利等国不是以所得税为主体税）即后称发达国家的主要税种，也是其财政收入的主要来源。所得税是一种直接税，直接税的突出特点是纳税人直接承担税负；而间接税的每一道税负都体现在商品价格中，最终会转移给消费者，这正是间接税的含义，即纳税人不是直接，而是间接承担税负。间接税的税负加大了经营者的成本，提高了商品的价格，税负越重，价格越高，该商品越处于不利的市场竞争地位。直接税既包括经营所得，也包括资本所得。

从本质上看，国际税法就是处理所得税的国际分配、国际协调问题。处理跨国公司的经营所得在有关各国之间的税收分配问题，无论从规模、数量上来看，还是从影响、意义上来看，都是国际税收、国际税法的重中之重。从这个意义上来说，参与国际税收的国际分配的主体有三个：跨国经营的经济人，主要是跨国公司；跨国公司的母国，又称居住国；跨国公司的经营所在地国，又称收入来源国。

一直以来，国际税法作为国际经济法的一个分支，一个部门法，一直有

　＊　本文系国家社科基金重大项目"军民融合战略下海上通道安全法治保障研究"（项目批准号：18ZDA155）阶段性成果。

　＊＊　法学博士，吉林大学法学院教授，博士生导师。

自己独特的业务领域、管辖范围和适用规则。它是基本独立的法律体系，也是相当独立的法学学科。

但是，近年来国际税收与强大的 WTO 相遇，相互之间发生了纠结问题，其中比较突出的是所得税问题，更确切地说，是各种形式的涉及出口产品乃至企业的所得税优惠、减免，是否构成 WTO 规则所禁止的补贴，从而被禁止、被叫停、被要求修改法律；对服务贸易是否适用、怎样适用；还有 WTO 规则与国际税收不当竞争问题。本文将对这些问题进行分析。

二、所得税与 WTO 的非歧视待遇

WTO 对税的基本规定，首先体现在 GATT 第 1 条和第 3 条，即一般最惠国待遇和国民待遇。这两条规定是指在税收上要给予各国产品以相同的待遇；对外国产品要给予与本国产品相同的待遇。也就是说，非歧视原则、公平公正原则适用于税收问题，而且是税收问题的指导原则。

GATT 第 3 条共有 10 款，其中第 1、2、4 款最为重要。第 2 款是关于税、费的基本规定，第 4 款是关于法规的规定。这两款从市场经济原理出发，把税的本质和作用提到相当的高度。税收与法规，是市场经济环境中政府管理经济的仅有的合法手段，而税费和法规又必须是公开的、透明的。至此，WTO 规则体系作为市场经济的精髓，几乎全部亮了出来。

GATT1994 涉及的税的种类，乃至 WTO（因为还有 GATS）涵盖的税的种类，从明文规定看比较模糊，人们对此有一些争议，但是近年来通过 WTO 争端解决机制的准司法实践，其范围逐渐得以澄清，取得共识。主要问题是，以所得税为核心的直接税，是否是 GATT 乃至整个 WTO 的管辖对象。

直接税与间接税的区分，主要在于税负的实际承担人的区别。直接税由纳税人直接负担，如企业直接承担企业所得税，个人直接承担个人所得税；而间接税虽由纳税人缴纳，但是税负最终会转移给消费者，而不是由纳税人来负担。例如，汽车经销商会在各个应税环节缴纳关税、增值税等间接税，但是这些税收最终还是要体现在价格中，由最终购买者负担。对工资、利润、财产所得的征税，金融投资所得的征税，都是直接税；对货物流转过程中的征税，如关税、我国以及欧盟的增值税、美国的货物税，都属于间

接税。

起初，人们对 WTO 管辖的税种问题有争论，因为 GATT 的唯一对象是产品，施加在产品上的税只能是商品税（又称流转税），包括关税和国内税。在 GATT 范围内，国内税中除了像增值税这样典型的商品税以外，还包括不包括所得税（典型的如公司的经营所得、资本所得、个人所得税），人们的认识是不一致的。所得税的纳税人是公司、自然人，与产品没有直接关系。

但是，这种争论很快得到澄清。WTO 的案例，特别是 2002 年美国的外国销售公司案（FSC，WTO/DS/108）是一个典型的公司所得税案，它明明白白告诉我们，所得税是在 GATT 的管辖范围内。自此，关于 WTO 是否管辖所得税问题的讨论尘埃落定，人们讨论的焦点已经转为在 WTO 框架内处理所得税等问题有何特点、有何局限等。

美国的外国销售公司案还告诉我们，GATT 第 3 条第 4 款在所得税问题上完全可以适用，或者说明确排除了对所得税的不适用。其关键在于，美国法规定的对本国公司在外国的销售分公司的税收优惠以及相关的劳工等问题，使得外国进口产品受到的待遇低于美国产品。这就是说，以法规形式出现的所得税（税收法定），当其影响到产品的国内销售、营销、运输、分销、使用等，就落入 GATT 第 3 条第 4 款的管辖范围之内。法规是否符合 WTO 的要求，其判断标准是：是否对国内产品与所有进口产品提供了与国内产品的相同待遇，而不是歧视待遇，是否对国内外产品产生同样效果（effect）。但是，有一点需要指出，WTO 在所得税问题上没有考虑到大量的双边税收条约提供的税收优惠问题。双边的税收优惠、互惠，对第三国或者其他国家就可能构成歧视，这也会影响到对产品的歧视。

就如何解释 WTO 文本中的所得税问题，有几种解释方法。有的把作为调整对象的所得税解释为 GATT 第 3 条第 2 款中的"任何其他国内收费"。有的将其进一步解释为 GATT 第 3 条第 4 款中的"法律、法规"，因为所得税的征收必须有法律根据，也就是说必须有相关法律。

此外，就 WTO 与所得税而言，还有其他一些问题。TRIMS 协议也涉及所得税问题。WTO 的 TRIPS 协议应该理解为禁止对知识产权进行歧视性征税。透明度要求，即公开原则，是贯穿整个 WTO 的基本原则之一，而且它有许多散在各个协议中的具体要求。透明度原则使各成员方有义务公布本国的税收法律，当然包括所得税法律，而且既应包括新的立法，也包括法的每一个修改。

单就所得税而言，有些所得税问题在国际税法中的规则可能与 WTO 的规定不兼容、不匹配。比如，折旧的速率是各国税法的普遍规定，也是一种重要的税收激励政策，折旧快则有利于使用先进技术与设备，提高企业的竞争力。但是，有些国家的折旧政策要求优先使用本国产品，这明显与 WTO 的精神不符。再如，在扣除与税收抵免问题上，有些国家只对本国产品的生产费用给予扣除和税收抵免，而对进口货物的价格计算则采取严格的转移定价规则，从而有损于进口产品的竞争力，有利于本国产品降低价格。

在电视、电影领域，通过税收保护国内电视、电影的问题更明显。在新西兰，费用允许一年扣除，而外国电影则两年扣除。对本国产电影的定义，考量因素包括主题、生产地、雇员的国籍和居住地、资金来源等，其保护主义色彩相当明显。西班牙则对用西班牙语，在西班牙、欧洲生产，技术和艺术雇员占 75% 以上的电影提供 20% 的投资扣除。这显然与 GATT 第 3 条国民待遇原则（如果将电影看作产品）以及与 GATS 第 17 条（如果将电影的摄制看作是一个生产过程）的国民待遇原则大相径庭。

国际税法的所得税规定与 WTO 规则不兼容问题，还体现在低税国、避税港问题上。例如，意大利规定，对购买位于避税港的企业生产的货物、服务，不予进行费用扣除。这显然构成歧视，不符合 WTO 的有关规定，但从国际税法来看，则是反避税的重要举措。其实，仔细研读 OECD 国际税收范本第 5、7、9、24 条，会发现对这个问题国际税法早有处理原则与规则。

在外国受控公司（CFC）的税收上，也会发生 WTO 与国际税法规则不兼容问题。例如，某外国受控公司在其居住地享受低税率，在母国英国其利润又要被征税，除非其居住地国不是保税港国家，不受外国受控公司规则管辖。匈牙利外国受控公司立法对来自某些低税国的服务提供者给予的待遇非常不利，比如不准扣除、严格执行转移定价规则等，但是进行真实经济活动的除外。这在国际税法上是合理合法的，但可能不符合 WTO 的最惠国待遇原则。

双边税收条约往往确定国家互相提供互惠的税收待遇，这也与 WTO 的最惠国待遇在原则上不相符合。但是，在 GATT/WTO 多年的实践中，我们并没有看到因这个问题而诉诸争端解决机制。这说明，它只是理论上有问题，而在实践中并不是一个问题。

三、所得税优惠与补贴

GATT 第 16 条反补贴规定以及《补贴与反补贴措施协议》（SCM，以下简称《反补贴协议》），还有农业协定中的农产品补贴问题，也是 WTO 中关于税收问题的重要规定。

反补贴的目的是确保政府施行的补贴不成为对市场、对贸易的扭曲。出于这一目的，WTO 规定了补贴的使用规则，又规定了成员方的行业如果受到了他国专向性补贴的损害或者负面影响，可以采取怎样的诉讼行为。

补贴是政府行为，是政府的财政支持（financial contribution）行为，在财政支持行为中，受补贴者是得到了利益、好处的（benefits）。"财政支持行为"这一用语是很宽泛的，不仅包括直接的资金给予，而且包括政府对自己应收的财政收入不收而主动让给企业的行为。所谓"得到利益、好处"，指使受补贴者由于接受补贴而处于更有利的竞争地位。专向性也是构成补贴的重要考量因素。

总体来说，原则上 WTO 是反对补贴的。它把补贴分为三种，禁止性补贴与可诉性补贴的范围非常广泛，这就使得允许的不可诉补贴范围非常窄小。

禁止性补贴扭曲国际贸易，主要包括出口补贴与进口替代补贴。反补贴协议附件一列出了非穷尽性的出口补贴名单，包括非税补贴（a-d，i-k）与涉税补贴（e-h）。进口替代补贴则没有列名单。

黄灯补贴也称可诉性补贴，某行业受到他国补贴的负面影响，其利益丧失或减损，就可以就此提起诉讼，要求进行贸易救济，以及要求收回补贴。在此种情形下，诉讼提起人要举证证明自己受到了负面影响。

《反补贴协议》第 27 条允许一些低收入国家、发展中国家的出口补贴，这让这些国家大肆进行出口产品的税收优惠，在出口加工区、经济开发区等经济特区实行各种税收优惠，也使对来自这些国家的出口产品难以实行反补贴，因为由受补贴之害而遭受损失方承担举证责任，但很难证明自己受到损害。

包括所得税优惠在内的税收优惠常常会构成补贴。《反补贴协议》中的所得税形式的补贴，包括全部和部分免税、退税、出口产品的延期纳税（缴纳延期纳税期间适当利息的除外）、不交或少交企业应该缴纳的社会保险税。边境调节税只适用于目的地型间接税，不适用于所得税。

而一旦涉及出口产品，就会构成出口补贴，这是 WTO 绝对禁止的。对进口替代产品的税收优惠补贴，是一个相当敏感的问题，很容易落入禁止型补贴的范围。允许的补贴范围不大，环境补贴、对穷困落后地区的区域性补贴，是比较常见的允许的补贴，因此，这类税收优惠，往往是允许的补贴。但我们还必须注意，一项补贴能否构成环境补贴等允许性补贴，是需要证明的，在很多情况下，这是一件很费力甚至很难做到的事情。比如，对生产低碳经济产品（如太阳能电池，风力发电机）的企业的补贴，如果在 WTO 遭到起诉，应诉者必须证明是环境补贴。不言而喻，这是相当有难度的。实际上，我们还没有看到有成功地将相关补贴辩解成为环境补贴的案例。

饶让抵免是发展中国家为吸引外资而实行的税收优惠政策，在特别区域（如经济特区、高新技术开发区等地）实行税收减免，但是在现有国际税收体系内，饶让抵免需要跨国公司居住国税务当局的配合，将收入来源国的税收减免给予饶让、抵免，使跨国公司从这种税收优惠政策中得到好处，而不是转给跨国公司的居住国，使收入来源国牺牲了巨大税收利益的税收优惠政策真正能够发挥作用。一般来说，双方国家要通过双边条约来明确规定饶让抵免。

但是，在 WTO 的《反补贴协议》框架下，税收饶让抵免有可能成为不被允许的补贴，或者是可诉的补贴。这里有两个关键问题：一是是否有专向性；二是是否与出口产品有关，是否与进口产品替代有关。

而补贴作为政府的重要政策工具，作为其经济和社会的宏观调控手段，因 WTO 预留空间很小，因此很难施行，当然也很难奏效。

四、服务贸易与税收补贴

GATS 适用于所有的服务业和服务提供者，当然所得税在服务贸易领域的适用问题也包括在内。

税收激励是政府的惯用政策工具，因而也是各国服务业普遍享受的待遇，尤其是旅游业、运输业、银行业。GATS 第 15 条要求各成员方进行谈判，达成必要地避免扭曲市场竞争之补贴的多边纪律，由此可见这个问题已经引起了人们的重视，这也的确是一个值得重视的问题。

首先，是补贴的定义问题。GATT 与 GATS 是否要使用同一个关于补贴的定义？反补贴协议工作组曾经讨论过将补贴的定义适用于服务贸易的问题，指出了直接适用面临一些困难。《反补贴协议》所定义的补贴包含一个重要的思想，即受补贴者获得了利益、好处，而不是单纯考虑是否接受了补贴。还有补贴的专向性问题，向某个行业的所有服务提供者提供补贴，就不是专向性的。再有领土管辖问题，如果一个受到补贴的企业在境外设有或者新设子公司或者分支机构，即 GATS 所说的模型 3；或者派专家出国到境外提供服务，即 GATS 所说的模型 4。在这两种情况下，补贴、税收优惠都是跨境的，补贴和反补贴既难以定义，又难以进行。即便如此，还是有人赞成货物贸易与服务贸易使用同一个补贴定义，使补贴的定义与规则在 GATT 和 GATS 两个领域统一、通用，这样也可以提高规则的效率和效用。

迄今为止，在 GATS 范围内反补贴，应该说是没有充分的法律根据的。

其实，对服务贸易来说，重要的问题在于是否允许出于政治、政策目的而对教育、医疗等社会服务业进行补贴，将之定为不可诉补贴。WTO 法律文献中声称，补贴的危害主要是贸易扭曲，这一点为波兰、智利、新西兰、中国等国家所不赞同，要求将"贸易扭曲"从有关补贴的文件中删掉。这意味着，在补贴问题上，首先要确定是否有补贴，确实存在补贴的话再确定要不要因其扭曲贸易而进行反补贴。这是服务贸易中反补贴程序应有的两个步骤。

五、国际税收不当竞争与 WTO

国际税收不当竞争已经成为国际税法严重关切的问题。国际税收不当竞争的发生，源于影响国际税收的两件大事：一是发达国家取消对国际金融投资的预提税，二是生产型避税港在发展中国家的兴起。

第一件大事源于美国在 1984 年取消对外国人的储蓄利息征税，之后主要资本主义国家都不敢再征收这一税种。因为恶性竞争已经形成，哪个国家再征这一税种，只会自讨苦吃，促使储蓄外流。美国的这一举措造成了连锁反应，金融投资不论在哪个经济强国都不再征税。不仅如此，此举措还触发了全球范围内的间接投资、金融投资的逃避说问题。例如，某墨西哥人在开曼群岛注册成立公司，公司在美国买美国公司的债券，美国对此不征税，美国也不会向墨西哥报告此事，墨西哥税务部门无从知道这笔投资，美国、墨西哥之间的双边税务协定既没有涉及也不会干预这类问题。

生产型避税港在发展中国家兴起，是 20 世纪 60 年代以来的一个重要现象。生产型避税港着意于吸引海外投资的发展中国家，纷纷建立各种名目的经济开发区，给予生产型（非服务型）跨国公司以各种各样的税收优惠，比如低税率、减免税等等。WTO 对盛行于发展中国家的税收不当竞争已经置顶相应规则禁止该行为。如果这种生产的目的是为了出口，那么这就构成出口补贴。如果生产的最初目的不是出口，而是在当地生产销售，那么压力要小得多。

在遏止国际税收不当竞争问题上，WTO 应该怎样作为？一般认为，国际上关于税收不当竞争的规则已有不少，WTO 作为一个国际贸易多边体制，可能不需要进一步扩张自己在所得税税收方面的权力，在目前的体制和法律框架中处理这个问题就足够了。

六、纠结与解纠

WTO 要不要包含乃至发展明确的涉税规则，要不要直接处理税收事务，特别是要不要在其争端解决机制中直接处理所得税问题，有许多不同意见和争论。

有意见认为，WTO 直接处理所得税等税收事务，有利有弊，总的来说弊多利少。因为我们所说的 WTO 直接处理所得税，主要指的是在其争端解决机制内处理这类问题。这是一种准司法行为。WTO 的司法被称为"皇冠上的明珠"，得到了广泛的肯定与赞誉。争端解决机制中的报复机制与透明度是其突出的特色与优点，同样也得到了肯定。但是，二者在处理所得税问题上却有明显的缺点：报复是一种囚徒困境的游戏，一方是否合作，必须以另一方的合作为前提。在税收竞争中，报复和缺乏信息都是严重问题。前者需要机构来管理，后者需要提供信息。二者在国际税收领域中都严重匮乏，这使报复这种游戏缺乏相应的条件。以已经发生的金融领域的国际税收不当竞争为例，美国取消了对金融投资的预提税，迈开了逐低竞争的第一步，其他国家随即加入竞争，取消了其相应的税。其实这就是一种报复。但是没有WTO 那样的报复管理机构和机制，如授权报复、报复幅度、报复期限、跨领域报复等等，WTO 都有规则、程序可遵循且有机构在管理。

现在，在金融投资领域，哪个国家都不敢轻易加税，除非得到他国不跟随的保证。在直接投资领域，各国纷纷对其居民跨国公司采取了税收激励、延期纳税、免税等措施，作为对其他国家采取措施的反应。各国都担忧如果改变政策，其他国家能否合作。

在国际税收合作问题上，让渡在税收问题上的主权是各国最大的担忧。税收主权是国家行使权力的核心。这个问题对美国尤为敏感而重要。在乌拉圭回合谈判中，美国到最后一分钟还在坚持把直接税问题排除在 GATS 之外。如果争端解决机制被赋予对直接税问题的广泛管辖权，可能导致广泛的不遵守问题。

WTO 缺乏税务专家来处理所得税问题也曾是人们的担忧。这个问题可以通过雇佣、聘请税务专家进入专家组来解决。事实上，现在 WTO 已经不乏税务专家。

以上种种问题与疑虑，都说明只有多边组织，而且是有制定规则能力的多边组织才能很好地解决这类问题。这引起了建立世界性税收合作机构的讨论，虽然还不是当务之急。对此主要有两种观点：一是认为 WTO 比其他组织更适合于作为世界税收组织，其理由有 WTO 成员广，能够更好地代表发展中国家。另一种意见认为，建立国际税务组织，以联合国为基础最好。建立的国际税务组织，要像 WTO 那样成员广泛，但规则不同。

建立资本所得税收领域的世界机构，是一件重大而艰难的事项，但也不是不可能。建立这样的组织，必然遭遇巨大的阻碍。阻碍一方面来自跨国企业，一方面来自各国政府。但是在有些人、有些国家看来，是不得不尝试的一件事。

无论是否努力建立世界性的国际税收组织，国际税收的巨大变化我们绝不可以视若无睹。由于全球化与税收竞争，税收规则再也不是可以由一个国家单边或者靠双边条约就可以决定的事情了。即使是一个国家的税收政策，也会遇到许多国际性的影响。目前的情况是资本可以跨越国界自由流动，跨国公司可以自由选择地点经营，但各国的税收能力却受到严重限制。一国的单边税收行动、决策必然被有关国家所影响、所冲销、所制约，甚至为此都不敢去尝试，因为这会降低本国企业的国际竞争力。因此这个问题需要多边解决，以使各国和国际税收的基本目标和规则得以维持和存在。